U0105133

蒙元东道诸王及其后裔所属部众历史研究

玉芝 / 著

内蒙古人民出版社

图书在版编目（ＣＩＰ）数据

蒙元东道诸王及其后裔所属部众历史研究 / 玉芝著 .—
呼和浩特：内蒙古人民出版社 ,2019.10（2021.7 重印）

ISBN978-7-204-15996-3

Ⅰ.①蒙… Ⅱ.①玉… Ⅲ.①蒙古族—民族历史—
中国—元代 Ⅳ.① K281.2

中国版本图书馆 CIP 数据核字 (2019) 第 152734 号

蒙元东道诸王及其后裔所属部众历史研究

作　　者	玉芝
责任编辑	高彬
封面设计	刘那日苏
出版发行	内蒙古人民出版社
地　　址	呼和浩特市新城区中山东路 8 号波士名人国际 B 座 5 楼
印　　刷	内蒙古爱信达教育印务有限责任公司
开　　本	880mm × 1230mm　1/32
印　　张	9.25
字　　数	280 千
版　　次	2019 年 10 月第 1 版
印　　次	2021 年 7 月第 2 次印刷
印　　数	1001—3000
书　　号	ISBN 978-7-204-15996-3
定　　价	28.00 元

图书营销部联系电话 :（0471）3946298　3946267
如发现印装质量问题，请与我社联系，联系电话 :（0471）3946120

目　　录

绪　论

　　1206 年成吉思汗统一蒙古，建立大蒙古国，标志着蒙古民族共同体形成过程的开始。1260 年，忽必烈夺取大蒙古国大汗之位，蒙古帝国分裂，源于蒙古帝国分封制和宗王出镇制的四大汗国，因各自境内被统治民族、部族成分复杂，文化多元等原因相继走向独立，渐渐远离蒙古民族本体。特别是 1368 年大元大蒙古国失去对中原的统治之后，蒙古民族经历了新一轮的分化与组合，最终形成了包括元朝官僚集团、侍卫亲军、皇室私属人口、蒙古高原各千户以及成吉思汗四个弟弟属民和原阿里不哥属民在内的"新蒙古人"各部。至此，蒙古民族共同体形成过程才算完成。15 世纪初，蒙古分裂为两大集团，即东蒙古和西蒙古。西蒙古指原阿里不哥属民，一般称作瓦剌—卫拉特；东蒙古则包括北元大汗直属部众和元代东道诸王后裔部众。东道诸王后裔部众或兀鲁思起源于成吉思汗分封制度。在成吉思汗和他的子弟们看来，大蒙古国所有臣民与国土都是其"黄金家族"共同财产。基于游牧社会财产分配原则的这种"家天下"的思想，在大蒙古国创立前后，成吉思汗就将部分蒙古部众分给了自己的弟弟，并指定蒙古高原东部广大地区为其牧地。

　　在蒙古历史上，东道诸王及其后裔所属部众占有重要地位。

在政治上，他们受忽必烈后裔蒙古大汗统治，但作为相对独立的兀鲁思或封建领地，又与蒙古大汗本部存在着各种矛盾甚至冲突。从东道诸王部众的演变，我们可以窥见东蒙古各大部落集团形成和演变的大体过程，能够更深刻地理解蒙古分封制度；同时，也有助于我们正确把握 15—17 世纪蒙古政治和制度。在 15 世纪蒙古大混乱时代，东道诸王及其后裔一些首领曾经一度把持蒙古朝政，后来还支持蒙古大汗达延汗建立成吉思汗黄金家族直接统治的大业，由此基本保住了对其部众的世袭统治。

17 世纪 20—40 年代，由原东道诸王各兀鲁思演变来的阿鲁蒙古、山阳万户以及嫩科尔沁等部先后背叛蒙古大汗林丹汗，归附爱新国 / 清朝。其中，嫩科尔沁各部更是最早与爱新国建立政治军事联盟。嫩科尔沁等部与林丹汗之间的矛盾与斗争，反映了蒙古封建割据时代历史的各个方面，研究这些，对了解东蒙古政权灭亡的背景、原因都很重要。爱新国 / 清朝对内扎萨克蒙古的统治、制度安排等多始自嫩科尔沁，研究这一过程，有助于我们了解爱新国 / 清朝对蒙古的统治政策以及统治体系的建立。学界公认，15—17 世纪蒙古史是蒙古古代史研究的薄弱环节。如今，已具备对这一时期，特别是 17 世纪初期的东蒙古历史进行进一步深入研究的可能，这主要得益于大量满蒙文档案文书的发现和利用。

20 世纪 90 年代末，中国第一历史档案馆的李保文整理中国第一历史档案馆所藏天命、天聪两朝 110 件蒙古文文书档案，以《十七世纪蒙古文文书档案》之名出版。尤其是上编《有关满蒙关系的文书》收入 61 份蒙古文孤本文书，多是原件和底稿。这些文书是 17 世纪二三十年代蒙古各部贵族和爱新国之间的往来书信，是研究 17 世纪前期蒙古史和满蒙关系史的最根本、最可靠的史料。除此之外，《旧满洲档》是现存唯一一部记录爱新国历史较为完整的原始档案资料汇编，内容涉及 1607—1632 年、1635—1636 年爱新国的政治、军事、经济、外交等问题，尤其对察哈尔、喀尔喀、嫩科尔沁与爱新国的关系记载得较为详细。本书系统利用了《十七世纪蒙古文文书档案》《旧满洲档》等满蒙文档案，这些史料成为本课题研究的最主要史料。

研究东道诸王后裔诸部历史，首先必须了解成吉思汗诸弟的分封和东道诸王兀鲁思形成的过程以及他们与元朝的关系。在这方面，前人研究成果丰硕，取得了令人瞩目的成就。主要论著有周良霄的《元代投下分封制度初探》，陈得芝的《元岭北行省建置考》，[日]村上正二的《蒙古国统治时期的分封制的起源》《元朝时期的投下的意义》，[日]海老泽哲雄的《关于元朝时期分封制度的考察》《蒙古帝国东方三王家诸问题》，[日]箭内亘的《元代的东蒙古》，[日]杉山正明的《蒙古帝国的原始形象——关于成吉思汗分封家族的研究》《忽必烈政权和东方三王家——再论鄂州之役前后》，李治安的《元代分封制度研究》，白拉都格其的《成吉思汗时期斡赤斤受封领地的时间和范围》《元代东道诸王勋臣封地概述》，[日]堀江雅明的《蒙元时代东方三兀鲁思研究序说》《铁木哥·斡赤斤》，姚大力的《乃颜之乱杂考》，叶新民的《斡赤斤家族与蒙元朝廷的关系》等。此外还有程尼娜的《元代对蒙古东道诸王统辖研究》等论文。

对北元时期东道诸王后裔部众的历史研究也取得了不少成就。[日]和田清在其名著《东亚史研究·蒙古篇》中，涉及科尔沁等东道王后裔各部历史的很多问题，尤其令人称道的是他第一次纠正了张穆所说阿鲁蒙古各部所驻牧的"阿鲁"，即山阴，指杭爱山之阴的说法，正确指出山阴可能是指兴安岭山阴。但是，由于受时代和语言条件的限制，他的著作还有很多可商榷之处。宝音德力根的博士学位论文《十五世纪前后蒙古政局、部落诸问题研究》，挖掘蒙汉文史料，全面研究了北元时期东道诸王后裔部众的历史，提出很多令人信服的新观点，为以后的研究奠定了基础。

日本学者宫胁淳子在《最后的游牧帝国》中提出翁牛特包括成吉思汗三个弟弟后裔部众的观点。胡日查在《关于"阿鲁蒙古"的几个部落》中提出翁牛特指成吉思汗四个弟弟部众的观点。宝音德力根则在《往流和往流四万户》《往流、阿巴噶、阿鲁蒙古》中全面探讨成吉思汗四个弟弟后裔所属往流—翁牛特诸部的历史，考证出往流一词的来源、含义、相关称谓和往流四万户的名称及统治者的王号等问题，正确指出往流—翁牛特是元代东道诸王后裔部众，"往流"意为王的属民即东道诸王属民。同时，他在《从阿巴岱汗和俺答汗的关系看早期喀尔喀历史的几个问题》中，第一次利用中国第一历史档案馆所藏清内阁蒙古堂档中的《喀尔喀车臣汗之翁牛特额尔克木古英台吉之奏折》等档案文书，对阿巴噶、阿巴哈纳尔与喀尔喀汗国间的关系等问题进行了探讨，是研究 15—17 世纪别里古台兀鲁思的力作。

胡日查、长命的著作《科尔沁蒙古史略》是迄今为止第一部系统研究科尔沁蒙古（也包括部分阿鲁蒙古部落）历史的著作。该书利用大量的蒙汉文史料及蒙古文档案文书对科尔沁各个时期的历史进行研究，解决了不少前人未曾涉及的问题。此外，胡日查的论文《科尔沁所属鄂托克及部族考》《关于科尔沁部的来源和它在北元历史上的地位》《科尔沁牧地考》《哈萨尔及其家族》《关于科尔沁部封建主统治锡伯部的某些历史问题》《试谈科尔沁和硕特部起源》《论蒙古〈内四藩国〉的历史地位》《论与阿巴嘎部历史有关的若干问题》《16 世纪末 17 世纪初嫩科尔沁部牧地变迁考》《蒙文文献所载成吉思汗诸弟所属鄂托克兀鲁思名称来历》《论噶拉珠色特尔反抗爱新国兵役的斗争》，与金峰、孟和德力格尔合著论文《哈撒儿及其后裔所属部落变迁考》等，都从不同角度分析和研究了科尔沁及阿鲁诸部的历史，主要成果多体现在《科尔沁蒙古史略》中。

齐木德道尔吉的《四子部落迁徙考》主要利用满蒙文档案研

究阿鲁蒙古南迁的历史背景，阿鲁诸部与爱新国的关系，阿鲁诸部的牧地变迁，四子部移牧到阴山北麓的时间、历史背景等问题。

[日]冈洋树的论文《关于天聪汗时期两次蒙古会盟：天聪六年沙里尔济台会盟和八年硕翁科尔会盟》探讨了1634年后金为归附的蒙古各部划分牧地的背景、范围、界限等问题。

宝日吉根的《清初科尔沁部与满洲的关系》分两个阶段（即双方建立联盟的阶段和科尔沁部臣服满洲的阶段）来分析清初科尔沁部与满洲的关系。可以视为20世纪研究嫩科尔沁与爱新国关系的代表作。

巴根那的硕士学位论文《科尔沁部与爱新国联盟的原始记载及其在〈清实录〉中的流传》，利用17世纪蒙古文原文文书和清太祖、太宗时期的满文原文档案，研究了1624—1629年间嫩科尔沁与爱新国联盟形成的背景、经过和联盟的性质等问题。同时，通过满蒙文文书档案和《清实录》的比较，分析这些史料在清朝官修史书中的流传，以此评判封建官修史籍的价值。孟根娜布其的硕士学位论文《有关奥巴洪台吉的十份蒙古文文书》，利用17世纪蒙古文档案文书研究嫩科尔沁首领奥巴台吉与爱新国的关系，分析关系的性质，从而展现了奥巴台吉与爱新国关系的本来面目。与此同时，通过蒙古文文书档案的分析，评价"遗留性"史料的价值。敖拉的著作《〈旧档〉史料在〈实录〉、〈老档〉中的流传——1626年前满蒙关系史料比较研究》对《旧满洲档》、满汉文《清太祖武皇帝实录》、满文《满文老档》的编写过程、资料运用、它们间的关系、记录历史事件的异同等方面进行比较研究，指出了它们各自的特点。该书的第二章《清太祖武皇帝实录》与《旧满洲档》有关科尔沁、内喀尔喀、察哈尔史料的比较，第三章科尔沁、内喀尔喀、察哈尔部史料在《旧满洲档》和《满文老档》中的流传等方面的研究，为笔者的研究提供了便利。

乌云毕力格等人所编《蒙古民族通史》（第四卷）、达力扎布的《明代漠南蒙古历史研究》、乌兰的《〈蒙古源流〉研究 》等书都不同程度地涉及嫩科尔沁部和阿鲁诸部的历史。留金锁、纪民的《斡赤斤的领地及其后裔——关于翁牛特部的异议》、晓丹的《翁牛特部源流浅说》、魏昌友的《对翁牛特部几个历史问题的探讨》等论文，均谈到了翁牛特部的历史。

张永江的《从顺治五年蒙古文档案看明末清初翁牛特、喀喇车里克部的若干问题》一文，研究了喀喇车里克部的名称来历、统治家族、社会组织、归附清朝以后的主要活动、与翁牛特部的关系等问题，是第一篇专门论述喀喇车里克部历史的论文。

山阳万户的统治者是成吉思汗幼弟斡赤斤后裔，他们被明朝称作泰宁或兀良哈等三卫。由于明代汉文文献中记载兀良哈三卫的史料颇多，所以这方面的研究也取得了丰硕的成果。除日本和田清的《东亚史研究·蒙古篇》和达力扎布的《明代漠南蒙古历史研究》之外，具有代表性的论著有特木勒博士的学位论文《朵颜卫研究——以十六世纪为中心》、论文《"庚戌之变"与朵颜卫的变迁》，乌云毕力格的专著《喀喇沁万户研究》和论文《关于朵颜兀良哈人的若干问题》等。二人对兀良哈三卫的性质、蒙古本部征服兀良哈三卫的形式等问题进行了探讨，但在一些问题上观点不大相同。

这些前人的研究成果为笔者的研究提供了新的思路，给予了很大的启发，成为笔者研究之基础。由于满蒙文档案文书的发掘和利用较晚，东道诸王后裔部众尤其是 16—17 世纪的嫩科尔沁部及阿鲁各部历史的研究尚有很大空间。本书在充分吸收前人研究成果的基础上，除利用前文提到的《旧满洲档》《十七世纪蒙古文文书档案》外，还利用《内国史院档案》《清内秘书院蒙古文档案汇编》《清内阁蒙古堂档》等满蒙文档案文书，对嫩科尔沁首领奥巴称"巴图鲁汗"及奥巴与蒙古大汗林丹汗的矛盾，17世纪 20 年代嫩科尔沁部最初的十扎萨克，嫩科尔沁部从嫩江流域迁移到西拉木伦河流域的时间和原因，1634 年科尔沁七台吉和扎赉特部事件，1630 年八月林丹汗出兵征讨阿鲁部，阿鲁喀尔喀事件和阿鲁各部归附爱新国后的牧地变迁，翁牛特部首领孙杜稜母亲绰克图太后与爱新国往来，孙杜稜与林丹汗主要矛盾等问题进行了创新性研究，力求展现上述历史的原貌，以期使东道诸王后裔部众历史研究获得新的进展，进而推动北元、清初蒙古史研究。

几点说明：

1. 拉丁文转写。蒙古文拉丁文转写遵循了鲍培的音写法，满文拉丁文转写遵循了莫林多夫音写法。

2. 符号、字体。在拉丁文转写满蒙文档案文书时，利用了以下不同的符号和字体：原文的行数放在（）里；原文中涂掉后无法辨认的字句用划横线的……表示；虽已涂掉，但仍能辨认的文字用划横线的斜体字书写；涂掉后改写或加写的字句放在 {} 里；蒙古文起始符号以 § 表示。

第一章 蒙元时代东道诸王各兀鲁思概况

"东道诸王"指成吉思汗四个弟弟及其后裔首领家族，东道诸王各兀鲁思则指成吉思汗进行子弟分封时形成的，与大蒙古国汗廷中央兀鲁思以及后来的元朝（准确的称呼应作"大元大蒙古国"）既有密切关系又相对独立的政治集团。

1206年，成吉思汗统一蒙古高原，建立大蒙古国后，以十进位制重新整编所属游牧民，以千户制度作为大蒙古国最根本的政治制度。在此基础上，成吉思汗以其黄金家族"家天下"的思想，结合北方游牧民族古老的左右翼制度和财产分配原则，对自己的子弟进行分封，形成了大蒙古国的左右翼各兀鲁思。左翼各兀鲁思由成吉思汗四个弟弟及其后裔属民组成；右翼各儿鲁思则由成吉思汗年长的三个儿子，即术赤、察合台、窝阔台及其后裔和属民组成；居中的是大蒙古国汗廷，即中央兀鲁思，由成吉思汗及其幼子拖雷统领。①

---

① 但是，成吉思汗时代的左右翼或东西道格局，在其去世后发生了一些变化。成吉思汗选定其三子、右翼诸王窝阔台为继承人，这样自1229年窝阔台继位之后，中央兀鲁思的统治者就变成了窝阔台及其继任者贵由。1251年，拖雷长子蒙哥在术赤嫡长子拔都的支持下夺取了蒙古大汗之位，从此蒙古汗位由窝阔台家族转入拖雷家族，拖雷家族也恢复了中央兀鲁思地位。蒙哥之后，其弟忽必烈夺取了蒙古大汗之位，从此大蒙古国分裂，忽必烈及其后裔所属大元大蒙古国只在名义上保持着大汗兀鲁思即中央兀鲁思的地位。在忽必烈夺取汗位的同时，奉蒙哥之命征服波斯地区的蒙哥的另一位弟弟旭烈兀也在波斯宣布独立，这样右翼或西道又增加了伊利汗国。

左翼（左手），蒙古语称 jegün γar，右翼（右手），蒙古语称 barayun γar；左翼诸王称 jegün γarun köbegüd 或 jegün γarun ong-nar，右翼诸王则称 barayun γar-un köbegüd 或 barayun γar-un ong-nar；左翼诸王各兀鲁思称 jegün γarun ongliγ-ud，右翼诸王各兀鲁思则称 barayun γarun ongliγ-ud。左翼诸王兀鲁思领地位于蒙古高原东部的大兴安岭东西广大地区，包括岭西的克鲁伦河、斡难河、额尔古纳河、哈拉哈河、胡卢忽儿河流域和著名的呼伦、贝尔两湖泊以及岭东嫩江流域。这里自古以来就是蒙古民族及其先民的故土。东道诸王受封时，大蒙古国对异民族的大规模征服战争还没有开始，因此，其分得的属民几乎全是蒙古人。①

1260 年，蒙古发生了忽必烈与阿里不哥兄弟争夺蒙古汗位的战争。在这次战争中，忽必烈的主要支持者就是以塔察儿（成吉思汗幼弟斡赤斤之孙）为首的左翼诸王。凭借左翼诸王的武力，忽必烈最终战胜阿里不哥，夺取了蒙古大汗之位。但是，战争结果却导致了大蒙古国的正式分裂，右翼诸王各兀鲁思相继独立，蒙古大汗或元朝皇帝能够统治的成吉思汗家族势力只剩下左翼诸王各兀鲁思。随之，在蒙古本土或元朝境内，原来泛指左右翼诸王兀鲁思的 ongliγ-ud 一词逐渐演变为特指左翼诸王兀鲁思或属民的专有名词。到了明朝、北元时代，这个专有名词以"罔留"（"罔"往往误为"冈"）、"往流"等汉语音译形式出现。

汉文文献中，有关大蒙古国左翼及左翼诸王各部的记载出现于太宗时代。如《元史》卷二《太宗本纪》五年二月条载："诏诸王议伐万奴，遂命皇子贵由及诸王按赤带将左翼军讨之。"②又，九年六月条载："左翼诸部讹言括民女。帝怒，因括以赐麾

---

① 后来虽然有不少女真语族兀者人加入，但很快就蒙古化了。
② 《元史》卷二《太宗本纪》，中华书局点校本，1983 年，第 32 页。

下。"① "左翼军"指东道诸王各部军队，"左翼诸部"则指东道诸王各部。

　　左翼又被汉译为"东道"，右翼被译为"西道"。这种汉译似乎始于元世祖忽必烈时代。如《元史·世祖本纪一》中统元年春三月戊辰朔条载："车驾至开平。亲王合丹、阿只吉率西道诸王，塔察儿、也先哥、忽剌忽儿、爪都率东道诸王，皆来会，与诸大臣劝进。帝三让，诸王大臣固请。"② 又据《元史·世祖本纪六》秋七月癸卯条载："诸王昔里吉劫北平王于阿力麻里之地，械系右丞相安童，诱胁诸王以叛，使通好于海都。海都弗纳，东道诸王亦弗从，遂率西道诸王至和林城北。诏右丞相伯颜帅军往御之。"③ 这里出现的"东道诸王"和"西道诸王"就是"左翼诸王"和"右翼诸王"。

　　我们采用元世祖时代的汉译，称呼成吉思汗诸弟及其后裔首领家族为东道诸王，而称其封国与属民为东道诸王兀鲁思。

第一节　成吉思汗诸弟所属东道诸王兀鲁思的形成

一、成吉思汗诸弟与大蒙古国的建立

　　成吉思汗铁木真有同母弟三人，依次为拙赤·合撒儿、哈赤温、帖木格·斡赤斤。《元朝秘史》第60节说："帖木真九岁时，

---

① 《元史》卷二《太宗本纪》，第35页。《元朝秘史》（四部丛刊三编本，中华书局，1985年）末尾281节的记载与此有关。太宗窝阔台在反省自己的过错时说"一件听信妇人言语，取斡赤斤叔叔百姓的女子"，这实际上反映了元宪宗蒙哥、世祖忽必烈等对窝阔台的指责。窝阔台括左翼诸部民女之事的影响直到其去世后还未结束，1246年，东道诸王首领、成吉思汗幼弟斡赤斤曾以此为由，出兵哈剌和林。

② 《元史》，中华书局点校本，第63页。拥立忽必烈为帝的东道诸王塔察儿系成吉思汗幼弟斡赤斤孙，位居东道诸王之首；也先哥为成吉思汗长弟合撒儿幼子；忽剌忽儿为成吉思汗弟哈赤温孙；爪都为成吉思汗异母弟别里古台孙。

③ 《元史》，中华书局点校本，第191页。

拙赤·合撒儿七岁,合赤温五岁,帖木格三岁。"① 铁木真出生于
1162 年,由此推知其同母三弟生年依次为 1164、1166、1168 年。
此外,铁木真还有异母弟二人,分别是别克帖儿、别里古台。别
克帖儿年龄介于铁木真与合撒儿之间,别里古台年龄则介于合撒
儿与哈赤温之间②,他们大约生于 1163、1165 年。铁木真 9 岁时,
即 1170 年,其父也速该被塔塔儿人毒死。不久,为生计所迫,
年少的铁木真与别克帖儿因争夺食物发生矛盾,铁木真与合撒儿
共同射杀了别克帖儿。③因别里古台是成吉思汗铁木真异母弟,《元
史》和《史集》都记他为也速该第五子。④ 这一次序只反映别里
古台的庶子地位,并不反映实际年龄。其实,若按蒙古传统论,
别里古台是也速该第四子,若去除年少被杀的别克帖儿,他是第
三子。下面我们分别论述成吉思汗诸弟事迹以及在建立大蒙古国
过程中所树立的功勋。

　　搠只·合撒儿(Qasar)　成吉思汗同母长弟,汉文文献又作"哈
撒儿""拙赤·合撒儿"等。据《史集》载,"搠只"是名字,"合
撒儿"是"猛兽"的意思,由于他是个十分勇猛的人,故用这样
的称呼来形容他。⑤1170 年,也速该被塔塔儿部毒死后,部众被
泰赤兀人夺走,年仅七岁的合撒儿随其母和兄弟们在斡难河源附近

---

① 　《元朝秘史》四部丛刊三编本。
② 　《元朝秘史》(第 79 节)谓:"别勒古台于密林内将木头折折,欵做寨子。又
　　将哈赤温、帖木格、帖木仑三个小的藏在崖缝里。"第 90 节谓:"一日帖木真的
　　惨白骟马八匹在家被贼劫将去了。又有一个甘草黄马。他兄弟别勒古台骑着捕土拨
　　鼠去了。到晚驮着土拨鼠回来。帖木真说我的马被人劫去了。说了。别勒古台说我
　　赶去。合撒儿说你不能。我赶去。帖木真又说您都不能。我去。"以上两个材料足
　　以说明,别里古台的年龄比合撒儿小、比哈赤温大。
③ 　《元朝秘史》第 76—77 节。
④ 　《元史》卷一一七《别里古台传》,中华书局点校本,第 2905 页;拉施特主编,
　　余大钧、周建奇译:《史集》第一卷第二分册,商务印书馆,1983 年,第 73 页。
⑤ 　拉施特主编,余大钧、周建奇译:《史集》第一卷第二分册,商务印书馆,1983
　　年,第 65 页。

以渔猎为生,从此合撒儿与别里古台成为铁木真的左膀右臂,共同成为孛儿只斤家族复兴的重要力量。当铁木真刚刚成年,泰赤兀人前来捉拿铁木真,合撒儿射箭抵抗,使铁木真暂时脱离危险。①

1179 年,铁木真家族遭到三姓蔑儿乞人袭击,铁木真新婚妻子孛儿帖被抢走。于是,合撒儿、别里古台陪同铁木真前往土剌河,向实力雄厚的克烈部首领、曾经与其父也速该有"俺答"(意为"契友")之交的王罕求援。得到王罕许诺后,合撒儿、别里古台又奉铁木真之命前往豁儿豁纳黑·主不儿地方,向蒙古长支札答兰部主、铁木真所谓幼年时的"俺答"札木合借兵。王罕与札木合两人各带兵两万,击败了蔑儿乞人,救回了孛儿帖。②

12 世纪 80 年代初,铁木真在肯特山下桑古儿河之阔阔纳浯儿称汗,成为蒙古乞颜贵族首领。铁木真称汗后,合撒儿专门负责保护铁木真个人安全,与忽必来等三人为云都赤(带刀侍卫),跟随其左右。③

铁木真称汗,引起蒙古札答兰部主札木合的不满。早在 12世纪 60 年代末 70 年代初,蒙古诸部中乞颜、泰赤兀两部联盟之汗乞颜氏忽都剌汗去世。不久,因乞颜、泰赤兀两部内讧,导致联盟瓦解,包括泰赤兀贵族在内的多数蒙古人聚集在了札木合麾下,札木合自然不愿意看到蒙古部第二支势力的崛起。于是在铁木真称汗不久,札木合便纠集泰赤兀等部约三万人分十三翼来攻,铁木真闻讯,也将自己的人马组成十三翼迎战。十三翼中,合撒儿与诸弟及母组成一翼参战。④ 两军大战于答兰版朱思之野(今克鲁伦河上游),因力量悬殊,铁木真败退。

十三翼之战后,铁木真投靠克烈部王罕,在其麾下东征西讨,

---

① 《元朝秘史》,第 79 节。
② 《元朝秘史》,第 104、105、106、107、108、109、110 节。
③ 《元朝秘史》,第 124 节。
④ 《元朝秘史》,第 129 节。

不断蓄积自己力量。1196 年，王罕、铁木真等帮助金朝夹击塔塔儿部，在斡勒札河畔歼灭了北逃的一支塔塔儿人。不久，铁木真于阔帖兀阿阑之地征服蒙古主儿勤部，札剌亦儿氏帖列格秃伯颜领其三子归附铁木真，铁木真将其幼子者卜客赐予合撒儿。[①] 此后，者卜客一直是合撒儿的"王傅"。

1199 年，铁木真与王罕、札木合合兵攻击乃蛮部不亦鲁黑罕，合撒儿随铁木真出征并与其兄商议战局，出谋划策。[②]

1203 年春，王罕、桑昆父子与铁木真反目，突袭铁木真于合兰真沙陀（今东乌珠穆沁旗北境）之地。铁木真惨败，率领十八名首领及 2600 人（一说 4600 人）逃到班朱尼河（今呼伦湖西南）。[③] 当时，合撒儿在王罕处，得知铁木真处境，弃其妻并也苦、也松格、秃忽三子于王罕处，只领数名那可儿寻乃兄成吉思汗，会铁木真于班朱尼河。[④] 此时，恰逢王罕入侵金朝兵败[⑤]，兄弟二人遂商议对付王罕的策略，派合撒儿的两名亲信前往王罕处，伪称其主合撒儿准备投降王罕。王罕中计，放松了警惕。铁木真、合撒儿抓住这一机会袭击王罕，激战三昼夜，终于歼灭了强大的王罕克烈部。[⑥]

1204 年，成吉思汗率领所有蒙古部众出征强大的乃蛮部。此

---

① 《元朝秘史》，第 137 节。

② 拉施特主编，余大钧、周建奇译：《史集》第一卷第二分册，第 155 页，商务印书馆，1983 年。

③ 《元史》卷一二〇《札八儿火者传》，第 2960 页，中华书局点校本；《元朝秘史》，第 175 节；《史集》第一卷第二分册，第 172 页。《札八儿火者传》谓"从行者仅十九人"，有误，应是十八人，即所谓的"十八功臣"，算成吉思汗才十九人。

④ 《元朝秘史》，第 183 节。

⑤ 1203 年秋，即在合兰真沙陀之战后，王汗曾大举入侵金朝北境，结果惨败。参见宝音德力根的《关于王汗与札木合》（《蒙古史研究》第三辑，中国蒙古史学会，1989 年）一文。

⑥ 《元朝秘史》，第 183、184、185 节；《史集》第一卷第二分册，第 181—185 页；《元史》卷一《太祖本纪》，第 11、12 页。

役，合撒儿掌中军，与乃蛮大战于纳忽昆山，击败了统一蒙古高原过程中的最后一个劲敌。①

1213 年秋，成吉思汗第二次发兵攻打金朝，合撒儿以左翼诸王首领身份与幼弟斡赤斤率左翼军参战，"遵海而东，取蓟州、平、滦、辽西诸郡而还"。② 此役后不久，合撒儿去世。

合撒儿是标准的蒙古力士，素以善射著称。对此，《史集》和《元朝秘史》都有描述，虽然文学色彩浓厚，却生动地反映了合撒儿过人的勇力和高超的射术。③

合撒儿的才能和功勋曾引起铁木真的猜忌，使两人产生了不少误会和矛盾。早在 1201 年，合撒儿因不知情而袭击了本欲投靠铁木真的弘吉剌惕部，弘吉剌惕部遭到袭击后便投奔了札木合，④ 于是"成吉思汗生拙赤—合撒儿的气，认为责任在他"⑤。1202 年，铁木真战胜塔塔儿部后，将一千个塔塔儿人交给合撒儿，命其全部杀光。但因合撒儿的妻子是塔塔儿人，"杀掉了其中五百个，而隐藏了［其余］五百人"，铁木真知道此事后大发雷霆。⑥ 也许

---

① 《元朝秘史》，第 195 节；《史集》第一卷第二分册，第 202—204 页；《元史》卷一《太祖本纪》，第 12、13 页。

② 《元史》卷一《太祖本纪》，第 17 页；《元朝秘史》第 253 节也记载了此事，但未提斡赤斤之名。

③ 《史集》（第一卷第二分册，第 65 页）载："据说他的肩与胸很宽，而腰很细，故他侧卧着时，能让一条狗从他肋下穿过；他力气［很大］，能用双手抓起一个人，将他像支木箭般地扯成两半，将他的脊椎骨折断。"又据《元朝秘史》（第 195 节）记载，札木合对塔阳汗称赞合撒儿时说道："用人肉养来，身有三度长，吃个三岁头口，披三层铁甲，三个强牛拽着来也，他带弓箭的人全嗛呵，不碍着喉咙，吞一个全人呵，不勾点心。怒时将昂忽阿的箭隔山射呵，十人二十人穿透。人若与他相斗时，隔着空野，用客亦不儿名的箭射呵，将人连穿透。大拽弓，射九百步；小拽，射五百步。"

④ 《元史》卷一《太祖本纪》，第 8 页。

⑤ 《史集》第一卷第二分册，第 161 页，《史集》记载为铁木真是受合撒儿的挑拨而掠夺弘吉剌惕部的。

⑥ 《史集》第一卷第一分册，第 172—173 页。

因为此事，合撒儿曾离开过铁木真。[①] 大蒙古国建立后不久，二人之间爆发了最为激烈的一次冲突，使合撒儿险些丧命。当时，身为大蒙古国巫师的晃豁坛部蒙力克之子、号"帖卜·腾格里"的阔阔出离间铁木真与合撒儿的关系，假托"长生天"的旨意，对成吉思汗说道："长生天的圣旨神来告说，一次教帖木真管百姓，一次教合撒儿管百姓，若不将合撒儿去了，事未可知。"[②] 于是，当天夜里成吉思汗便捉拿合撒儿加以审讯。母亲诃额仑闻讯，及时赶到并制止了成吉思汗，合撒儿得以逃脱这场灾难。但是，母亲诃额仑却因担忧与伤心，很快离开了人世。[③]成吉思汗最初分封子弟时，合撒儿分得四个千户，此次事件后，其中两个半被成吉思汗夺去。

别里古台　据《元朝秘史》记载，成吉思汗铁木真因杀死异母弟、别里古台胞兄别克帖儿而遭到母亲痛斥。对自己年少鲁莽犯下的罪过，铁木真深感愧疚，加之别克帖儿临终要求铁木真善待其胞弟[④]，铁木真对别里古台很是信任和重用。

别里古台"天性淳厚，明敏多智略，不喜华饰，躯干魁伟，勇力绝人"[⑤]。其父也速该死后，乞颜部遭受亲族泰赤兀部袭击，母诃额仑领着孩子们逃到不儿罕山密林中，别里古台砍树木做寨，把年幼弟弟哈赤温、斡赤斤及妹帖木仑隐藏起来，使他们脱离了危险。[⑥]后来他们又徙牧到桑古儿河之阔阔纳浯儿，生计困窘时，全家以别里古台打猎捕获之物维持生计[⑦]。不久，铁木真一家遭到三姓蔑儿乞人的攻击，别里古台的母亲与铁木真妻子孛儿帖兀真

---

① 《元史》卷一《太祖木纪》(第11页)说"哈撒儿、别居哈剌浑山，妻子为汪罕所虏"。
② 《元朝秘史》，第244节。
③ 《元朝秘史》，第244节。
④ 《元朝秘史》(第77节)载，别克帖儿临终曾对铁木真说："我死便死，您休将我别勒古台弃了。"
⑤ 《元史》卷一一七《别里古台传》，第2905页。
⑥ 《元朝秘史》，第79节。
⑦ 《元朝秘史》，第89、90节。

被抢去。别里古台随铁木真、合撒儿二兄前往土剌河的黑林去拜见王罕，又同合撒儿去豁儿豁纳黑·主不儿见札木合，借助他们的兵力，在不兀剌客额儿大败蔑儿乞部。据说，这时别里古台的母亲觉得无颜见儿辈，遂逃到密林中再也没出来。别里古台因未寻见母亲，一怒之下用鸣镝射杀三百名蔑儿乞男人，把他们的妻子们"可以做妻的做了妻，做奴婢的做了奴婢"①。

在斡难河畔的一次宴会上，别里古台掌成吉思汗乞列思（即Aγtači）事。②主儿乞氏薛扯别乞（Sača beki）的党羽不里孛阔（Büri böke）③的随从偷盗马缰，被别里古台拿住。不里孛阔袒护自己的随从，砍伤了别里古台右臂。"别勒古台也不以为事，流血行间，太祖于树影下看见。问：你如何被他这般做？别勒古台说：虽伤了不曾十分重，为我上头，弟兄每休恶了。"④足见别里古台能够忍辱负重、顾全大局。后来成吉思汗灭主儿乞，杀薛扯别乞和泰出（Tayičü），不里孛阔只好投靠了铁木真。不里孛阔，名"不里"（突厥语，意为"狼"），号"孛阔"，谓"力士"。因"多力善搏"，有"一国不及之力"而闻名，因此目中无人。成吉思汗决定除掉不里孛阔，于是让别里古台与之相搏，借别里古台之手消灭了不里孛阔。⑤

1204年，乃蛮部塔阳汗率部前来攻打蒙古部，成吉思汗为是否应敌而犹豫不决，最后采纳了别里古台与斡赤斤意见，决定迎击乃蛮部。结果，在纳忽昆地方大败塔阳汗，取得了统一蒙古高原的最后胜利。⑥早在灭塔塔儿部（1202年）后，成吉思汗命别

---

① 《元朝秘史》，第98、99、101、104、105、112节。

② 乞列思，汉译为"掌从马"，必以服心之人掌从马。在战场上遇败时，及时提供从马使君主脱险。

③ 不里孛阔是合不勒汗第三子忽秃黑秃蒙列儿之子。

④ 《元朝秘史》，第131节。

⑤ 《元朝秘史》，第140节。

⑥ 《元朝秘史》，第190节；《史集》第一卷第二分册，第203页；《元史》卷一《太祖本纪》，第12页。

里古台整治外事，审断斗殴、偷盗等案件。① 因此，《元史》本传说成吉思汗将他"立为国相，又长扎鲁火赤"。② "扎鲁忽赤"（jaryuči），汉译"断事官"，是大蒙古国行政司法最高长官，别里古台是大蒙古国历史上第一个扎鲁忽赤。成吉思汗分封子弟时，身为庶弟的别里古台与其他兄弟一样得到了属于自己的份子——"忽必"（qobi）。

别里古台对成吉思汗及其继承者忠心耿耿。他以东道诸王之一的身份参加了在克鲁伦河畔举行的推举窝阔台为蒙古大汗的忽里台。③ 别里古台一直活到蒙哥汗时期，深受蒙哥汗敬重。据《史集》记载，在一次会议上，蒙哥汗听取别里古台的建议取消了忽必烈的军事指挥权。④《史集》说别里古台活到一百一十岁⑤，可能是计算失误。前文我们提到，别里古台大约出生于1265年，即便在蒙哥汗（1209—1259年）末年也只有九十多岁。⑥ 别里古台可能在蒙哥汗继位后不久去世，年近九十。

四弟哈赤温及其子按赤带　在成吉思汗诸弟中，哈赤温（Qačiyun）早逝，所以其事迹很少见于记载。《元朝秘史》说，铁木真做了皇帝后，"教孛斡儿出弟斡歌来，同哈赤温、哲台、多豁勒忽四人带了弓箭"⑦。这是12世纪80年代初的事情，当时哈赤温刚刚十七八岁。此后，《元朝秘史》便不见其事迹，加之哈

---

① 《元朝秘史》，第154节。
② 《元史》卷一一七《别里古台传》，第2905页。
③ 《史集》第二卷，第29页。
④ 《史集》（第二卷，第268页）说："在那次会议上，别勒古台那颜奏告说'忽必烈已经出征过一次并且完成了任务，如今他正患脚疾，若蒙降旨，他就可以回家去了'。蒙哥合罕同意了［他所说的］。"这实际上反映了蒙哥与忽必烈之间争权夺利的斗争。
⑤ 《史集》第二卷，第268页。
⑥ 别里古台比合撒儿小，比哈赤温大，二人分别出生于1264和1266年（《元朝秘史》第60节）。
⑦ 《元朝秘史》，第124节。

赤温只有一个儿子，可以推测他在二十岁前就去世了。

哈赤温独生子为按赤带（Alčitai，汉文文献又作"按赤歹""安赤台""按赤台""按只歹""按只台""按只带"等，又误作"按只吉歹"），因弟哈赤温早逝，成吉思汗对其孤侄尤为疼爱，远远超过其他侄辈。拉施特之《史集》说按赤带为人公正，办事认真，因而深得成吉思汗器重，宴饮时让他坐在诸位叔父之上。[1] 拉施特还说，成吉思汗将其叔父答里台·斡惕赤斤及其继承者大纳耶耶的百姓赐给了按赤带，"做了他的奴隶"[2]。

按赤带大约在 12 世纪末成年，因为是哈赤温家族的独苗，很快得到了与其叔父们平等的地位。但是，在整个成吉思汗时代，由于其家族排在斡赤斤、合撒儿之后，加之其叔父们大都健在等原因，其事迹并不显著。我们只知道，1219 年成吉思汗西征，按赤带即率部从征。[3]

太宗窝阔台继位后，按赤带得到重用。1230 年春，他与东道诸王斡赤斤等一同随太宗征伐金朝。1232 年春，太宗窝阔台第二次伐金，按赤带为东路军总帅，与口温不花（别里古台子）、塔思国王（木华黎孙）等率东道诸王兵及五投下军出征，渡黄河南下，与太宗所率中路军、拖雷所率西路军会师，围歼金军主力于钧州三峰山（今河南禹县南）。三峰山之役，使金军精锐损失殆尽，国力大衰。[4]1233 年，东夏国蒲先万奴叛，按赤带奉命与皇子贵

---

[1] 《史集》第一卷第二分册，第 380 页。

[2] 《史集》第一卷第二分册，第 61、62 页。《元史·宗室表》列有成吉思汗叔父"答里真位"，并记载了其后裔及世系，其后裔封海宁王。尽管答里真一度与成吉思汗为敌，但成吉思汗还是原谅了他，分给他属民。但答里真及其属民附属按赤带及其后裔。《史集》所谓答里真及其后裔做了按赤带的奴隶一说指此而言。

[3] 《元史》卷一三五《铁哥术传》（中华书局点校本，第 3271 页）谓："太祖西征，野里术别从亲王按只台与敌战有功，甚见亲遇。""按只台"即按赤带，"野里术"为元世祖忽必烈时期的大将铁哥术之父。

[4] 《元史》卷二《太宗本纪》、卷一一九《木华黎传》，中华书局点校本，第 31、2938 页。

由等率东道诸王兵讨伐，擒获蒲先万奴，灭东夏国。[①]1240 年春，按赤带率领张柔等汉军八万户伐宋。1244 年，按赤带授孟德为万户，攻濠、蕲、黄等州。[②] 按赤带大约在世祖（1261—1294 年）初年去世，年近八十。《史集》说他威望很高，窝阔台汗和蒙哥汗、忽必烈合罕"始终很看重他、尊敬他，同他商讨大事"[③]。

幼弟帖木格·斡赤斤　帖木格·斡赤斤（Temüge otčigin）是成吉思汗同胞幼弟，"帖木格"是其名，"斡赤斤"汉文又译"窝嗔""斡陈(辰)""斡真"。其中 ot 是突厥语借词，意为"火""灶火"；čigin 源自突厥语 tegin-tigin，指可汗或首领子弟，引申为"主人"，合起来表示"守护灶火之子（弟）"，即"灶主""幼子"。现代蒙古语表示"幼子"之意的 otqun 一词就是 otčigin 的音变形式。

按游牧传统，作为蒙古贵族也速该的幼子、成吉思汗的幼弟的斡赤斤，天生拥有优越的地位，尽管他没有超出其诸兄的才能，但仅凭其身世就足以让他超越铁木真以外的诸兄。《史集》说，因斡赤斤是成吉思汗的幼弟，"成吉思汗爱他胜过其余诸弟，让他坐在诸兄之上"，就是指此而言。[④] 如果说，早年的合撒儿或可以军功与斡赤斤齐平，但在成吉思汗分封（或分家）后，斡赤斤及其家族势力和地位就位居合撒儿及其家族之上了。

1204 年春，铁木真从汪古部那里得到了乃蛮部将要袭击自己的消息，便召开忽里台商议对策。诸将均以"马瘦"为由，不敢贸然与乃蛮决战，只有斡赤斤和别里古台坚持立即出兵与敌人决战。二人的建议被铁木真采纳，最终战胜了强敌乃蛮。早年，斡赤斤一直受到诸兄保护，很少驰骋疆场，即便是与强敌乃蛮决战，

---

① 《元史》卷二《太宗本纪》，中华书局点校本，第 32 页。
② 《元史》卷一六六《孟德传》，中华书局点校本，3903 页。
③ 《史集》第一卷第二分册，第 70 页。
④ 《史集》第一卷第二分册，第 72 页。

铁木真只让他管理供阵前替换骑乘的从马。①

成吉思汗于 1206 年建大蒙古国时曾经得到巫师阔阔出（帖卜·腾格里）的帮助，是阔阔出宣称长生天让铁木真统领众蒙古人，并授铁木真"成吉思汗"号。不久，阔阔出却"恃恩骄恣"，离间成吉思汗与合撒儿关系，还侮辱、拷打斡赤斤，不把成吉思汗家族放在眼里。于是，成吉思汗决定除掉阔阔出，令与阔阔出有过过节的斡赤斤杀死了阔阔出。② 前文提到，1213 年秋，成吉思汗第二次出征金朝，兵分三路攻略中原诸州县，斡赤斤与合撒儿一起率领东道诸王各部兵，为蒙古左路军，破蓟州（今河北蓟县）、滦州（今河北滦县）、平州（今河北卢龙）及辽西诸郡。

1219 年，成吉思汗远征中亚花剌子模，按蒙古传统，由幼弟斡赤斤"监国"，即代管国家政务。③ 这时，斡赤斤势力向大兴安岭以东发展，辽东、高丽皆受其节制。据《高丽史》高宗八年（1221年）八月的记载，斡赤斤向高丽征收的东西有"獭皮一万张，细绸三千匹，细苎二千匹，绵子一万觔，龙团墨一千丁，笔二百管，纸十万张，紫草五觔，荭花、蓝荀、朱红各五十觔，雌黄、光漆、桐油各十觔"④。又，甲申十一年（1224 年）的记载中曰："东真国遣使赍来牒二道，其一曰：'蒙古成吉思师老绝域，不知所存。讹赤斤贪暴不仁。已绝旧好。'"⑤ "讹赤斤"即斡赤斤。以上史料反映了在成吉思汗西征期间，斡赤斤手握大权，势力已经控制辽东的事实。

---

① 《元朝秘史》，第 190、191、195 节。战前，乃蛮塔阳汗向札木合询问铁木真阵前诸将，当问到斡赤斤时，札木合说："是诃额仑最少的子，名斡赤斤。他性懒，好早眠迟起，多军马中，他也不曾落后了。"足见斡赤斤娇生惯养的一面。

② 《元朝秘史》，第 244、245 节。

③ 《元朝秘史》，第 257 节。

④ 郑麟趾等编：《高丽史》卷二二《高宗世家》；《四库全书存目丛书》第 160 册，台南：庄严文化事业有限公司，1996 年。

⑤ 郑麟趾等编：《高丽史》卷二二《高宗世家》，甲申十一年（1224 年）春正月戊申条。

斡赤斤向东扩张应是成吉思汗西征时布置的，犹如早年让术赤向也儿的失河（额尔齐斯河）流域及其以西进军一样。1224 年秋，斡赤斤到也儿的失河流域的"不合—速只亥"地方迎接西征归来的成吉思汗，成吉思汗在那里举行大宴，让诸王将士比武。由于那里土质很松，尘土飞扬，因此成吉思汗下令，让每个人都搬取石头掷到他的斡耳朵和营地上。大家都掷了石头，斡赤斤却不掷石头，只掷了些树枝。为此成吉思汗责备了斡赤斤。参加围猎时，斡赤斤又迟到了一会儿，成吉思汗发怒，七天内不许他进大斡耳朵。[①] 成吉思汗的这些行为，可能是对斡赤斤"监国"期间的专横等过失的惩戒。

1229 年，按照成吉思汗的遗命，成吉思汗幼子拖雷、次子察合台、幼弟斡赤斤等人拥立窝阔台为蒙古大汗，坐上了成吉思汗的"宝座"。窝阔台继位时，斡赤斤率东道诸王，察合台率西道诸王同拖雷等人一起拥护他，让他顺利登上大汗之位。据《史集》记载，继位大典上，"察合台汗拉着窝阔台合罕的右手，拖雷汗拉着左手，他的叔父斡惕赤斤抱住[他的]腰，把他扶上了合罕的大位"[②]。察合台代表着西道诸王，拖雷代表着中央兀鲁思，而斡赤斤则代表着东道诸王，显示了其东道诸王之首的地位。[③]

窝阔台死后，脱列哥那皇后称制。据《史集》记载，斡赤斤趁朝政混乱，率领大军向大汗的斡耳朵（当指大蒙古国都城哈剌和林）出发。脱列哥那皇后立即遣使质问，并派灭里（窝阔台庶子）率军防范。斡赤斤对自己的冒失很后悔，便托词前来参加窝阔台的葬礼。当斡赤斤的军队临近大汗的斡耳朵时，又传来贵由已回到叶密立河畔（今新疆额敏河附近）自己大帐的消息，斡赤斤便

---

① 《史集》第一卷第二分册，第 316 页。

② 《史集》第二卷，第 30 页。

③ 详见 [日] 堀江雅明《铁木哥·斡赤斤》，载《东洋史苑》第 24、25 号，1985 年，译文见《蒙古学资料与情报》，1987 年第 2 期。

领着自己的军队返回自己的营地。①1246 年，贵由继位后，委派蒙哥及斡儿答（术赤之子）审理这一起案件，以谋夺汗位之罪处死了斡赤斤。② 但是，有学者认为《史集》波斯文抄本的原文不够清楚，可以有两种解释：一是斡赤斤和他的那颜们被处死；二是斡赤斤的那颜们被处死，他本人免死。③ 斡赤斤向哈剌和林进兵或谋夺汗位之事与前文提到的窝阔台"括左翼诸部民女，赐麾下"一事有关。

在与成吉思汗共同建立大蒙古国的过程中，成吉思汗诸弟建立了各自的功勋。成吉思汗的劲敌札木合在将要被处死之时曾对成吉思汗说："你母聪明，你又俊杰，弟每有技能，伴当每豪强，又有七十三匹骟马。"④ 出身于蒙古长支的札木合一直与成吉思汗争雄，论身世与才华，不比成吉思汗逊色多少，最让身单影只的札木合羡慕的，正是成吉思汗"有技能的众兄弟"。

在成吉思汗诸弟中，论战功，合撒儿和别里古台贡献最大，对此，蒙汉文史籍均有确凿的记载。⑤ 但是，因别里古台庶出，地位无法与功勋相当的合撒儿等齐。作为成吉思汗同母弟的合撒儿多次遭到成吉思汗猜忌，而别里古台却往往得到成吉思汗的信任。或许在成吉思汗看来，庶出的别里古台还不至于威胁到他的汗位。哈赤温和斡赤斤才能平庸，但斡赤斤具有成吉思汗幼弟的特殊身份，因此，其功勋不仅超过了早逝的哈赤温，其地位也最终位居成吉思汗诸弟之上，成为东道诸王之首。

①　《史集》第二卷，第 212、213 页。

②　《史集》第二卷，第 218 页。

③　[日] 堀江雅明：《铁木哥·斡赤斤》。

④　《元朝秘史》，第 201 节。

⑤　《元史》卷一一七《别里古台传》中说："帝尝曰：'有别里古台之力、哈撒儿之射，此朕之所以取天下也。'"又有如下记载："合撒儿、别里古台二人窃议：'主上政令不公，不就凭着合撒儿之射、别里古台之力，才把五色四夷大国征服下来的？'"（宝力高校注《黄金史纲》第 39 页，内蒙古教育出版社，1989 年）这里从另一个角度反映了合撒儿、别里古台的功绩。

二、成吉思汗诸弟的分封——属民与农土

在成吉思汗及其诸弟看来，大蒙古国是他们家族的共同财产，而这份财产继承自其父也速该。尽管也速该死后部众离散，但后来诸兄弟"收集来的百姓"，首先是原也速该属民。按照游牧蒙古人的传统，成吉思汗必须与诸弟分家，将诸弟应该分得的财产——人口和土地（蒙古语 qobi，汉译"份子"，意为"应得的财产"）给他们。分家的结果就是诸弟的分封以及东道诸王各兀鲁思的形成。据《元典章》所记："太祖皇帝初建国时，哥哥弟弟每商定：取天下了呵，各分地土，共享富贵。"[1] 这正是上述观念和历史过程的反映。

诸弟、诸子分封的具体内容，首先是划拨若干千户归属诸弟、诸子，同时在各自所属各千户长中指定一至四位不等的"王傅"；其次是划分牧地——农土（蒙古语 nutuɣ，汉意为"牧地"）。

关于成吉思汗诸弟、东道诸王的分封，即划拨千户、指定王傅，一般认为是在大蒙古国建立后不久的 1207—1211 年间。[2] 但这一说法过于笼统。其实，前引《元典章》的记载明确指出了成吉思汗诸弟分封的时间——"太祖皇帝初建国时"，即 1206 年。[3] 至于成吉思汗诸子西道诸王的分封，学界认为在稍后的 1219—1224 年间。但是，从长子术赤 1207 年起出征斡亦剌、吉利吉思等森林民各部，以及成吉思汗当时就将这些森林民赐予术赤为"份子"的记载[4] 可知，长子术赤的分封应在 1206—1207 年。至于其他几

---

① 《元典章》卷九《吏部三·改正投下达鲁花赤》，台湾影印元刻本。

② 参见［日］佐口透《成吉思汗和他的时代（上）》，载《东洋学报》第 29 卷第 1 号，1942 年；［日］杉山正明：《蒙古帝国的原始形象——关于成吉思汗分封家族的研究》，载《东洋学报》第 37 卷第 1 号，1980 年。

③ 上文提到，大蒙古国建立不久，由于阔阔出的挑拨，成吉思汗与合撒儿发生了冲突。事后，成吉思汗将原来分给合撒儿的四千户中的两个半夺回。这说明合撒儿的四千户正是在 1206 年分封的。

④ 《元朝秘史》第 239 节。

个儿子的分封，是随着成吉思汗西征、占领中亚大片土地后逐渐完成的，这也符合蒙古人依次分家的传统。因此，对术赤以外诸子的分封时间，1219—1224 年说是可取的。当然，成吉思汗诸子的分封是成吉思汗的第二次分封，这次分封只涉及成吉思汗诸子，是成吉思汗一家的分家，与业已分家的诸弟无关。

关于成吉思汗诸弟所得"份子"中的千户数，《元朝秘史》与《史集》都有记载 [①]，但并不一致，可见下表（表 1）。

表 1　　　成吉思汗诸弟所得"份子"中的千户数

姓名	《元朝秘史》所载分得民户数	《史集》所载分得军户数	附　注
诃额仑	共 10000 户	3000 户	
斡赤斤		5000 户	
合撒儿	4000 户。后被成吉思汗夺走，仅留 1400 户	1000 户	
按赤带（哈赤温之子）	2000 户	3000 户	
别里古台	1500 户	缺载	《元史》卷一一七《别里古台传》说分得"蒙古百姓 3000 户"

《元朝秘史》的记载反映了 1206 年成吉思汗分赐民户的情况，而拉施特《史集》所记述的是成吉思汗去世（1227 年）后的情况。因此，在时间上，《元朝秘史》的记载很显然要早于《史集》，反映了最初划拨千户的情况。[②]

关于成吉思汗诸弟所得"份子"中的牧地或领地划分的时间、范围等，学界同样意见不一。关于划分牧地的时间，前引佐口透、杉山正明文章认为与划拨千户一致，在 1207—1211 年间。我们

① 《元朝秘史》，第 242 节；《史集》第一卷第二分册，第 379—380 页。
② 参见 [日] 杉山正明《蒙古帝国的原始形象——关于成吉思汗分封家族的研究》。

认为，成吉思汗诸弟最初的牧地划分或指定应与划拨千户的时间相同，即 1206 年。当时，成吉思汗将新占领的蒙古高原东部地区指定为诸弟牧地。这些地区主要是长期与成吉思汗为敌的塔塔儿（牧地在今呼伦贝尔一带）、山只昆、合答斤（二部牧地在今哈拉哈、乌拉盖二河流域）、札答兰（蒙古长支，牧地在斡难河）、主儿乞、泰赤乌（二部为成吉思汗亲族，牧地在克鲁伦河）等部的牧地。1211—1213 年，成吉思汗两次征讨金朝，占领了金界壕（所谓"明昌界"）以南原属金朝的蒙古高原大片牧地。为了更好地利用这些优良牧场，1214 年成吉思汗住夏迭灭可儿 ① 时，将额尔古纳河流域的弘吉剌部牧地也指给合撒儿、斡赤斤做牧地，而将弘吉剌部南迁至大兴安岭北麓新占领的地区。对此，《元史·德薛禅传》有明确记载：

"初，弘吉剌氏族居于苦烈儿温都儿、斤、迭烈木儿、也里古纳河之地，岁甲戌，太祖在迭蔑可儿时，有旨分赐按陈及其弟火忽、册等农土。若曰：是苦烈儿温都儿、斤、以与按陈及哈撒儿为农土。申谕按陈曰：可木儿温都儿、答儿脑儿、迭蔑可儿等地，汝则居之。谕册曰：阿剌忽马乞迤东，蒜吉纳秃山、木儿速拓、哈海斡连直至阿只儿哈温都、哈老哥鲁等地，汝则居之。当以胡卢忽儿河以北为邻，按赤台为界。" ②

白拉都格其已经指出，引文中出现的与合撒儿并列的"按陈"

---

① "迭灭可儿"似为蒙古语 temege keger，意为"骆驼川"，今克什克腾旗达里湖东南的平原中有形似卧驼的石岩，蒙古人至今称其为 temege qada，意为骆驼岩，迭灭可儿当指这一带的平地草原。

② 中华书局点校本，第 2919 页。 按陈的新牧地在今克什克腾旗北境，其中可木儿温都儿即今翁牛特旗北境，答儿脑儿即今达里湖，迭蔑可儿见上注。其弟受封的牧地在今西乌珠穆沁旗到霍林河市一带，其界阿剌忽马乞为今锡林浩特市东、西乌珠穆沁旗西的沙地，蒜吉纳秃山即今西乌珠穆沁旗北境同名山，木儿速拓不详，哈海斡连（野猪荒地）即今西乌珠穆沁旗嘎海额勒速（野猪沙地），阿只儿哈温都在今克什克腾旗北境，哈老哥鲁即今霍林河。以上地名一部分参考了叶新民《弘吉剌部的封建领地制度》（《内蒙古大学纪念校庆 25 周年学术论文集》）一文。

是"斡陈"之误，而"斡陈"即斡赤斤。① 由此可知，斡赤斤、合撒儿牧地在苦烈儿温都儿、斤、迭烈木儿、也里古纳河之地。那么，二人牧地范围和界限如何？对此学界争议较大。日本学者箭内亘认为合撒儿的领地在兴安岭以西、古烈儿山以南、哈拉哈河以北；斡赤斤的领地在兴安岭以南，洮儿河、嫩江流域。② 杉山正明则认为合撒儿的领地在兴安岭以西，额尔古纳河、海拉尔河两河流域；斡赤斤的领地在兴安岭以西、呼伦贝尔地方以及哈拉哈河流域。③ 姚大力也认为哈拉哈河流域是斡赤斤受封地的中心地区。④ 白拉都格其则认为，额尔古纳河与其东支流根河、得尔布尔河汇合处一带是合撒儿与斡赤斤封地的相接地区，斡赤斤领地东北直抵嫩江中上游的金界壕，西南至哈拉哈河流域。⑤ 叶新民认为合撒儿的封地主要在额尔古纳河以西一带，额尔古纳河以东、海拉尔河以南地区是斡赤斤家族的封地。⑥

　　根据《元史·德薛禅传》，斡赤斤、合撒儿的牧地在"苦烈儿温都儿、斤、迭烈木儿、也里古纳河"。这些地名现今仍在，分别作古烈儿山（汉名黑山头）、根河、德尔布尔河和额尔古纳河。《史集》则分别记载了合撒儿、移相哥父子及其斡赤斤子孙的领地："移相哥和拙赤·合撒儿氏族的禹儿惕和游牧营地，在蒙古斯坦的东北部额儿古涅河、阔连海子和海剌儿河一带，离斡惕赤那颜的儿子只不和他的孙子塔察儿的禹儿惕所在地不远。""塔察

---

① 白拉都格其：《成吉思汗时期斡赤斤受封领地的时间和范围》，载《内蒙古大学学报》，1984 年第 3 期。白拉都格其还认为"斡陈"或可译作"按陈"。但是，从元代蒙汉译例看，这种可能性不大。我们宁可相信"斡陈"是因"按陈"而被笔误为"按陈"了。

② ［日］箭内亘：《蒙古史研究》，第 607—622 页，刀江书院，1930 年。

③ ［日］杉山正明：《蒙古帝国的原始形象——关于成吉思汗分封家族的研究》。

④ 姚大力：《乃颜之乱杂考》，载南京大学学报专辑《元史及北方民族史研究集刊》，第 7 辑，1983 年。

⑤ 白拉都格其：《成吉思汗时期斡赤斤受封领地的时间和范围》。

⑥ 叶新民：《斡赤斤家族与蒙元朝廷的关系》，载《内蒙古大学学报》，1988 年第 2 期。

儿……他的地面和禹儿惕位于蒙古斯坦遥远的东北角上，因此在他们的彼方就再也没有蒙古部落了。"①

将《元史·德薛禅传》和《史集》中有关合撒儿、斡赤斤牧地的记载相结合，不难发现额尔古纳东支流根河、德尔布尔河是斡赤斤领地，位于根河与额尔古纳河汇流处、苦烈儿温都儿山下的所谓"黑山头古城"就是斡赤斤的王府。而额尔古纳河以西包括南边的海拉尔河下游，呼伦湖、贝尔湖一带则是合撒儿的牧地。合撒儿后裔（可能是移相哥）在今俄罗斯后贝加尔州境、额尔古纳河西支流乌卢龙桂河和昆兑河畔都建过城池和宫殿，这里也是著名的"移相哥石"②的发现地，因此应是合撒儿家族的统治中心。③

此外，《史集》还记载："成吉思汗从合剌阿勒只惕·额列惕之战回来后，[他同他的军队]在客勒帖该·合答地界斡儿沐涟河地方聚集并清点了军队。"④（那既是个河名，又是个大的山腰地带的名称，塔察儿的部落就驻在那里）"客勒帖该·合答"又见于《元朝秘史》《元史·太祖本纪》（作建忒该山），位于哈拉哈河流域。1203年，成吉思汗在合剌阿勒只惕·额列惕之战中被克烈王罕打败，其先锋忙兀部首领畏答儿负伤，月余后卒，遂葬于此。⑤塔察儿即斡赤斤之孙，由此，前引姚大力文认为哈拉哈河流域也是斡赤斤领地。如此看来，斡赤斤领地从根河、德尔布尔河一直

---

① 《史集》第一卷第二分册，第67、72页。

② 旧误为"成吉思汗石"，因第一、二字为"成吉思汗"导致，是迄今为止发现最早的回鹘体蒙古文石刻，记述了成吉思汗西征回师途中，诸王、将士比武，移相哥射箭之事。

③ [苏]C.B 吉谢列夫《位于外贝加尔地区黑尔黑尔河畔的蒙古移相哥城堡》（汉译文），载内蒙古大学《蒙古史研究参考资料》第19辑，1965年。

④ 《史集》第一卷第二分册，第172页。

⑤ 《元朝秘史》第175节；《元史》卷一二一《畏答儿传》，中华书局点校本，第2987—2988页。客勒帖该·合答在哈拉哈河西岸，今属于蒙古国东方省哈拉哈苏木，畏答儿葬地也在那里被发现。

沿大兴安岭北麓向南延伸，还包括海拉尔河上游、哈拉哈河上游一带，呈南北狭长状。《史集》所谓塔察儿牧地在"蒙古斯坦遥远的东北角上"，正指大兴安岭与额尔古纳河之间东北角。看来，根河一带是其夏营地，哈拉哈河西岸的斡儿沐涟是其冬营地。

后来，斡赤斤家族的势力又逐步向东扩展，占据了大兴安岭以东地区，主要包括嫩江、洮儿河、绰儿河。原因在于因斡赤斤是成吉思汗幼弟，在受封属民和领地方面与成吉思汗长子术赤有着同样的特权。[①]1207 年，成吉思汗让长子术赤出征斡亦剌、吉利吉思等森林民，并将这些森林民及其领土赐予术赤。[②]1217 年，森林民豁里、秃麻等叛乱，亦是其主人术赤率兵镇压。成吉思汗西征花剌子模时，再让术赤从海押立和花剌子模地区扩展至撒哈辛和不里阿耳之极远地方以及"向那个方向尽鞑靼马蹄所及之地"。[③]撒哈辛和不里阿耳在伏尔加河流域，后来，术赤建立的钦察汗国就以这里为中心，而原来的森林民地区则归属幼弟拖雷了。斡赤斤向大兴安岭以东即辽东地区扩张的情况与术赤由额尔齐斯河不断向西扩张的情况相似。他与其母虽然分得了十个千户的属民，但其领地，如上所述，却显得很是狭小。很显然，这不是因为成吉思汗吝啬，而是让斡赤斤与术赤那样享有自主扩张领地的特权，即向大兴安岭以东发展势力。

哈赤温子按赤带的牧地，由前引《元史·德薛禅传》可知其南界为胡卢忽儿河，此河今名巴拉噶尔河，在西乌珠穆沁旗北部。《史集》说："他的兀鲁思和禹儿惕在东方，位于蒙古斯坦正东部，在乞台人所筑的起自哈剌沐涟 [黄河] 直到女真海为止的

① 据《元朝秘史》（242 节）记载，成吉思汗在分封子弟时首先强调了术赤和斡赤斤的特殊地位，说道："儿子中最长是拙赤，诸弟中最小是斡赤斤。"
② 《元朝秘史》第 239 节。
③ [伊朗]志费尼著、何高济译：《世界征服者史》（上册），第 45 页，内蒙古人民出版社，1980 年。

29

长城边境，靠近女真地区。同那个地区邻近的地区是：亦乞剌思[部落]的古代禹儿惕，合剌阿勒真—额列惕地方和额勒古亦河地区。"① "额勒古亦河"即兀鲁灰河，在今东乌珠穆沁旗，作"乌拉盖河"；合剌阿勒真—额列惕是1203年成吉思汗被克烈部王罕打败的地方，位于今东乌珠穆沁旗北蒙古国境，其南便是金界壕（阿兰塞）。看来，按赤带的牧地以旧亦乞列[剌]思部牧地为主，包括今天东乌珠穆沁旗的大部分地区和西乌珠穆沁旗的一小块，北与别里古台、合撒儿领地相邻。

别里古台的牧地，《元史》卷一一七《别里古台传》说"以斡难、怯鲁连之地建营以居"，其"居处近太祖行在所，南接按只台营地"。"太祖行在"即成吉思汗大斡耳朵，位于斡难河与班术尼河汇流处。因此，今克鲁伦、斡难两河中游和浯勒扎河流域是别里古台领地，东与合撒儿领地，南与按赤带领地接邻，王府在克鲁伦河岸的巴尔斯城。②

终元一世，除斡赤斤领地外，成吉思汗其他诸弟的领地基本没有什么变动。

作为蒙古左翼集团，在蒙古对外扩张的一系列战争中，成吉思汗诸弟主要负责攻取所处领地以东以南地区，如征讨辽东蒲鲜万奴，出兵金朝时担当左路大军等。因此，在占领辽东以及中原地区后，成吉思汗诸弟又从所征服之地分得了部分汉地民户作为其食邑，即五户丝户。合撒儿后裔中原份地或食邑在般阳路，最初分得民户数是24493。③ 般阳路，古代为齐地，所以合撒儿家族首领后来受封为"齐王"。别里古台的中原份地为广宁路和恩

---

① 《史集》第一卷第二分册，第70页。
② 参见达力扎布《北元初期的疆域和汗斡耳朵地望》，载《蒙古史研究》第三辑，内蒙古大学出版社，1989年。
③ 《元史》卷九五《食货志三·岁赐》，中华书局点校本，第2412页。以下有关东道诸王中原食邑户数的记载均见于此。

州，最初分民户数为 11603。因别里古台的汉地份地在广宁路（今辽宁省北镇市），所以别里古台家族首领受封为"广宁王"。哈赤温子按赤带及其后裔的中原份地在济南路，最初分得民户数为 55200。按赤带后裔亦因济南路份地受封"济南王"。斡赤斤份地在泰宁路，最初分民户数为 62156。泰宁路属辽东，因此这一家族首领受封为"辽王"。

附：关于别里古台兀鲁思的性质问题

由于《史集》把别里古台千户直接列入成吉思汗直属 101 个千户，[①] 而且未记载别里古台受封民户数，引起学界对别里古台千户性质的不同看法。村上正二、周良霄、陈得芝、李治安等人主张别里古台当在东道诸王兀鲁思之列。海老泽哲雄、杉山正明等日本学者则认为，别里古台因其庶弟身份，只能算作成吉思汗左翼军团第十六位千户长，不当在东道诸王兀鲁思范围之内。[②] 由此，他们称东道诸王为"东方三王家"。

笔者赞同把别里古台所封千户视为东道诸王兀鲁思的看法，理由如下：第一，《元朝秘史》明确记载，成吉思汗分封诸弟时给别里古台 1500 户作为"份子"，然后下令："合撒儿、阿勒赤歹、斡惕赤斤、别勒古台四个弟的位子里，他的子孙各教一人管。"[③] 这说明成吉思汗承认别里古台与其他三个弟弟是平等的家族成员，但因为庶出，虽然功勋卓著，分得的人户比弟弟哈赤温子按

---

① 《史集》第一卷第二分册，第 373 页。

② 陈得芝：《元岭北行省建置考》（上、中），载《元史及北方民族史研究集刊》第 9 辑、11 辑。周良霄：《元代投下分封制度初探》，载《元史论丛》第 2 辑。［日］村上正二：《蒙古国统治时期的分封制的起源》，载《东洋学报》44 卷 3 号，1961 年。李治安：《元代分封制度研究》，天津古籍出版社，1992 年。［日］海老泽哲雄：《蒙古帝国东方三王家诸问题》，《埼玉大学纪要·教育学部（人文社会科学）》21，1972 年，译文见《蒙古学资料与情报》，1987 年第 2 期。［日］杉山正明：《蒙古帝国的原始形象——关于成吉思汗分封家族的研究》。［日］杉山正明：《忽必烈政权与东方三王家——鄂州战役前后再论》，载《东方学报》第 54 册，1982 年。

③ 《元朝秘史》，第 242、255 节。

赤带还少（按赤带分得 2000 户）。但是，分得的人户少并非本质问题，不能以此否定其诸王兀鲁思地位，而视其为一般的功臣千户。《史集》把别里古台所封千户列入成吉思汗直属 101 个千户内是明显的失误。第二，《史集》虽然没有直接叙述别里古台所分得户数，但相关记载却承认别里古台兀鲁思的存在，如"忽必烈合罕清点了他（别里古台）的兀鲁黑，共有八百人。合罕说：'怎么，拙赤—合撒儿的子孙（nasl）原来才四十人却蕃衍成了八百人，而别勒古台诸子与爪都的[后人]原来有一百人也只蕃衍成八百人，而没有蕃衍得更多些呢？'他接着又说：'拙赤—合撒儿的兀鲁黑强大而富有，而别勒古台那颜的兀鲁黑贫穷，因此他们蕃衍得少！'"① 第三，《黑鞑事略》云："其主初僭皇帝号者，小名曰忒没真，僭号曰成吉思皇帝。今者小名曰兀窟觸。其偶僭号者八人。"所谓"僭号"即称汗，当时称汗的八人。王国维解释为"案：八人者谓太祖弟搁只哈撒儿之子也苦，哈赤温之子按只吉歹，太祖弟铁木哥斡赤斤及别里古台，太祖大太子术赤之子拔都，二太子察合台，四太子拖雷之子蒙哥并太宗窝阔台汗为八人"。② 王国维所列即西道诸王兀鲁思和东道诸王四兀鲁思的统治者们。后来，忽必烈"附会汉法"，别里古台后裔受封广宁王③，这一点与成吉思汗其他几位弟弟后裔受封辽王、齐王、济南王情况无异，足以说明别里古台兀鲁思与合撒儿兀鲁思等性质相同。此外，后文我们还要谈到，15 世纪中叶，别里古台后裔毛里孩强盛，统治着"也可兀鲁思"或"也可万户"（"也可—yeke"蒙古语，意为"大"），并一度把持东蒙古朝政。因此，其臣下曾建议毛里孩继承大位，即蒙古汗位。其子斡赤来（火赤儿）亦曾卷入蒙古汗位之争。这些虽然是较晚的历史，但从另一方面证明，别里古台兀鲁思与合

---

① 《史集》第一卷第二分册，第 74 页。
② 《黑鞑事略》，载《王国维遗书》，上海古籍书店，1983 年。
③ 中统三年（1262 年），别里古台之孙爪都被封为广宁王。

撒儿兀鲁思等一样，是与北元大汗直属部众相对独立的兀鲁思—万户集团。

第二节　东道诸王与元朝的关系

一、东道诸王与忽必烈政权的建立

东道诸王兀鲁思与大蒙古国汗廷，即中央兀鲁思保持着密切的关系。他们是蒙古大汗特别是忽必烈后裔蒙古大汗最有力的支持者之一。窝阔台汗继位时，因有成吉思汗遗命，得到了西道诸王和东道诸王的共同拥戴。窝阔台死后，按其遗嘱，应由其孙失烈门即位。但是"临朝摄政"的脱列哥那皇后玩弄权术，在得到大部分宗亲特别是拖雷诸子的支持后，将蒙古大汗之位传给了自己的亲生儿子贵由。尽管失烈门等不满，但贵由继位并没有违背成吉思汗"今后蒙古大汗之位永远留在窝阔台家族"的"札撒"，所以没有引起更大的混乱。因此，1246 年，东道诸王以斡赤斤诸子、按赤带为首与西道诸王共同拥立了贵由。[1]

贵由死后，蒙古大汗之位由窝阔台系转到拖雷系，拖雷长子蒙哥夺去了蒙古大汗之位。在这次重大变故中起关键作用的是成吉思汗长孙、素与贵由不和的拔都。东道诸王在这次变故中显然支持了拔都的建议，1251 年六月，东道诸王也古、脱忽、移相哥、按赤带、塔察儿、别里古台等人同西道诸王别儿哥、脱哈帖木儿"复大会于阔帖兀阿阑之地"，推举蒙哥为大蒙古国皇帝。[2] 前文提到，斡赤斤曾因其民女被窝阔台括取而在窝阔台去世后试图谋反，因此在这次汗位更替中，以塔察儿为首的斡赤斤子孙不会力挺窝阔台家族。

---

① 《史集》第二卷，第 215 页。
② 《元史·宪宗本纪》，第 44 页。

宪宗蒙哥夺取蒙古汗位之后，便以莫须有的罪名镇压窝阔台、察合台后王及其大臣，先后处死了贵由皇后斡兀立海迷失及其子脑忽，窝阔台选定的汗位继承人失烈门母子，察合台子孙也速蒙哥（察合台子，察合台汗王）、不里（察合台孙）、也孙脱，以及大臣镇海、合答、宴只吉带等人，然后将窝阔台汗国分为数块，授予归附自己的窝阔台后王。①

同时，为巩固汉地统治以及灭南宋，蒙哥继位后令长弟忽必烈"领漠南汉地军国庶务"，并于1252—1255年间命其与兀良合台出兵大理，灭大理国。忽必烈早年就招揽汉人士大夫于麾下，"思大有为于天下"。总领汉地事务后，其政治野心更加膨胀，引起蒙哥的猜忌。1254年，蒙哥解除忽必烈兵权，将其从云南前线召回。此后，塔察儿取代忽必烈，成为汉地军事统帅。1256年，蒙哥汗决定出征南宋。1257年秋，塔察儿所率蒙古左翼首先攻襄阳，但因"霖雨连月"，攻城失利，被迫班师。塔察儿的败退打乱了蒙哥汗原来的部署，即由塔察儿左翼军和远在云南的兀良合台军南北夹击襄阳，自己则率中路军后发。至此，蒙哥决定派忽必烈统领塔察儿军，进攻鄂州。这样，忽必烈取代塔察儿，成为左翼军最高统帅。② 忽必烈正是利用第二次掌兵的机会，乘蒙哥去世，夺去了蒙古汗位。

1259年8月，蒙哥在征讨南宋的四川前线突然病逝，在漠北"监国"的蒙哥幼弟阿里不哥，首先在蒙古都城哈剌和林继承蒙古大汗之位。③ 忽必烈则要利用手中的兵权夺取汗位。此时，忽必烈正率领东道诸王及探马赤五部蒙古军以及汉军攻取鄂州（今湖北省武昌），闻蒙哥死讯，与宋议和，"断然班师"。北上途中，

---

① 《元史·宪宗本纪》，第44页。

② 详见[日]杉山正明《忽必烈政权与东方三王家——鄂州战役前后再论》。

③ 参见刘迎胜《西北民族史与察合台汗国史研究》，第107—112页，南京大学出版社，1994年。

忽必烈凭借其以前的交情，积极争取东道诸王之首塔察儿。据元代文献记载，当塔察儿得知阿里不哥得到许多宗王支持继承汗位的消息之后，犹豫不决。王傅撒吉思"驰见塔察儿，力言宜协心推戴世祖，塔察儿从之"①。此前，忽必烈也派廉希宪前去拉拢塔察儿，廉希宪劝说塔察儿"大王位属为尊，若至开平，首当推戴，无为他人所先"②。

果然，1260年四月，忽必烈在以塔察儿为首的东道诸王的支持下，在开平召开忽里台，夺取了蒙古大汗之位。以塔察儿为首的东道诸王，如合撒儿之子移相哥、别里古台之孙爪都、哈赤温之孙忽剌忽儿、察忽剌和其子也只里等人都是忽必烈的最主要拥立者。而身为蒙哥幼弟的阿里不哥继位时，因符合蒙古传统，得到了包括蒙哥诸子在内的成吉思汗家族更为广泛的支持，他们是西道诸王术赤家族、窝阔台家族、察合台家族以及东道诸王家族部分成员，如塔察儿之子乃蛮台、别里古台的一个儿子。③但是，武力最终战胜了传统。以塔察儿为首的东道诸王无论在宗王当中，还是在中原汉地，都有着雄厚的军政实力④，因此，在接下来发生的阿里不哥与忽必烈之间的战争中发挥了关键作用。

1260年七月，忽必烈亲率大军北征阿里不哥。忽必烈的先锋为移相哥（合撒儿之子）、纳邻哈丹（按赤带之子）。他们在巴昔乞地方击败阿里不哥方面的出木哈儿（旭烈兀之子）和哈剌察儿（术赤之子斡儿答之子）之军，占领和林地区。阿里不哥率部逃

① 《元史》卷一三四《撒吉思传》，第3243页。
② 苏天爵：《元朝名臣事略》卷七《廉希宪家传》，第127页，中华书局影印元刊本。
③ 《史集》第二卷，第293页。《史集》记载为："[拥立阿里—不哥的]人有：哈剌—旭烈兀的妻子兀鲁忽—必里，蒙哥合罕的儿子阿速带、玉龙答失，察合台的侄子阿鲁忽，塔察儿的儿子乃蛮台，赤因—帖木儿的弟弟也速，合丹的儿子忽鲁迷失和纳臣，斡儿答的儿子合剌察儿，以及别勒古台那颜的一个儿子。"
④ 详见白拉都格其硕士学位论文《从成吉思汗到忽必烈的蒙古汗位继承》，内蒙古大学，1981年。

到吉儿吉思地区。[①]1261 年夏秋之际，阿里不哥增调大批斡亦剌惕军队，偷袭驻守边境上的移相哥之十万军，大败移相哥，并"穿过草原，直趋合罕方面"。九月，忽必烈和塔察儿、合丹、合必赤等人率大军迎战；十一月，在开平以北的昔木土一带击溃阿里不哥之军。[②]1264 年秋，穷途末路的阿里不哥率蒙哥之子玉龙答失、阿速歹、昔里吉等人前往上都投降忽必烈。从整个战争过程看，东道诸王军是忽必烈征讨阿里不哥的先锋军和主力。正如日本学者杉山正明所说，忽必烈继位是"蒙古左翼军团之叛乱"，忽必烈依靠塔察儿为首的东道诸王军队和五投下军队最终战胜了阿里不哥，忽必烈政权是以塔察儿为首的东道诸王军事胜利的产物。[③]

忽必烈政权的建立与东道诸王的支持息息相关，正因如此，刚刚继位的忽必烈就以优遇和大量赏赐来回报东道诸王，使其势力迅速膨胀。中统元年（1260 年）七月，"诏中书省给诸王塔察儿益都、平州封邑岁赋、金帛，并以诸王白虎、袭剌门所属民户、人匠、岁赋给之"[④]。同年十二月，赐"诸王按只带、忽剌忽儿、合丹、忽剌出、胜纳合儿银各五千两，文绮帛各三百匹，金素半之。诸王塔察、阿术鲁钞各五十九锭有奇、绵五千九十八斤、绢五千九十八匹，文绮三百匹，金素半之。……爪都、伯木儿银五千两，文绮三百匹，金素半之"[⑤]。中统二年八月，"赐诸王塔察儿金千两、银五千两、币三百匹"[⑥]。中统三年正月，"诸王塔察儿请置铁冶，

---

① 《元史》卷四《世祖本纪》一，第 65—68 页；《史集》第二卷，第 296 页。

② 《元史》卷四《世祖本纪》一，第 76 页；《史集》第二卷，第 300、301 页。

③ 参见 [日] 杉山正明《忽必烈政权与东方三王家——鄂州战役前后再论》。

④ 《元史》卷四《世祖本纪》一，第 67 页。白虎为斡赤斤子，袭剌门为斡赤斤曾孙袭剌谋，见《元史·宗室世系表》，2712、2713 页；参见张岱玉博士学位论文《〈元史·诸王表〉补证及部分诸王研究》，内蒙古大学，2008 年，280 页。

⑤ 《元史》卷四《世祖本纪》一，第 68、69 页。忽剌忽儿、合丹、忽剌出、胜纳合儿等为哈赤温、按赤带后王。"塔察"即塔察儿。阿术鲁为斡赤斤长子斡端大王之子。伯木儿，据《元史·宗室表》为移相哥曾孙，辈分恐有误。

⑥ 《元史》卷四《世祖本纪》一，第 74 页。

从之；请立互市，不从。忽剌忽儿所部民饥，罢上供羊"①。同月，"赐广宁王爪都驼钮金镀银印"②。同年四月，"赐诸王也相哥金印"③。至元元年（1264 年）七月，"给诸王也速不花（别里古台子——引者）印"④。除此之外，忽必烈还让东道诸王家在元朝统治机构中担任重要职务。据海老泽哲雄研究，元初东方三王家与其他王家一起，任命各自的私臣，充当中书省所属的断事官。⑤

在忽必烈的优遇政策下，东道诸王的势力不断膨胀。当时，"辽东境土旷远，诸王营帐泊诸部，种人杂处其间，恃势相凌"⑥。"辽雷多宗王分地，傔从时纵狗马出，蹂民禾，民厌苦之"⑦。辽东地区主要是斡赤斤后裔之领地。又据《元史》记载，至元二年正月，"诸王塔察儿使臣阔阔出至北京花道驿，手杀驿史郝用、郭和尚，有旨征钞十锭给其主赎死"⑧。上述史料反映了东道诸王恣意弄权的情况。

东道诸王势力在辽东地区的扩展，损害了元朝在东北地区的利益，从世祖朝中期开始，元廷与塔察儿孙乃颜等东道诸王之间有关领民和属地权益的斗争越来越激烈。⑨因此，如何削弱东道诸王的势力成为忽必烈所面临的最大难题。于是，至元二十三年（1286 年）二月，元廷罢山北辽东道、开元等路宣慰司，改置东京等处行中书省（治所在今辽宁省辽阳市）。翌月，又北徙东京

---

① 《元史》卷五《世祖本纪》二，第 81 页。
② 《元史》卷五《世祖本纪》二，第 81 页。
③ 《元史》卷五《世祖本纪》二，第 84 页。
④ 《元史》卷五《世祖本纪》二，第 97 页。
⑤ ［日］海老泽哲雄：《关于蒙古帝国东方三王家诸问题》。
⑥ 王恽：《工部尚书孙公神道碑》，《秋涧集》卷 29，《四部丛刊》本，上海涵芬楼影印，1929 年。
⑦ 苏天爵：《元故参知政事王忱行状》，《滋溪文稿》卷 23，［元代珍本文集汇刊本］，台北。
⑧ 《元史》卷六《世祖本纪》三，第 105 页。
⑨ 李治安：《马可波罗所记乃颜之乱考释》，载《元史论丛》第 8 辑，2001 年。

省治于咸平府（今辽宁省开原北）。① 东京等处行中书省的设立遂成为元朝与东道诸王之间的一场战争的直接原因之一。

至元二十四年（1287年）四月，乃颜联合合撒儿兀鲁思之主势都儿（移相哥长子）、哈赤温兀鲁思之主合丹等发动了叛乱。翌月，忽必烈以玉昔帖木儿领蒙古军，李庭领汉军，亲征乃颜。元军自上都出发北征，经过应昌（旧城在今克什克腾旗达来诺尔西南），六月壬戌抵达撒儿都鲁（今贝尔湖东南的沙尔土冷呼都克），在此地大败叛军。遂自撒儿都鲁东行，至乃颜之失刺斡耳朵（即乃颜大帐，位于哈拉哈河流域），"获乃颜辎重千余"②。接着，元军主力在玉昔帖木儿率领下直扑乃颜屯驻的不里古都伯塔哈之地（位于哈拉哈河和诺木尔根河交汇处之三角地带），乃颜战败，逃至失列门林（绰尔河支流色勒河地区）被元军生擒，后被忽必烈下令处死。③ 合丹则逃脱了元军追击。后来他继续反抗元朝，给元军带来了多次重创。但他最终在至元二十八年五月至至元二十九年正月间死于高丽境内。④

乃颜之乱使东道诸王兀鲁思的地位受到沉重的打击。据陈得芝研究，元廷为使东道诸兀鲁思不能成为威胁朝廷的强大力量，将"离析其国，分而治之"作为处置叛王的主要办法。⑤ 但是，按照成吉思汗《大札撒》，忽必烈等人没有权力剥夺东道诸王属民。乃颜被杀后，其子脱脱成为斡赤斤家族首领，逐渐恢复了掌管本家族军民份地的权力。忽必烈对乃颜家族势力的削弱，较明显的是对其大兴安岭以西故土的剥夺，这一点我们将在后文论述。

成宗至泰定帝时期，元廷仍采取抑制东道诸王势力的措施，

---

① 参见姚大力《乃颜之乱杂考》。
② 《元史》卷十四《世祖本纪》十一，298—299页；《元史》卷一五四《万传》，3633页。
③ 参见姚大力《乃颜之乱杂考》。
④ 参见杨德华《元代叛王哈丹下落考》，载《云南师范大学学报》，1995年第6期。
⑤ 参见陈得芝《元岭北行省建置考》（中），载《元史及北方民族史研究集刊》第11辑，1987年。

以镇戍漠北的晋王节制东道诸王。但是，这种节制主要体现在军事统领权上，是针对西北诸王叛乱采取的权宜之计。晋王对东道诸王各部的军队只有指挥权，却不能代表朝廷直接处理东道诸王各部内部事务。[①] 东道诸王四兀鲁思有各自的王号、各自的领地和属民，俨然是国中之国。但从另一方面我们应看到，无论从地缘关系、民族成分抑或经济基础来说，东道诸王各兀鲁思都与大元大蒙古国构成了一个整体。他们的领地是蒙古故土，与大元大蒙古国大汗的漠北直属地相邻，其属民绝大部分是蒙古人，从事蒙古人传统的游牧经济，宗教信仰的差异亦不明显。[②] 这些与成吉思汗诸子的西道诸王各兀鲁思情况大不相同。更为重要的是，自东道诸王拥立忽必烈为蒙古大汗之时起，他们就将自己和自己兀鲁思的命运与大元大蒙古国紧密联系在了一起，特别是元朝所采取的加强对东道诸王兀鲁思控制的一系列措施，使他们很难发展成像西道诸王兀鲁思那样完全独立的政治实体。[③] 尽管如此，这并不说明东道诸王原有的藩国君主，即兀鲁思汗王的地位被取消了。[④]

二、元代东道诸王兀鲁思概况

齐王家族　合撒儿有三子，他们是也苦、移相哥、秃忽。《史集》记载："合撒儿死后，长子也苦继承其位。也苦死后，他的儿子合儿合孙继位。在他之后，他的叔父移相哥继承其位。在蒙哥汗和忽必烈合罕时代，移相哥是拙赤—合撒儿的继承者，他声誉远播，参与要务，商议国事，很受尊重。按照习惯，他统辖了父亲及其长幼宗亲的全部军队和部落。"[⑤]

---

① 参见陈得芝《元岭北行省建置考》（下），载《元史及北方民族史研究集刊》第12、13 辑，1989 年。

② 乃颜可能是也里可温教徒，但其信仰并没有在其属民中普及。

③ 参见韩儒林主编《元朝史》（上册），人民出版社，1986 年，第 202 页。

④ 陈得芝先生就持这种观点，参见其《元岭北行省建置考》。

⑤ 《史集》第一卷第二分册，第 66 页。

移相哥之后，其子势都儿成为合撒儿家族的汗王、合撒儿兀鲁思的最高统治者。[①] 至元二十四年（1287年），势都儿与乃颜、胜纳哈儿等一起起兵反抗忽必烈，乃颜战败后，势都儿汗王位被忽必烈废掉，立势都儿之子八不沙为汗王。元贞二年（1296年），成宗遣诸王亦只里、八不沙、亦怜真、也里悭、瓮吉剌带驻夏于晋王怯鲁剌（克鲁伦）之地。[②] 同年四月，"赐诸王八不沙钞四万锭，也真所部六万锭"。大德五年（1301年），元朝与海都、都哇在帖坚古山（在阿尔泰—金山附近）进行了一次大规模的会战，八不沙同斡赤斤后裔辽王脱脱一起参加了这次战役。虽然双方伤亡都很严重，但最终元朝获胜。于是在大德七年五月，"以大德五年战功，赏北师银二十万两、钞二十万锭、币帛各五万九千匹。赐皇侄海山及安西王阿难答，诸王脱脱、八不沙，驸马蛮子台等各金五十两、银珠锦币等物有差"[③]。大德十一年（1307年）正月，成宗驾崩，武宗继位。武宗对当年跟随他在漠北戍边、作战的诸王、驸马大加封赏。七月，赐诸王八不沙钞万锭，并封八不沙为齐王。[④] 至大元年（1308年）三月，又赐齐王八不沙金五百两、银五千两。[⑤]

八不沙死后无嗣，其王位遂由其弟黄兀儿王之子月鲁帖木儿

---

① 《史集》第一卷第二分册，第67页记载，移相哥的儿子额木干在忽必烈合罕时继承拙赤·合撒儿之位及其兀鲁思。额木干的儿子势都儿在忽必烈合罕时代又继承了父位。但据《元史·宗室世系表》，势都儿是移相哥之子，爱哥阿不干是也苦之子。爱哥阿不干应是《史集》中所说的"额木干"，他是势都儿的堂兄。可知额木干继承了叔父移相哥之位。

② 《元史》卷十九《成宗本纪》二，第403页。亦只里为哈赤温后裔，也里悭是成吉思汗之叔答里真后人。见《元史·宗室世系表》2711、2709页；张岱玉：《〈元史·诸王表〉补证及部分诸王研究》33页。瓮吉剌带为别里古台孙。

③ 《元史》卷二十一《成宗本纪》四，第451页。驸马蛮子台是弘吉剌氏按陈之孙、纳陈之子（见《元史·德薛禅传》2916页；张岱玉《〈元史·诸王表〉补证及部分诸王研究》，226页）。

④ 《元史》卷二十二《武宗本纪》一，第483、484页。

⑤ 《元史》卷二十二《武宗本纪》一，第497页。

继承,月鲁帖木儿成为合撒儿兀鲁思最高统治者。泰定三年(1325年)七月,"以月鲁帖木儿嗣齐王,给金印"①。次年七月,"赐齐王月鲁帖木儿钞二万锭","给齐王月鲁帖木儿印"②。泰定五年(1327年)秋,泰定帝病死于上都。泰定帝侄、梁王王禅和丞相倒剌沙在上都拥立年幼的泰定帝之子阿剌吉八继承汗位,史称天顺帝。与此同时,留守大都的元武宗亲信燕铁木儿以所掌怯薛军发动政变,控制大都,并拥立武宗次子图帖睦尔为汗。这样,大元大蒙古国自忽必烈、阿里不哥之后再次出现了两汗并立的局面。各地诸王、贵戚、将领基本分裂为支持上都和大都两大阵营,很快演变为大规模内战,史称两都之战。在两都之战中,月鲁帖木儿倒戈,转而支持大都政权,与上都政权作战。天历元年(1328年)十月十三日,"齐王月鲁帖木儿、东路蒙古元帅不花帖木儿等以兵围上都,倒剌沙等奉皇帝宝出降。梁王王禅遁,辽王脱脱为齐王月鲁帖木儿所杀,遂收上都诸王符印"③。二十二日,"帝御兴圣殿,齐王月鲁帖木儿、诸王别思帖木儿、阿儿哈失里、那海牵及东路蒙古元帅不花帖木儿等奉上皇帝宝"④。十一月,文宗两次赏赐齐王金、银、钞不等。⑤天历二年(1329年)正月,"齐王月鲁帖木儿薨"⑥。月鲁帖木儿之后,失列门继承齐王位。至正十二年(1352年)八月甲辰,齐王失列门献马一万五千匹于京师。⑦至正十五年(1355年)七月,农民起义军复陷武昌、汉阳等处,朝廷"命亲

① 《元史》卷三十《泰定帝本纪》二,第671页。
② 《元史》卷三十《泰定帝本纪》二,第680页。
③ 《元史》卷三十二《文宗本纪》一,第715页。
④ 《元史》卷三十二《文宗本纪》一,第716页。别思帖木儿、阿儿哈失里世系不详,那海牵或为阿里不哥之孙镇宁王那海(《元史·宗室世系表》2721页,参见张岱玉《〈元史·诸王表〉补证及部分诸王研究》210页),东路蒙古元帅不花帖木儿为大都方面的主帅燕帖木儿叔父。
⑤ 《元史》卷三十二《文宗本纪》一,第719、720页。
⑥ 《元史》卷三十三《文宗本纪》二,第727页。
⑦ 《元史》卷四十二《顺帝本纪》五,第901页。

王失列门以兵守曹州,山东宣慰马某火者以兵分府沂州、莒州等处"①。

广宁王家族　别里古台有三子,即也速不花、口温不花、罕秃忽。戊申年(1248年),也速不花代表别里古台同诸王拔都等会于阿剌脱忽剌兀之地,议推蒙哥为汗。②辛亥年(1251年)六月,也速不花同西道诸王别儿哥、脱哈帖木儿,东道诸王也古(也苦)、脱忽(秃忽)、亦孙哥(移相哥)、按只带、塔察儿、别里古台等"复大会于阔帖兀阿阑之地,共推帝即皇帝位于斡难河"③。也速不花之子为爪都(jaɣutu,意为"有一百个"),《史集》说因他有一百个妻子,所以有是称。中统元年(1260年)四月,忽必烈抵达开平,爪都等率东道诸王、阿只吉等率西道诸王会集于开平,召开忽里台,拥戴忽必烈继位。《史集》把爪都误为别里古台之子。④中统三年(1262年),爪都"始以推戴功,封广宁王"⑤,并赐驼纽金镀银印。⑥至元十三年(1276年),改赐金印螭纽。⑦同年,爪都参加宗王昔里吉叛乱,南归后,忽必烈念其旧勋免其一死,但广宁王称号及所属部众被夺,本人也被流放到南方的海岛上。⑧这样,别里古台后裔王号广宁王称号从也速不花后裔转移到口温不花后裔。

别里古台次子口温不花曾随窝阔台灭金,又多次进入河南大败宋军,屡建大功。壬辰年(1232年),口温不花同拖雷、塔思、按赤带征潞州、凤翔等地,在钧州三峰山大败金军,捕获金大将

---

① 《元史》卷四十四《顺帝本纪》七,第926页。
② 《元史》卷三《宪宗本纪》第44页。
③ 《元史》卷三《宪宗本纪》第44页。
④ 《史集》第一卷第二分册,第73页。
⑤ 《元史》卷一一七《别里古台传》,第2906页。
⑥ 《元史》卷五《世祖本纪》二,第81页。
⑦ 《元史》卷一〇八《诸王表》,第2740页。元世祖朝所封诸王的印章囊括了金印兽纽、金印螭纽、金印驼纽、金镀银印驼纽、金镀银印龟纽、银印龟纽等六个等级。
⑧ 《史集》第一卷第二分册,第73、74页。

完颜合达。① 乙未年（1235 年），蒙古军分两路进攻南宋，东路
由诸王阔出（窝阔台子）、口温不花、国王塔思等统率。太宗九
年（1237 年），口温不花、塔思等复统兵南下，围攻光州（今河
南省潢州）。张柔率军来会，与史天泽并力攻城，破光州城，又
进取随州、复州（今湖北天门）。② 因口温不花战功显赫，忽必烈
"使掌兵权"③。口温不花有两个儿子，即灭里吉带和翁吉剌带。④
至元十三年（1276 年），翁吉剌带奉命与驸马丑汉所部军五百戍
哈答城（今四川省乾宁北）。⑤ 元贞间（1295—1297 年），翁吉剌
带从晋王甘麻剌驻夏怯鲁剌（克鲁伦）之地。⑥

　　翁吉剌带子为彻里帖木儿⑦，彻里帖木儿因在乃颜、哈丹之乱
中有"防御劳"，赐袭广宁王。彻里帖木儿子为按浑察，有时误为"浑
按察"。致和元年（1328 年）八月丙午，元武宗亲信燕铁木儿以
所掌怯薛军发动政变，立武宗次子图帖睦尔为可汗。"丙午，诸
王按浑察至京师。"⑧ 可知按浑察支持燕帖木儿和文宗。因此，至
顺元年（1330 年），按浑察被封为广宁王，并"授以金印"⑨。

　　别里古台三子罕秃忽，"性刚猛，知兵"⑩。"从宪宗征伐，多
立战功，及攻钓鱼山而还，道由河南，招来流亡百余户，悉以入
籍⑪"。罕秃忽子为霍历极，"以疾废，不能军，世祖俾居于恩，

① 《元史》卷一一九《木华黎传》，第 2938 页。
② 《元史》卷二《太宗本纪》，第 36 页。
③ 《元史》卷一六三《张德辉传》，第 3824 页。
④ 《元史》卷一一七《别里古台传》，第 2906 页。
⑤ 《元史》卷九《世祖本纪》，第 178 页。
⑥ 《元史》卷十九《成宗本纪》，第 403 页。
⑦ 《元史》卷一○七《宗室世系表》，第 2714 页。
⑧ 《元史》卷三十二《文宗本纪》一，第 706 页。
⑨ 《元史》卷三十四《文宗本纪》，第 759 页。
⑩ 《元史》卷一一七《别里古台传》，第 2906 页。
⑪ 《元史》卷一一七《别里古台传》，第 2906 页。

以统其藩人"①。霍历极死后，其子塔出继承，塔出"性温厚，谦恭好学，通经史，能抚恤其民云"②。

《元史·宗室世系表》中只记载了别里古台到第五代的世系。但从别里古台后裔王号即广宁王来看，从《元史》还可以找到元末别里古台兀鲁思的两个统治者，即浑都帖木儿和帖木儿不花。③泰定四年（1327 年）闰九月，赐诸王彻彻秃、浑都帖木儿钞各五千锭。④至正十三年（1353 年）九月己丑，"广宁王浑都帖木儿薨，赙钞一千锭"⑤。至正十四年（1354 年）春正月壬申，"命帖木儿不花袭封广宁王。赐钞一千锭"⑥。

济南王家族　按赤带之子为合丹、察忽剌、忽列虎儿（忽剌忽儿）、朵列纳。按赤带之后，长子合丹继位，合丹之后胜纳哈儿成为哈赤温兀鲁思的最高首领。《元史·宗室世系表》记载胜纳哈儿是合丹之孙。⑦至元二十四年（1287 年），乃颜叛乱，暗中派人去联络随北安王那木罕出镇漠北的胜纳哈儿，使者被土土哈截获上奏，于是胜纳哈儿被召回朝。⑧此后，胜纳哈儿之名不见于史书记载。察忽剌之子也只里继胜纳哈儿成为济南王。宪宗三年（1253 年），蒙古征云南，也只里从忽必烈出师。九月，在临洮以南的忒剌，忽必烈命蒙古军分三道以进，"大将兀良合带率西道兵，由晏当路；诸王抄合，也只烈率东道兵，由白蛮；帝由中道"⑨。也

---

① 《元史》卷一一七《别里古台传》，第 2906 页。
② 《元史》卷一一七《别里古台传》，第 2906 页。
③ 《元史》卷四十三《顺帝本纪》六，第 911、913 页。
④ 《元史》卷三十《泰定帝本纪》二，第 682 页。
⑤ 《元史》卷四十三《顺帝本纪》六，第 911 页。
⑥ 《元史》卷四十三《顺帝本纪》六，第 913 页。
⑦ 《元史》卷一〇七《宗室世系表》，第 2711 页。但《史集》（第一卷第二分册，第 71 页）记载，合赤温兀鲁思藩主的传承与世系为哈赤温—额勒只带（即按赤带）—察忽剌—忽剌儿儿—哈丹—胜剌哈儿—也只里。
⑧ 《元史》卷一二八《土土哈传》，第 3133 页。
⑨ 《元史》卷四《世祖本纪》一，第 59 页。

只烈即也只里。至元二十五年（1288 年）正月，也只里等从诸王
术伯北征海都。[1] 元贞二年（1296 年）三月，朝廷"遣诸王亦只里、
八不沙、亦怜真、也里悭、瓮吉刺带并驻夏于晋王怯鲁刺之地"[2]。
大德十一年（1307 年）正月，成宗病故，无子嗣。成宗之侄海山
率漠北镇军至上都，举行忽里台，"诸王勋戚毕会，皆曰今阿难答、
明里铁木儿等荧惑中宫，潜有异议；诸王也只里昔尝与叛王通，
今亦预谋。既辞服伏诛，乃因阇辞劝进"[3]。也只里因在宫廷政变
中站错了队被杀，此后，按赤带幼子朵列纳成为哈赤温兀鲁思最
高统治者。

元代哈赤温家族除济南王外，还有济阳王、济王、吴王等王号。[4]

大德十一年秋七月，武宗封诸王八不沙为齐王，朵列纳为济王，
迭里哥儿不花为北宁王，太师月赤察儿为淇阳王，加平章政事脱虎
脱太尉。[5] 至大四年（1308 年）十二月，赐济王朵列纳印。[6] 皇庆
元年（1312 年），朵列纳由济王改封吴王。[7] 延祐四年（1317 年）四月，
答合孙寇边，吴王朵列纳等败之于和怀，赐金玉束带、黄金、币帛
有差。[8] 吴王朵列纳之后，其子泼皮继承吴王称号。泰定三年（1326
年）六月，"赐吴王泼皮钞万锭"[9]。至顺元年（1330 年）三月，"徙
封济阳王木楠子为吴王，吴王泼皮为济阳王"[10]。据《元史·宗室世
系表》，木楠子是按赤带三子忽列虎儿之子，为泼皮堂兄或堂弟[11]，

---

① 《元史》卷十五《世祖本纪》十二，第 308 页。
② 《元史》卷十九《成宗本纪》二，第 403 页。
③ 《元史》卷二十二《武宗本纪》一，第 478 页。
④ 详见张岱玉博士学位论文《〈元史·诸王表〉补证及部分诸王研究》，第 75—79 页。
⑤ 《元史》卷二十二《武宗本纪》一，第 484 页。
⑥ 《元史》卷二十四《仁宗本纪》一，第 549 页。
⑦ 《元史》卷一六○《诸王表》，第 2741 页。
⑧ 《元史》卷二十六《仁宗本纪》三，第 578 页。
⑨ 《元史》卷三十《泰定帝本纪》二，第 671 页。
⑩ 《元史》卷三十三《文宗本纪》二，第 754 页。
⑪ 《元史》卷一○七《宗室世系表》，第 2711 页。

事实上,木楠子是泼皮的叔父或伯父。① 至顺三年(1332年)八月,吴王木楠子及诸王答都河海、锁南管卜、帖木儿赤、帖木迭儿等来朝觐见元文宗。② 木楠子之后搠思监和朵尔赤先后袭吴王爵。《元史·宗室世系表》未记载此二人。

辽王家族 据《元史·宗室世系表》,斡赤斤有八子,他们是斡端、只不干、撒答吉、哈失歹、察只剌、脱里出、斡鲁台、白虎。③ 斡赤斤去世后,斡赤斤之孙、只不干之子塔察儿成为斡赤斤兀鲁思藩主。前文已提到,在阿里不哥与忽必烈的汗位之争中,忽必烈靠塔察儿为首的东道诸王军队才取得了胜利。塔察儿死后,斡赤斤兀鲁思藩主相继由阿术鲁、乃颜继承。④ 阿术鲁是斡赤斤长子斡端之子,与塔察儿是堂兄弟。乃颜世系为:塔察儿—失儿不海—乃颜—脱黑台(即脱脱)。失儿不海一支可能因乃颜叛乱而不显,故未见于《元史·宗室世系表》。⑤ 至元七年(1270年),头辇哥国王指挥元军进征高丽时,乃颜在行伍中。⑥ 至元二十四年(1287年)四月,乃颜联合合撒儿、哈赤温后裔发动叛乱,忽必烈亲自率师北征。两军在哈拉哈一带决战,乃颜溃败后被擒杀。

乃颜之后,乃颜之子脱脱掌管斡赤斤兀鲁思。脱脱于大德元年(1297年)就以藩主身份受赐。大德元年秋七月庚午,"赐诸王脱脱、孛罗赤、沙秃而钞二千锭,所部八万四千余锭,撒都失里千锭,所部二万余锭"⑦。大德五年(1301年),脱脱参加了元军对海都与都哇的战争,不久,被抽调至南方,去平定宋隆济、

---

① 详见张岱玉博士学位论文《〈元史·诸王表〉补证及部分诸王研究》,第77页。
② 《元史》卷三十六《文宗本纪》五,第806页。
③ 《元史》卷一○七《宗室世系表》,第2711—2713页。
④ 《史集》第一卷第二分册,第72页、77页附表。
⑤ 详见张岱玉博士学位论文《〈元史·诸王表〉补证及部分诸王研究》,第281页。
⑥ 《元史》卷二○八《外夷传》一《高丽》,第4617页。
⑦ 《元史》卷十九《成宗本纪》二,第412页。

蛇节的起义。[①] 致和元年（1328 年）七月，泰定帝病死于上都。黄金家族内部的汗位纷争又开始，辽王脱脱支持泰定帝之子阿剌吉八继承汗位。八月，上都方面分兵四路，进攻大都，"留辽王脱脱、诸王孛罗帖木儿、太师朵带、左丞相倒剌沙、知枢密院事铁木儿脱居守"[②] 上都。天历元年（1328 年）十月十三日，齐王月鲁帖木儿等围攻上都，辽王脱脱被杀。文宗下令："晋邸及辽王所辖路、府、州、县达鲁花赤并罢免禁锢，选流官代之。"十一月，燕帖木儿言："晋王及辽王等所辖府县达鲁花赤既已黜罢，其所举宗正府扎鲁忽赤、中书断事官，皆其私人，亦宜革去。"文宗"从之"[③]。天历二年八月，文宗"封牙纳失里为辽王，以故辽王脱脱印赐之"[④]。

① 参见张岱玉博士学位论文《〈元史·诸王表〉补证及部分诸王研究》，第 110 页。
② 《元史》卷三十二《文宗本纪》一，第 706 页。
③ 《元史》卷三十二《文宗本纪》一，第 715、716、721 页。
④ 《元史》卷三十三《文宗本纪》二，第 739 页。

第二章　元末明初至北元中期的
东道诸王各部

　　1368 年（北元至正二十八年，明洪武元年）闰七月，徐达率领的明朝北伐军攻陷大都，元惠宗北迁上都，从此，元朝失去了对中原的统治，中国历史进入了北元与明朝对峙的"新的南北朝时代"。1370 年四月，元惠宗在应昌去世；五月，明军奔袭应昌，北元昭宗爱猷识理达腊率部北越大兴安岭，迁往岭北行省。此后，立足漠北的北元政权主要依靠东道诸王各部的力量与明军周旋，可以说，北元汗廷与东道诸王后裔兀鲁思的关系是元朝与东道诸王兀鲁思关系在新的时代背景下的延续。

第一节　元末明初的东道诸王各部

一、北元汗廷迁居东道诸王领地

　　长期以来，学界受日本学者和田清的影响，认为昭宗越过大兴安岭后迁往大蒙古国故都哈剌和林（今蒙古国后杭爱省额尔德尼召一带），以那里为政治中心，与明王朝对峙。《明太祖实录》洪武八年（1375 年）八月己酉条有关扩廓帖木儿之死有如下记载："故元将王保保卒。先是王保保自定西之役走和林，爱猷识理达腊复任以事，后从徙金山之北，至是卒于哈喇那海之衙庭，其妻毛氏亦自经死。"和田清据此认为昭宗爱猷识理达腊和继任者脱古思帖木儿的大汗斡耳朵在大蒙古国故都哈剌和林，并认为金山即阿尔泰山，哈剌那海则在今科布多一带。同时，和田清还注意到《明太祖实录》洪武二十年（1387年）五月辛未条谓胡主（指脱古思帖木儿）"逐水草，往来黑山、鱼海之间"的记载，并结合次年脱古思帖木儿在捕鱼儿海附近被明将蓝玉所率明军打败一事，正确地解释黑山为大兴安岭，鱼海为贝尔湖。但是，由于受自己前一观点的影响，他只是把黑山、鱼海一带看作脱古思帖木儿临时游牧的一个"王庭"。①

达力扎布纠正和田清之说。他认为和林（哈剌和林）实际是指岭北行省，又名和林行省，而非狭义的都城哈剌和林，《明实录》所见和林往往泛指岭北行省；金山也不可能是阿尔泰山，而是指纳哈出所居今吉林怀德一带的金山。达力扎布进而根据《高丽史》所记高丽与北元使臣往来行程和日期推断，北元初期汗斡耳朵活动的大体范围是东至今呼伦贝尔东部大兴安岭，西至克鲁伦河中上游，南至兴安岭及西拉木伦河，北至斡难河一带，而昭宗长期居住的克鲁伦河岸的巴尔斯城可能就是广宁王府。②达力扎布这一观点是可信的，只是将金山解释为纳哈出所据今吉林怀德一带的金山未免过于狭小，金山可能是大兴安岭的通称。无论如何，北元前期的大汗斡耳朵在蒙古高原东部，元代的晋王领地（蒙古发祥地，土剌、斡难、怯鲁连三河之源地区）及东道诸王牧地是其主要部分。

元廷与西北诸王的关系历来不睦。西北诸王地处蒙古高原西部，那里是窝阔台、蒙哥、阿里不哥系诸王的领地。由于历史上蒙古大汗之位的争夺，这几个家族与忽必烈后裔蒙古——元朝大汗隔阂很深。元末，为镇压红巾军之乱，惠宗妥懽帖睦儿曾调西

① ［日］和田清：《东亚史研究·蒙古篇》第182—183页正文及注3，东洋文库，1959年。
② 达力扎布：《北元初期的疆域和汗斡耳朵地望》。

北诸王入援。奉诏前来的窝阔台系诸王阿鲁辉帖木儿却乘机在上都发动叛乱，要妥懽帖睦儿将蒙古大汗之位让出。阿鲁辉帖木儿虽被镇压，但在数年后，当元廷北迁上都，太尉哈剌章主张与西北诸藩共图"恢复（大都）大计"时，却得不到惠宗的支持，因为惠宗对当年阿鲁辉帖木儿叛乱仍心有余悸。① 相反，由于元朝与东道诸王的历史关系，昭宗爱猷识理达腊和脱古思帖木儿必然选择"祖宗根本之地"，即包括东道诸王领地在内的蒙古高原东部地区为根据地，借助东道诸王之力与明朝抗衡。② 洪武二十年（1387年），明朝降服辽东纳哈出，北元汗廷已经暴露在明大宁都司的兵锋之下。即便如此，脱古思帖木儿仍冒险游牧于呼伦贝尔一带，并未西迁。其结果是：次年，北元汗廷遭明军毁灭性打击，脱古思帖木儿被迫西迁，结果被西北诸王阿里不哥后裔也速迭儿杀害。

杀死脱古思帖木儿后，也速迭儿"夺走大印"，登上了蒙古大汗之位，这是东蒙古部众首次被瓦剌征服。也速迭儿强迁东蒙古部众于蒙古高原西部，从此，蒙古政治中心西移到了原阿里不哥领地——从贝加尔湖到斡儿浑河、杭爱山、阿尔泰山一带。1402年（建文四年），瓦剌内乱，东蒙古宫廷贵族阿鲁台乘机拥立元太宗窝阔台后裔鬼力赤为蒙古大汗。从此，蒙古分裂为东西两大集团。1406年，阿鲁台、鬼力赤等率东蒙古部众返回北元大汗根据地——蒙古高原东部。在此后的三十多年里，东道诸王领地成为东蒙古与瓦剌、明朝相争战的主要舞台。③

---

① 据《北巡私记》记载："哈剌公尝太息谓予曰：'亡国之臣岂可与图恢复？吾当与西北诸藩共图此事耳。'佶问何不早为此计，哈剌公曰：'子独不见阿鲁辉工之事乎？'遂唏嘘而起。……初六日，平章政事李百家奴上疏陈恢复大计，以兵力太弱，请征西北诸藩兵入援。疏入，寝不报。哈剌公之言可谓无几矣。"（刘佶《北巡私记》，《云窗丛刻》本，上虞罗氏日本刊本，第四册）

② 参见达力扎布《北元初期的疆域和汗斡耳朵地望》。

③ 参见宝音德力根《15世纪中叶前的北元可汗世系及政局》，载《蒙古史研究》第六辑，内蒙古大学出版社，2000年。

　　由于明朝与北元的对峙，特别是洪武、永乐年间明朝与蒙古的战争，北元汗廷所在东道诸王领地及邻近地区多次遭到明朝大军的蹂躏。期间，东道诸王后裔势力也多次遭到打击。

　　1372 年（北元宣光二年、明洪武五年）岭北之役，李文忠所率东路军，出应昌经哈喇莽来（今蒙古国苏赫巴托省境）驱奔胪驹河（克鲁伦河）、土剌河，中途扫荡东道诸王领地。①

　　1388 年（北元天元十年、明洪武二十一年）四月，明将蓝玉所率 15 万大军袭击北元大汗斡耳朵于捕鱼儿海一带，大败北元大汗脱古思帖木儿，杀太尉蛮子等，俘太子地保奴及以吴王朵儿只为首的诸王、嫔妃、官吏、将校、军士男女 8 万人，给北元汗廷以致命打击。② 被俘的吴王朵儿只应是哈赤温后裔。③

　　永乐六年（1408 年），"元裔"本雅失里继承蒙古大汗之位，引起对元朝复辟极为敏感的永乐皇帝警觉。次年七月，明成祖借口使臣郭骥被杀，让丘福提兵十万出征蒙古。明军一路未遇抵抗，长驱直入来到胪驹河。结果中蒙古诱敌深入、围而歼之之计，在胪驹河以西被围攻，全军覆没。④

　　明军的惨败使明成祖羞愧难当。经半年的积极准备，永乐八年（1410 年）二月，明成祖亲率 50 万大军出征蒙古。五月初，明军来到胪驹河，明成祖赐汉名曰饮马河。面对强大的明军，东蒙古无力抵抗，只能退避以应敌。但在具体退避方向上，本雅失里与权臣阿鲁台发生分歧，本雅失里对其姐夫瓦剌马哈木抱有幻想，主张退往瓦剌，阿鲁台则不愿离开蒙古高原东部自己的根据地。最终君臣不和，率部各奔东西，且"互相残杀"，被明军各

---

① 《明太祖实录》洪武五年六月甲辰，台湾"中央研究院"校勘本，1961 年。

② 《明太祖实录》洪武二十一年四月乙卯。

③ 元代哈赤温家族除济南王王号外，还有吴王、济阳王王号。其中朵列纳、泼皮、木嗬子先后受封吴王（参见张岱玉《〈元史·诸王表〉补证及部分诸王研究》，75—79 页）。朵儿只当是木嗬子后人。

④ 《明太宗实录》永乐七年七月癸酉、丁丑，八月甲寅等条。

个击破。本雅失里退到斡难河被明军追及，双方交战，本雅失里大败，率残众渡河逃往瓦剌，被马哈木杀害。阿鲁台退往兀儿古纳河（额尔古纳河），在河岸山谷与明军对阵。阿鲁台军心动摇，"欲降者半，欲战者半"，结果被明军打败，阿鲁台率余部远遁。①

永乐二十年（1422年），阿鲁台部围攻兴和，明成祖率兵亲征。阿鲁台闻讯，撤围北去。明军在宣府一带滞留月余，待草青马肥后经开平进击阔滦海（今呼伦湖），阿鲁台向北退却，明成祖下令班师。因无功而返，恼羞成怒的明成祖在回师途中偷袭与明朝有通贡互市关系的泰宁等三卫，以显示战功。② 泰宁等三卫即东道诸王诸部之一，是驻牧于大兴安岭以南的斡赤斤及其后裔兀鲁思。

永乐二十二年（1424年）正月，明成祖得报，阿鲁台部众侵扰边境，于是决定再次北征。四月，大军出发，阿鲁台闻讯，渡答兰纳木儿河（今同名，哈拉哈河支流）北去。明军到达答兰纳木儿河附近搜索山谷，不见人马车迹，只得还师。③ 七月十八日，明成祖病死榆木川。

在洪武和永乐年间的明朝与蒙古的战争中，东道诸王的领地屡次遭到明军蹂躏，势力一度衰弱。这也是东道诸王后裔一度销声匿迹于明代史籍记载的重要原因。

二、斡赤斤家族南迁西拉木伦河流域

在元代，辽阳行省主要是斡赤斤后王辽王及世袭国王爵位的木华黎后裔的封地，这两大家族及其属民同样是北元初期辽东地区的两大势力。辽王阿扎失里部驻牧于辽阳行省北部，即兴安岭

---

① 《明太宗实录》永乐八年五月丁卯、甲戌、己卯、丙戌、甲辰等条。
② 《明太宗实录》永乐二十年三月乙亥、戊寅、辛巳、七月己未、庚午、辛未、壬申、甲戌等条。
③ 《明太宗实录》永乐二十二年正月甲申，四月戊申、己酉、六月庚申、壬戌、癸亥、甲子等条。

以南嫩江以及支流洮儿河、绰儿河流域，而木华黎后王部众则分布于辽阳行省南部开元以北和农安、伊通河方面。

洪武二十年（1387年），明军迫降北元辽阳行省左丞相纳哈出。纳哈出的投降，使盘踞在其北面的阿扎失里失去了南线屏障而直接面临明军威胁。1388年四月，脱古思帖木儿被明军打败，逃往瓦剌时被杀。至此，阿扎失里势力更显孤单。迫于明朝的军事威胁，他请求归附明朝。次年，明朝在辽王封地设泰宁、福余、朵颜等三卫，任命阿扎失里为泰宁卫指挥使，塔宾帖木儿为指挥同知，海撒男塔奚为福余卫指挥同知，脱鲁忽察儿为朵颜卫指挥同知。[①]其中泰宁卫牧地在元泰宁路（今吉林省洮南附近）一带，朵颜卫在朵颜山（今内蒙古扎赉特旗北博格达山）一带，福余卫在福余河（今嫩江左岸支流，黑龙江省齐齐哈尔市附近）一带。[②]泰宁、朵颜、福余三卫是辽王阿扎失里统治下的三部，泰宁卫人自称罔留，朵颜卫人自称五两案（兀良哈），福余人自称我着（兀者）。蒙古文史籍则统称他们为"山阳六千兀者人"或"岭南六千兀者人"（ölge-yin jiryuyan mingyan üjiyed kümün），又简称"山阳万户"或"岭南万户"（ölge tümen）和"兀者兀鲁思"（üjiyed ulus）。[③]

泰宁等三卫建立不到一年，就在其最高首领阿扎失里的带领下背叛明朝，转投北元新大汗阿里不哥后裔也速迭儿麾下。但是，他们并没有像忽必烈后裔北元大汗直属部众那样被迁移至蒙古高原西部，而是依旧游牧于嫩江流域。如，洪武二十四年（1391年）三月，明将傅友德、郭英等率兵征讨阿扎失里，在洮儿河、朵颜山一带大败其众。[④]洪武二十九年（1396年），燕王朱棣率兵至"兀

①　《明太祖实录》洪武二十二年五月辛卯、癸巳条。

②　［日］和田清：《东亚史研究·蒙古篇》，第107—149页。

③　参见宝音德力根《往流和往流四万户》，载《蒙古史研究》第五辑，内蒙古大学出版社，1997年。

④　参见［日］和田清《东亚史研究·蒙古篇》，第32—33、124—126页。

良哈秃"之地,败其首领哈剌兀[歹]之军。① 直到永乐二十年(1422年),明成祖北征阿鲁台返回时,在屈裂儿河(今洮儿河支流归流河)一带袭击了泰宁等三卫部众。② 因此,韩儒林先生主编的《元朝史》中所谓1389年阿扎失里的降明标志着元在辽东统治势力的最后消亡一说③,值得商榷。

1424年七月,穷兵黩武的明成祖死于北征途中,明朝与北元军事力量对比发生逆转。八月,明仁宗朱瞻基继位,十一月遣使诏谕兀良哈三卫,"许令改过自新,仍前朝贡,听往来生理"④。第二年,受明仁宗感召,三卫前来贡马,恢复了正常朝贡互市关系。从此,山阳万户开始南下潢河——西拉木伦流域,迫近明朝边境驻牧。

明仁宗短命,继位十个月便于洪熙元年(1425年)五月暴崩。新皇帝明宣宗年轻气浮,不能贯彻其父与兀良哈三卫等蒙古各部通贡市、和平相处的政策,因而在其继位之初,明军多次主动出击兀良哈等三卫。如宣德二年(1427年)七月,奉命押运粮饷至开平卫⑤的明朝总兵官阳武侯薛禄、副总兵清平伯吴成等袭击驻牧于"去[开平]东南三百里"朵儿班·你儿兀之地的蒙古部众,俘镇抚、百户等官在内男妇几十人,马牛羊数千。⑥ 达力扎布认为,从被俘酋长拥有镇抚、百户等明朝低级官衔可知,他们是兀良哈等三卫首领;从俘获人口、牲畜等情况看,他们是靠近明朝边境驻牧的部众,而非前来寇边的军队。薛禄等袭击兀良哈等三卫部

---

① 《明太祖实录》,洪武二十九年三月甲子。"哈剌兀"又作"哈儿古台",永乐元年受封明朝朵颜卫都指挥同知、掌卫事,参见[日]和田清《东亚史研究·蒙古篇》,第139页。

② 《明太宗实录》,永乐二十年七月庚午。

③ 韩儒林:《元朝史》(下册),第202、203页。

④ 《明仁宗实录》永乐二十二年十一月乙亥条。

⑤ 当时,开平孤悬于明朝防线以外,守军供给全由独石口运输。

⑥ 《明宣宗实录》宣德元年七月丁未条。

众,是"一起边将邀功的捣巢之举"。① "朵儿班·你儿兀"(Dörben niruɣu),又译"四岭山"(准确译法应作"四道岭"),这个地名出现在《明实录》正统二年(1437 年)七月丙辰条记事中。当时,明独石口守备杨洪等奏:"兀良哈往年寇大同、延庆等处,今在四岭山。"很明显,这里是兀良哈等三卫南下西拉木伦河流域后的常驻之地。达力扎布推测该地在老哈河上游。② 宝音德力根则有具体考证,四岭山即"朵儿班·你儿兀"的汉译,今地应为赤峰市翁牛特西北境的四道账(帐)房,位于西拉木伦河南岸。这里由南向北横亘着四道山梁,是从西拉木伦南下必经要道,因此成为泰宁等三卫南下游牧的常驻地。前引《明实录》宣德二年七月记事中称此地"去[开平]东南三百里"似有误,"东南"应作"东"或"东北"。③

宣德三年(1428 年)九月,明宣宗出喜峰口 40 里,在宽河袭击兀良哈等三卫。④ 诚如达力扎布所指出,这是年轻的宣宗皇帝在宦官怂恿下玩的炫耀武功的小把戏。⑤ 其结果,明朝辽东、蓟镇边境连续遭到兀良哈等三卫侵掠。在其攻击下,宣德五年(1430 年),明朝被迫将开平卫内迁独石口,长城线以北最后一个堡垒也丢失。次年正月,明宣宗颁布诏书"宥三卫剽窃之罪",敕谕大小头目以求和解,明朝与兀良哈等三卫的冲突才告一段落。

如前所述,所谓的泰宁等三卫或兀良哈等三卫是元代斡赤斤家族辽王所属部众,蒙古名称为山阳万户。直到 16 世纪以前,斡赤斤后裔一直是山阳万户的最高统治者。辽王阿扎失里大约在永乐末年去世,此后,其子脱火赤继承辽王位,统领山阳万户,明朝授予他泰宁卫都督衔。⑥ 宣德八年(1433 年),脱火赤被阿鲁

① 达力扎布:《明代漠南蒙古历史研究》,第 15 页,内蒙古文化出版社,1997 年。
② 达力扎布:《明代漠南蒙古历史研究》,第 15 页。
③ 《内蒙古通史纲要》第 294—295 页,人民出版社,2006 年。
④ 《明宣宗实录》宣德三年九月辛亥、乙卯、壬戌等条。
⑤ 达力扎布:《明代漠南蒙古历史研究》,第 16 页。
⑥ 《明宣宗实录》宣德二年十月己卯,六年八月乙未、甲寅,七年正月戊辰等条。

台杀死，其弟拙赤一度为山阳万户首领，因此明朝授予他都督金事衔。① 正统(1436—1449 年)初，脱火赤子革干帖木儿继为辽王。天顺（ 1457—1464 年 ）初，明朝授予他左都督衔，其弟兀捏帖木儿同时被授予右都督衔。② 不久，革干帖木儿死，其弟兀捏帖木儿"欲代总其众"，但是，"三卫头目不服，朵颜卫都督朵罗干遣使奏保脱脱孛罗代父职，管理三卫"。于是，明朝试图干预山阳万户内部事务，命革干帖木儿子脱脱孛罗为都督金事，"仍旧管束三卫"③。但是，明朝的干预不起作用，兀捏帖木儿最终控制了整个三卫，成为蒙古大汗马儿古儿吉思的部下大头目。④ 成化元年(1465 年)，明朝遣使"泰宁卫大头目兀喃帖木儿"，兀喃帖木儿对明使称"三卫是我一人把总"，并以辽王身份遣使明朝。⑤ 据宝音德力根考证，这位兀喃帖木儿就是泰宁卫右都督兀捏帖木儿。⑥

兀捏帖木儿之后，辽王家族势力衰落，这可能与 15 世纪中叶东蒙古内乱有关。到了达延汗时代，朵颜卫首领、脱鲁忽察儿四世孙花当与达延汗联姻，势力不断壮大，逐渐取代辽王家族在山阳万户的地位，成为整个三卫的首领。

第二节　北元中期东道诸王后裔所属诸部

如前所述，北元汗廷迁居到东道诸王领地之后，北元与东道诸王后裔所统兀鲁思之间的关系进一步密切。面对敌国明王朝，在特定时代（即明朝与北元征战时期），东道诸王后裔与北元汗

---

① 《明宣宗实录》宣德八年五月壬戌。
② 《明英宗实录》天顺三年七月己丑。
③ 《明英宗实录》天顺四年五月己亥。
④ 《明英宗实录》天顺七年六月丁亥。
⑤ 《明宪宗实录》成化元年十一月辛未。《实录》中将"辽王"误译成"刘王"。
⑥ 详见宝音德力根《往流与往流四万户》。

廷的利益相同，是北元大汗的忠实盟友和保护者。但是，当来自明朝的军事威胁减弱或不复存在时，由于争夺牧地、属民等原因，不时引发新的矛盾。尤其是随着北元政权与明朝对峙形势的变化以及北元汗权的衰落，东道诸王后裔兀鲁思势力得到恢复，开始卷入争夺东蒙古霸权的斗争，如别里古台后裔毛里孩、斡赤来，合撒儿后裔孛罗乃，哈赤温后裔癿加太子等，在争夺蒙古高原统治权的残酷斗争中，他们同样对忽必烈后裔北元大汗构成威胁。在这一点上，他们与东西蒙古异姓贵族权臣孛来、也先等人没什么本质差别。

一、别里古台后裔所属也可万户及其统治者

广宁王毛里孩与也可万户　15 世纪中叶，别里古台后裔所属部落以"也可兀鲁思（Yeke ulus）"或"也可万户（Yeke tümen）"之名出现于蒙古文史书。[1] 而"也可万户"的称呼与毛里孩统治时期的别里古台兀鲁思的地位密切相关。

毛里孩之名最早出现在《明英宗实录》景泰六年（1455 年）的记事中，在汉籍中又作"卯里孩""木里王"等。蒙古文史书《黄史》作 Mooliqai，佚名《黄金史纲》作 Muyuliqai，罗桑丹津《黄金史纲》《阿萨剌齐史》作 Mayuliqai。[2] 据《黄史》记载，毛里孩是别里古台十三世孙。

1454 年，也先被属下阿剌杀死后，东蒙古喀喇沁部首领孛来又出兵打败瓦剌，杀死阿剌。同时，东蒙古贵族拥立脱脱不花子马儿古儿吉思（Markürgis）为大汗，改变了自脱古思帖木儿死后蒙古大汗被瓦剌贵族所控制的局面。

在拥立马儿古儿吉思为可汗的过程中，毛里孩起了关键作用。

---

[1]　详见宝音德力根《往流和往流四万户》。

[2]　《黄史》，第 156 页，民族出版社，1983 年；佚名：《黄金史纲》，第 155—157，160—161 页。罗桑丹津：《黄金史纲》，乌兰巴托影印本，1990 年，第 153（b）—154（a）、156（b）页。巴·巴根校注：《阿萨剌齐史》，民族出版社，1984 年，第 88—89 页。

据泰宁卫都督革干帖木儿的报告，"卯里孩立脱脱不花王幼子为王，卯里孩升为太师"①。按蒙元时代惯例，"太师"是异姓贵族称号，黄金家族成员从不称太师②，对此，《蒙古源流》有段记载，可解释其原因。③ 所谓毛里孩称太师是明朝方面的误传，抑或表示毛里孩已经把持朝政，犹如太师阿鲁台、也先。乌力吉图所译《黄史》中把"Mooliqai Baɣatur Ong 毛里孩巴图鲁王"误译为"毛里孩巴图尔卫征"④。"卫征"是 16—17 世纪东蒙古统治者的官衔，地位比汗与洪台吉要低。⑤

与毛里孩同时，在蒙古历史舞台上活跃着另一个重要人物——孛来。蒙古文史书中称孛来为"哈喇嗔的孛来太师"（Qaračin-u Bolai tayiši），可知他控制着阿鲁台老班底阿速部和喀喇沁部，并凭借这支力量征讨瓦剌、杀死阿剌、降服三卫，用武力逼迫明朝通贡，掌控了东蒙古朝政。他对明朝使臣称自己是"鞑靼国之为首者"，说明蒙汉文史书称其为太师，名副其实。⑥ 孛来的专权引起了小王子马儿古儿吉思和毛里孩的不满。孛来与明朝通贡，毛里孩未曾参与，仍旧扰乱明边，并领着孛来部下一些人马一同犯边。⑦ 天顺五年（1461 年）九月，明朝曾得到消息，"脱脱不花王子领兵万余将往石头城袭杀孛来"⑧。这里出现的脱脱不花王子

---

① 《明英宗实录》景泰六年八月己酉条。

② 参见宝音德力根博士学位论文《十五世纪前后蒙古政局、部落诸问题研究》，内蒙古大学，1997 年，第 42 页。

③ "上天有太阳、月亮二物，下土有合罕、吉囊二主，皇后家的后裔有太师和丞相二职，自己的称号怎么可以送给别人？"见萨冈彻辰著《蒙古源流》，内蒙古人民出版社，1980 年，第 315、316 页；乌兰：《〈蒙古源流〉研究》，辽宁民族出版社，2000 年，第 275 页。

④ 乌力吉图译：《蒙古黄史》，载《蒙古史研究》第二辑，内蒙古人民出版社，1986 年。

⑤ 参见宝音德力根《从阿巴岱汗与俺答汗的关系看早期喀尔喀历史的几个问题》，载《内蒙古大学学报》（蒙文版）1999 年第 1 期。

⑥ 自阿鲁台、也先以来，"太师"成为头等"握兵大酋"的头衔。

⑦ 《明英宗实录》天顺六年二月癸酉。

⑧ 《明英宗实录》天顺五年九月乙己。"石头城"又作"石城"，在甘肃省边外。（参见 [日] 和田清《东亚史研究·蒙古篇》，第 359 页）

是指马儿古儿吉思。强大的孛来势必与毛里孩和他所拥立的马儿古儿吉思发生冲突。而在封建割据时代，谁能够控制大汗，他的权势就最大。孛来为改变这一局面，同哈赤温后裔瘸太子脱脱罕一起，于成化元年（1465 年）杀死了马儿古儿吉思。同年，毛里孩率兵杀掉孛来，立脱脱不花汗长子、马儿古儿吉思可汗的异母兄摩伦（Molan，又名脱古思）为可汗 ①，在与孛来的长期抗衡中取得了最后胜利。

据佚名《黄金史纲》记载，在拥立摩伦为蒙古大汗前还有一段插曲：脱脱不花可汗被其岳父沙不丹杀死，其子摩伦却因是沙不丹外孙而幸免于难。后来，克穆齐克（Kemčigüd）部之塔哈迪儿（Taqadir）、郭尔罗思部之胡必齐儿摩兰泰（Qubičir molantai）二人将摩伦从沙不丹处带到了毛里孩王的也可兀鲁思边境，交给了一个人，这个人将摩伦送交毛里孩王。马儿古儿吉思可汗被杀后，往流（翁牛特）的大臣们对毛里孩王说："也可兀鲁思的时运来了，请你即可汗之位吧。"毛里孩说："我的汗主（指成吉思汗）不是没有后裔，（可汗之位）对我及我的子孙皆非所宜。"最终毛里孩拥立了马儿古儿吉思异母兄摩伦汗。② 这段故事充分说明毛里孩当时的势力，并与明朝方面的记载相呼应。当时，明廷从蒙古俘虏者口中获悉："毛里孩、小王子、阿罗出三酋部落共八九万骑，而毛里孩欲候麦熟之际，复来剽掠。"③ 这里，毛里孩的名字被列在小王子之前，而小王子正是摩伦汗。④

杀死孛来之后，毛里孩控制了原在孛来势力范围的兀良哈三卫。如《明实录》成化二年（1466 年）九月的记载中为："建州

---

① 宝力高校注、佚名：《黄金史纲》，第 154—155 页。
② 宝力高校注、佚名：《黄金史纲》，第 154、155 页。
③ 《明宪宗实录》成化二年五月丙申。
④ 和田清将小王子摩伦误认孛罗乃，又说"这个孛罗乃或许就是孛罗忽。因为孛罗乃王就是孛罗忽太子，就是毛里孩太师所拥戴的小王子"。参见其所著《东亚史研究·蒙古篇》，第 385—386 页。

右卫女直指挥捏察等来报：木里王遣使至三卫头目苦特，令拥众六千，分掠开原、抚顺、沈阳、辽阳等处。"① 成化十年（1474 年）正月的记载中又说："重给朵颜卫印。从本卫署印、知院脱火赤言，其印为毛里孩所掠故也。"② 看来，毛里孩夺取了三卫朝贡的勘合印信，垄断了朝贡利益。

因新立的摩伦汗不听毛里孩摆布，转而依靠原孛来部下斡罗出，于是毛里孩在成化二年（1466 年）九月杀死摩伦汗，驱逐了斡罗出。③ 此后，出现了自成吉思汗以来蒙古政权没有大汗的局面，东蒙古朝政由毛里孩一人把持。成化三年（1467 年），毛里孩与孛罗乃分别以故元广宁王（误译为"黄芩王"）、齐王身份遣使明朝，并向明朝声称"孛来太师近杀死马儿苦儿吉思可汗，毛里孩又杀死孛来，后又新立一可汗，有斡罗出少师者与毛里孩相仇杀，毛里孩又杀死新立可汗逐斡罗出，今国中无事，欲求通好"④。当时正是蒙古大汗之位空缺时代，毛里孩和孛罗乃以故元王号与明朝交往，是要向明朝表明大元可汗位子虽然空缺，但作为大元亲族的二王，依然控制着局面。

成化四年（1468 年）九月，甘肃总兵官奏："虏酋毛里孩，控弦数万，远与兀良哈朵颜等处诸种夷人诱结，势既增大，其心可知"。⑤ 可以看出，这一时期毛里孩的势力已达到了鼎盛，但是他的专权越来越受到众人的反对。明朝在这一年十月得到消息："……朵颜卫千户奄可帖木儿传说十月间欲与毛里孩仇杀。"⑥ 据佚名《黄金史纲》载，别里古台的后裔毛里孩杀死摩伦可汗后，好

---

① 《明宪宗实录》成化二年九月丁酉。
② 《明宪宗实录》成化十年正月辛亥。
③ 《明宪宗实录》成化二年九月丙辰 参见宝音德力根论文《十五世纪前后蒙古政局、部落诸问题研究》，第 43 页。
④ 《明宪宗实录》成化三年正月丙子。
⑤ 《明宪宗实录》成化四年九月辛酉。
⑥ 《明宪宗实录》成化四年十月癸巳。

儿趁的兀捏孛罗王说："也速该把阿秃儿乃吾父，我母诃额仑诞育帖木真、合撒儿、哈赤温、斡赤斤，我等系一母同胞，另由苏齐克勒皇后怀中降生了别克帖儿、别里古台二人。以圣主为首，率领我们的祖先合撒儿杀死了别克帖儿。以此嫌隙，这才杀了摩伦可汗。吾汗虽无子嗣，但作为合撒儿后裔的我，终须干预。"于是兴兵攻打毛里孩。①这里把孛罗乃的事迹误记到了他的弟弟兀捏孛罗王身上，实际上是指成化四年（1468 年）底或五年初，毛里孩被其昔日的盟友、合撒儿的后裔孛罗乃杀害一事。

佚名《黄金史纲》还记载了毛里孩被杀的细节："于是 [兀捏孛罗] 从兀鲁灰 [河] 之野追来，杀死毛里孩王随从及子七人，夺回摩伦可汗被弑时抢走的镀金钢盔，因砍掉了以蒙古札鲁忽赤为首的七人的头颅，遂名其地为'多罗特之拖罗该'（七人之头）。毛里孩王骑着他的干草黄马，穿着脱毛的旱獭皮衣，在空奎、扎不罕（今蒙古国西南部扎不罕河流域）用锦棘儿搭了帐篷，吃生湿之食物，困渴而死。"②

与毛里孩同时出现于《明实录》记载的还有一位"毛那孩"。和田清误认其为毛里孩，结果在解释《明实录》中的"遂立亦思马因为太师，亦思马因者其父毛那孩曾为太师，故众心归之也"③时说："我想这确实和前述斡赤来混淆了的错误，误听斡赤来因是毛里孩王的儿子而将被拥戴，后来便附会成自以为是乩加思兰的族弟而做了太师的亦思马因了。"④和田清的解释是牵强的。其实，毛那孩是野乜克力部人，最初官衔为平章，是后来的蒙古太师亦思马因之父。⑤

① 宝力高校注、佚名：《黄金史纲》，第 160、161 页。
② 宝力高校注、佚名：《黄金史纲》，第 161 页。
③ 《明宪宗实录》成化十五年五月庚午。
④ [日]和田清：《东亚史研究·蒙古篇》，第 396 页。
⑤ 《明宪宗实录》成化十五年五月庚午。

关于这一时期毛里孩的牧地，和田清根据《蒙古源流》中的典故 ① 推定翁牛特部距郭尔罗斯不远，牧地在今呼伦贝尔北面、海拉尔以北地方，脱脱不花王灭亡之后，逐渐南移占据其根据地呼伦贝尔地方。② 其实，直到毛里孩时代，别里古台后裔之根据地仍在斡难、克鲁伦河流域。要说其牧地，整个东蒙古地区都在他的势力范围之内。因此，和田清之说并不准确。在 16 世纪初达延汗"画地而牧"前，由于政局动荡，蒙古各万户兀鲁思的牧地经常变换，主要由其势力和传统决定，应分时段分别进行考证。毛里孩与瓦剌也先子斡失帖木儿争雄、进出河套等事正好说明牧地不稳定。

综上所述，1454—1468 年间，毛里孩一直是东蒙古举足轻重的人物，长期把持东蒙古朝政，势力非常强大。从此，毛里孩所部就有了"也可土蛮"或"也可兀鲁思"即"大万户""大兀鲁思"的名称。

卷入蒙古汗位之争的斡赤来　毛里孩被杀后，也可兀鲁思势力并未遭受太大的削弱。不久，毛里孩之子斡赤来（又译阿扯来、阿出来、失赤儿等）成为也可万户的统治者。《黄史》中把斡赤来记为 Očarqui jasaγ-tu，《金轮千辐》中为 Wačarai jasaγtu，罗桑丹津《黄金史纲》中为 jasaγtu qaγan。③ "jasaγtu– 扎萨克图"意为"执政"，是大的万户首领才能拥有的尊号（如土蛮汗时期的五大执政），说明"也可万户"在斡赤来的统治之下也很强大。

孛罗乃杀死毛里孩后无力控制朝政，其部落分散，出现了混乱局面，"孛罗部落自相仇杀分而为三，孛罗人马往骡驹河，哈

---

① 指《蒙古源流》（第 333—335 页）所记毛里孩立脱脱不花之子、沙不丹外孙摩伦之事。

② ［日］和田清：《东亚史研究·蒙古篇》，第 376—377 页。

③ 《黄史》，第 156 页；《金轮千辐》，内蒙古人民出版社，1987 年，第 311 页；罗桑丹津：《黄金史纲》，第 173（b）页。

答卜花往西北，故毛里孩子火赤儿往西路，又小石并脱火赤驻圪儿海西"①。"火赤儿"即"斡赤来"，显然斡赤来与仇人孛罗乃相仇杀，因而跑到西边去了，但所处之具体位置不详。

《皇明经世文编》卷五十八所载余子俊《处置边务等事》中说："虏酋孛忽始则与阿罗出等同入河套，侵扰边方。次则阿罗出勾引乩加思兰，聚众为患。后，阿罗出被乩加思兰杀散遁去，今孛忽又引毛里孩男阿扯来党众抢掠。前后四年，虽累被官军追杀，终不退去。"② 可见一度跑到西边的斡赤来这时与孛罗忽一起侵扰明边，牧地当在河套附近。

成化十三年（1477 年），斡赤来卷入乩加思兰和满都鲁的斗争。《皇明北虏考》说："当是时，虏中相猜。乩加思兰女妻满鲁都，欲代满鲁都为可汗，恐众不已服，又欲杀满鲁都，而立斡赤来为可汗。满鲁都知之，索斡赤来，乩加思兰匿不与，遂相仇杀。十五年，满鲁都杀乩加思兰，并其众。"③ 而叶向高的《北虏考》稍微改动了其结论，"乩加思兰匿不与，攻逐满鲁都，并有孛罗忽之众"④。和田清肯定叶向高的说法，并推测，"如果是满都鲁战胜而杀死了乩加思兰，那么后来就不可能有满都鲁部下的大酋脱罗干、亦思马因等杀死乩加思兰取而代之的道理了"⑤。从而得出的结论是：乩加思兰战胜并驱逐了满都鲁，这样斡赤来才能保持安全。但事件的原貌是：满都鲁率领脱罗干等人打败并杀死了乩加思兰，不久满都鲁也死去。⑥ 不管怎样，乩加思兰之所以想拥立斡赤来，是因为当时除满都鲁、孛罗忽之外，黄金家族成员中没有比斡赤来更有势力的人。

---

① 《明宪宗实录》成化五年十一月乙未。

② 《皇明经世文编》卷五十八，中华书局影印本。

③ 郑晓：《皇明北虏考》，吾学编本。明代文献中多误为"满鲁都"。

④ 叶向高：《北虏考》，《四夷考》宝颜堂秘籍续集本。

⑤ [日]和田清：《东亚史研究·蒙古篇》，第 395 页。

⑥ 参见宝音德力根《十五世纪前后蒙古政局、部落诸问题研究》，第 49 页。

《明实录》成化二十年（1484 年）九月的记载中曰："小王子并阿出来等议，欲近边抄掠。"[①]这时斡赤来的也可土蛮已协助达延汗完成统一事业，开始与达延汗一同侵扰明边了。

二、合撒儿后裔所属好儿趁万户及其统治者

好儿趁万户名称的出现及其小失的王　15 世纪中叶，合撒儿后裔统治下的部众以"好儿趁万户"（Qurčin tümen）之称出现于蒙古文史书记载中。好儿趁，清代译作"科尔沁"，词义为"箭筒士"。合撒儿有"豁儿趁合撒儿"之称，"豁儿趁"即好儿趁；合撒儿及其子移相哥都以善射著称，故合撒儿后裔部众遂有"好儿趁"之称。[②]北元时代，可考的好儿趁万户的第一个统治者为合撒儿十一世孙锡古锡台王（šigüšitei ong）。[③]锡古锡台王为明代汉文史料记载中出现的小失的王。[④]所谓的"王"应是继承了其祖先"齐王"王号。据蒙古文史书记载，当东蒙古与瓦剌决战时，脱脱不花汗派麾下

---

① 《明宪宗实录》成化二十年九月壬子。
② 参见胡日查、长命《科尔沁蒙古史略》，民族出版社，2001 年，第 41—42 页。
③ 此前在提到合撒儿后裔时，只称"合撒儿后裔某某"，而从不称"科尔沁之某某"（佚名《黄金史纲》第 159 页，首称锡古锡台王为"科尔沁的锡古锡台王"；《黄史》第 107 页，又称"合撒儿后裔巴秃儿锡古锡台"），从锡古锡台王开始才将这两种称呼合到了一起，称"科尔沁部合撒儿后裔某某"。
④ 《明英宗实录》正统四年（1439 年）正月癸卯、八年（1443 年）正月壬午、十年（1445年）正月己亥等条（其中八年正月壬午条倒误为"小的失王"）；参见宝音德力根《十五世纪前后蒙古政局、部落诸问题研究》，第 124 页。

大将锡古锡台王出阵，杀死了也先手下大将鬼邻赤。① 明景泰三年（1452 年），也先杀死蒙古大汗脱脱不花，开始大肆屠杀成吉思汗家族后裔。在也先看来，以好儿趁万户为首的成吉思汗诸弟后裔部众同样是瓦剌的隐患，所以决心除掉锡古锡台王为首的好儿趁诺颜。据《黄金史纲》记载："（也先太师）遣使往招锡古锡台那颜，锡古锡台那颜率领三十名随从前来，带着十名随从进了帐幕。也先太师向锡古锡台索取砍死鬼邻赤的那把环刀，锡古锡台知道这是心怀恶意，刚要用刀砍下那人的首级，却被兀鲁回墨尔根抱住。锡古锡台最终交出了环刀。也先问道：'是砍鬼邻赤的那把环刀吗？'锡古锡台回答说：'物是人非。'据说，[也先] 将锡古锡台巴秃儿王和他率领的兀鲁回墨尔根等十名随从都杀了。"②

　　齐王孛罗乃、兀捏孛罗兄弟　锡古锡台王被害后，好儿趁万户的一部分人被带回瓦剌，锡古锡台王长子孛罗乃（Bolunai）也被带到瓦剌，次子兀捏孛罗（ünebolud ong）因"驻牧于斡难而脱险"，并成为好儿趁万户的统治者。后来，孛罗乃被人护送到东蒙古，兀

---

① 佚名《黄金史纲》（第 115—117 页）记载："该蛇年，阿岱可汗即了大位。可汗为了报复前仇，率领蒙古讨伐卫拉特。那次出征，命令翁牛特的察罕土蛮的额色库出战。汗降旨道'小马虽快，但不如老马耐远'，这才改由锡古锡台巴秃儿上阵了。卫拉特则以鬼邻赤巴秃儿前来应敌。他们两人先前曾经结拜为'安答'，并且常说'他日若蒙古、卫拉特交战，必是我俩充当先锋了'。鬼邻赤巴秃儿说：'在我射箭时，你不披甲也无妨碍。'锡古锡台巴秃儿答道：'在我砍劈时，你不戴头盔也无危险。'到了这次战役，锡古锡台巴秃儿披了三层甲，胸前结了铁盾牌，乘着黄绿脸马杀来，另给郭尔罗斯的兀鲁回墨尔根骑上一匹绿绿脸马，一同上阵了。卫拉特的鬼邻赤巴秃儿则戴了双重头盔，乘着青绿马前来应战，战于孛罗那孩斜坡上。鬼邻赤巴秃儿一箭射去，将锡古锡台巴秃儿的前鞍桥连同双甲、铁肩一齐射穿了，身体仰落在后鞍桥上。兀鲁回墨尔根从一旁射断鬼邻赤巴秃儿的马的黑护面，锡古锡台巴秃儿发狠道：'凭这黄绿脸马的嚼环，凭这凹口刀的锋刃，为了国事，亲人也不讲情面了。'说着，将带着八面双盔的鬼邻赤巴秃儿头颅劈作两半。此次出兵，攻入卫拉特，杀死太尉之子巴图拉丞相，其妻为可汗所纳，其子脱欢被赐予阿鲁台太师牧羊。所谓蒙古夺取巴图拉特之政，即指此事也。"这条记载的年代有误。实际上，这次战争发生在蒙古大汗脱脱不花在位时期。

② 佚名：《黄金史纲》，第 142、143 页。

捏孛罗将王位让给了孛罗乃。① 此外,《黄金史纲》还记载了孛罗乃幼年时在瓦剌历险的一段故事②,说明此人自幼聪明伶俐。

也先被杀,西蒙古再度分裂后,孛罗乃统治下的好儿趁万户开始强大。明天顺七年(1463 年),孛罗乃同北元大汗马儿古儿吉思一起遣使明朝。③ 成化元年(1465 年),太师孛来杀死了马儿古儿吉思可汗,同年,毛里孩又杀掉孛来,立摩伦为可汗。摩伦不听毛里孩摆布,转投毛里孩死敌、原孛来太师部下斡罗出。成化二年(1466 年)九月,毛里孩攻杀摩伦,驱逐斡罗出。在这一系列变乱中,孛罗乃似乎与毛里孩站在一起。成化三年(1467 年),孛罗乃与毛里孩分别以故元齐王、广宁王身份遣使明朝。④ 但是,这种联合并未持久,次年,孛罗乃杀死毛里孩,把持东蒙古朝政多年的毛里孩最终被其同盟者消灭。杀死毛里孩后,孛罗

---

① 佚名:《黄金史纲》,第 115—117、142—146 页。
② 佚名:《黄金史纲》,第 143、144 页。《黄金史纲》记载:"卫拉特人捉了一只鸟,众不知其为何鸟。此时,一个小孩子走来,指明'巨嘴、宽掌、翘翅、尖尾,此鸟尝养育于禁地(指成吉思汗陵墓所在的大禁地。详见宝音德力根《成吉思汗葬地"大斡秃克"及相关的几个问题》,载《内蒙古社会科学》1997 年第 2 期)之中,乃是皂雕的幼雏,名唤团雕'。那人禀明也先太师:'我们原不识此鸟,是一个蒙古儿童辨明出来的。'也先太师说:'那孩子系仇家,领来吧!锡古锡台巴秃儿的儿子,正找不到呢,该遗孤,必是了。若是女孩儿,便梳了她的发(意指活命——引者),如果男孩儿,便梳了他的心(意指结束生命——引者)。'如此派了使者。一见使者,索朗古特的桑胡勒台之妻喀喇沁太夫人嘱咐:'孛罗乃不要动!'把他扣在锅底下,并在上面倒了干牛粪,这样隐瞒过去,却将自己的儿子交了出来。其中一个人准备绞死,脱光了,颈上套了绳子。此时,他的伙伴说:'那天的小孩生的兔背,目光炯炯,这个不是,杀不得。'该使者走后,喀喇沁太夫人叮咛孩子说:"给你换个地方吧!将你重打也罢,轻打也罢,咬自己是卫拉特人,声称自幼失去父母,鄂托克、部落因而不知了。'后来,孛罗乃被安置在卫拉特的伊喇珠伯颜处,伊喇珠伯颜只道:'你既不知亲生父母,即是我们卫拉特的子孙。'便亲昵地留在身边。喀喇沁太夫人对丈夫说:'孛罗乃是咱们那颜的宗桃,携往蒙古地方吧!'桑胡勒推托'地方遥远'拒绝了。'你留下,我带着儿子送去。'说着,打发儿子玛哈西把孛罗乃偷偷带来,送给了他的弟弟那颜博罗特王。"
③ 《明英宗实录》天顺七年六月丁亥。
④ 《明宪宗实录》成化三年三月乙丑。

乃无力控制局面，东蒙古很快又陷入分裂。成化五年（1469 年）十一月，明朝得报："孛罗部落自相仇杀，分而为三。孛罗人马往骡驹河，哈答卜花往西北，故毛里孩之子火赤儿往西路，又小石并脱火赤驻圪儿海（今黄旗海子——引者）。"①此"孛罗"即"孛罗乃"之误，骡驹河即克鲁伦河。他已前往克鲁伦一带。明成化六年（1470 年）五月，福余卫遣人向明朝奏报："伯革讃太师、孛罗乃王、孛罗丞相三人率万骑东行，又斡失帖木儿王率四万骑驻牧西北，阿罗出、小石王率万骑同朵颜卫都督[朵]罗干男脱火赤二百骑在西。"得报后，明朝兵部尚书白圭言："孛罗乃王往年为斡失帖木儿所败，已奔卜剌罕卫。近报又云率众东来。盖此虏虽败亡之余，而部落犹多，恐实纠合丑类，收捕朵颜三卫用为向导，谋犯边境。"②明成化四年或五年，孛罗乃部众被当时的瓦剌太师也先之子斡失帖木儿打败，逃往卜剌罕卫，可能不久死去。③

孛罗乃之后，其弟兀捏孛罗继承齐王位，成为好儿趁万户的最高统治者。1479 年，满都鲁死后，兀捏孛罗曾觊觎蒙古大汗之位，向满都鲁遗孀满都海求婚，欲借此吞并蒙古大汗直属部众。④可见在达延汗继位之前，在东蒙古最有实力的是好儿趁万户。

达延汗麾下的阿儿脱歹王　继兀捏孛罗之后成为好儿趁万户的统治者的是孛罗乃之子阿儿脱歹王（Ordutai ong）。阿儿脱歹王之名出现于《明实录》弘治元年（1488 年）的记载，在明朝受赏名单中位列第二，仅次于小王子达延汗⑤，为达延汗同盟者。达

---

① 《明宪宗实录》成化五年十一月乙未。
② 《明宪宗实录》成化六年五月乙酉。
③ 参见宝音德力根《十五世纪前后蒙古政局、部落诸问题研究》，第 45 页。
④ 佚名《黄金史纲》（第 173—180 页）记载："科尔沁的兀捏孛罗特王对赛音哈屯（指满都海——引者）说：'让我为你点燃灶火，为你指示牧场吧（意指成为其丈夫——引者）！'赛音哈屯降旨：'吾汗之遗产，尔合撒儿的子孙能继吗？你合撒儿的遗产，我们能继承吗？有推不开的门扉，有跨不过的门槛。吾汗的后裔尚在，不能去你那里。'……兀捏孛罗特王听了哈屯的这番话，也便打消了自己原先的主张。"
⑤ 《明孝宗实录》弘治元年九月乙丑。

延汗（1473—1516 年在世，1479—1516 年在位）是蒙古历史上的"中兴之主"，他改变了异姓贵族把持朝政的局面，废除了作为异姓贵族特权象征的太师官衔。约在明正德二年（1507 年）至三年，达延汗派自己的儿子兀鲁思孛罗到鄂尔多斯万户，试图恢复其祖先对该部的直接统治。因世袭特权面临威胁，鄂尔多斯、应绍卜、满官嗔—土默特右翼三万户首领们杀死达延汗长子兀鲁思孛罗，发动叛乱。1508 年，达延汗率左翼三万户及好儿趁万户兵马征讨右翼三万户，在达兰特哩衮（今鄂尔多斯市鄂托克旗东北境达楞图鲁湖）一带大败右翼联军，取得了对异姓贵族的决定性胜利。在此基础上，达延汗将自己的子孙分封到北元大汗直属各万户，确立了黄金家族对东蒙古各部的直接统治。在这个历史过程中，好儿趁万户功不可没。如达兰特哩衮之战中，阿儿脱歹王之子卜儿海等战死。战后，阿儿脱歹王向达延汗建议，将右翼三万户瓜分，把应绍卜万户并入好儿趁。但是，达延汗拒绝了他的要求，封自己的儿子巴儿速孛罗到右翼。[①]

三、哈赤温后裔所属察罕万户或多罗土蛮万户

永乐至正统年间的察罕达鲁花及察罕万户　15 世纪中叶，哈赤温后裔统治下的部众有了"察罕土蛮"，即察罕万户之称。[②] 而察罕万户之称来源于生活在永乐至正统（1403—1449 年）年间的哈赤温后裔察罕达鲁花之名。察罕达鲁花及其察罕部之名多次出现在《明实录》的有关记载中。如永乐三年，"察罕达鲁花遣人归附、贡马"，为此得到明朝都督官衔。[③] 察罕达鲁花的"归附"显然与永乐初年明成祖对蒙古各部的招徕有关。而"都督"是明朝授予蒙古贵族的高级官衔，仅次于封王，拥有都督官衔者都是蒙古大

---

① 佚名：《黄金史纲》，第 203、204 页。
② 详见宝音德力根《往流和往流四万户》。
③ 《明太宗实录》永乐三年五月庚戌、丁卯、戊辰等条。

部落集团首领。据宝音德力根考证，《明实录》中的这个察罕达鲁花就是见于《王公表传》和《金轮千辐》记载的蒙克察罕诺颜（Möngke čaɣan noyan）。① 正统七年（1442 年），察罕（即察罕达鲁花）部使臣与朵颜卫使臣一同入贡，因没有朵颜卫那样的"印信文字"被边吏所阻，英宗特谕总兵官王彧等："察罕远在千里之外，非附边诸部之比……不可概行阻遏，以失远人归向之心。"② 哈赤温封地以今东乌珠穆沁草原为中心，与岭南的朵颜等卫邻近，确实在朵颜等卫入贡的喜峰口边"千里之外"。

《黄金史纲》记载了阿台汗与瓦剌之间进行的一次战争。③ 当两军交战时，最初东蒙古方面要让往流之察罕万户（Ongniɣud-un Čaɣan tümen）的额色库（Eseküi）充当先锋。阿台汗下令"小马虽快，不如老马耐远"，于是改由年长的好儿趁部主小失的王出战，结果小失的王杀死了瓦剌大将鬼邻赤（Ɣoyilinči）。④

瘸太子与多罗土蛮部　明成化（1465—1487 年）初年，统治察罕万户的是朵豁郎台吉，即瘸太子。《黄史》和《蒙古源流》都记载了哈赤温后裔、多罗土蛮部部主朵豁郎台吉（意为"瘸太子"）杀死蒙古大汗马儿古儿吉思一事。⑤ 据宝音德力根考证，此人就是见于《明宪宗实录》的瘸太子，又以卜剌罕卫头目郑王脱脱罕（Toɣtuɣan）之名出现。"瘸太子"应是个绰号，脱脱罕是其本名。⑥《蒙古源流》说满都鲁汗"为乌珂克图汗复仇，兴兵杀死哈赤斤后裔朵豁郎台吉，收抚多罗土蛮"⑦。多罗土蛮是依附于哈

---

① 详见宝音德力根《往流和往流四万户》。
② 《明英宗实录》正统七年十月甲辰。
③ 应是 1452 年底脱脱不花可汗与也先之间进行的战争。参见宝音德力根《往流和往流四万户》。
④ 佚名：《黄金史纲》，第 115—116 页。
⑤ 乌力吉图校注：《黄史》，第 113 页。萨冈彻辰：《蒙古源流》，第 333 页。
⑥ 参见宝音德力根《满都嗔—土默特部的变迁》，载《蒙古史研究》第 5 辑，内蒙古大学出版社，1999 年。
⑦ 《蒙古源流》，第 339、340 页。

赤温家族首领癹太子之下的部众，他们是蒙古化的兀者人部落集团，被明朝称作卜剌罕卫。多罗土蛮部当时的首领为脱罗干。大约在成化十二年，继位不久的蒙古大汗满都鲁杀死癹太子，通过与脱罗干联姻，控制了多罗土蛮部。从此，多罗土蛮部便以满官嗔—土默特（Mongγoljin tümed，"土默特"即"土蛮"）万户之名出现，成为蒙古大汗直属部众。①

据罗桑丹津《黄金史纲》记载，成吉思汗弟哈赤温之子按赤歹（Alčitai）、脱罗干（Tölögen）那颜的另一圈[百姓]和两个翁牛特（qoyar Ongniγud）、喀喇车里克（Qara čerig）部的王那颜都是哈赤温的后代。②脱罗干那颜的另一圈百姓指的是满官嗔—土默特部的前身多罗土蛮（Doloγan tümed）部，两个翁牛特和喀喇车里克部指的是清初的翁牛特两旗和附属于翁牛特的喀喇车里克。③我们知道，在蒙元时期，斡赤斤领地位于哈赤温封地之东。满官嗔是蒙古化的兀者人，而兀者人多数是成吉思汗幼弟斡赤斤后裔之属民。这部分蒙古化的兀者人最初也可能是斡赤斤后裔即泰宁卫属民，后来由于哈赤温后裔势力强大，被其吞并。

达延汗时代统治察罕万户的是脱脱孛罗（Toγtuγabolud），他的名字见于《明孝宗实录》弘治元年九月乙丑赏赐名单中，排在小王子达延汗和合撒儿后裔阿儿脱歹王之后，作"晋王脱脱孛罗"。宝音德力根认为，这里的"晋王"是"济南王"的误译。④

蒙古大汗不地麾下满惠王　达延汗之孙蒙古大汗不地时期，统治察罕万户的是满惠王（Mangqui ong）。据郑晓《皇明北虏考》记载，"众立卜赤（即不地），称亦克罕（意为"大汗"）。亦克罕大营五……卜赤居中屯牧，五营环卫之。又东有冈留、牟哈、尔

---

① 详见宝音德力根《满官嗔—土默特部的变迁》。
② 罗桑丹津：《黄金史纲》，第173（b）页。
③ 参见宝音德力根《十五世纪前后蒙古政局、部落诸问题研究》，第90页。
④ 参见宝音德力根《往流和往流四万户》。

填三部。冈留部营三，其酋满会王。罕哈部营三，其酋猛可不郎。尔填部营一，其酋可都留。三部可六万人，居沙漠东偏，与朵颜为邻"①。和田清将满惠王所领三部与泰宁等三卫混同。宝音德力根批判和田清此说，指出满惠王所领冈留三部指的是翁牛特、喀喇车里克和伊苏特部。②

岷峨山人的《译语》说："蒙古一部落最朴野，无书契，无文饰，无诞妄（自注：如云不攻某堡，信然）。近亦狡诈甚矣。闻小王子集把都儿台吉、纳林台吉、成台吉、血剌台吉（自注：部下着黄皮袄为号）、莽晦、俺探、已宁诸酋首兵，抢西北兀良哈，杀伤殆尽，乃以结亲给其余。至则悉分于各部，啖以酒肉，醉饱后皆掩杀之。此其一事也。"③莽晦即满惠王。这里讲的是满惠王随不地等达延汗后裔征讨兀良哈万户以及用计谋处死其残余部众之事。

《译语》又载："胡虏割据北荒，名称不一，往昔不遑数矣。今东迤密云诸边者曰花当。其酋首名革兰台者，近袭都督，每以藩篱自负。……曰呆留。东北曰把儿威，曰塔崩，曰袒希，曰莽晦，尚未纳款，各去塞数千里，生齿数十万，务稼穑，不事摽掠。……近闻，莽晦、兀良哈、尾白儿丞相诸部落皆为小王子兼并。"莽晦即满惠王。和田清据以上记载认为满惠王与兀良哈万户、亦不剌（尾白儿）部众一样被小王子不地打败并吞并了。④宝音德力根则认为和田清此说有误，他引《万历武功录》的有关记载证明，从嘉靖初直到中叶（16世纪20—40年代），满惠王一直是小王子不地的同伙⑤，进而认为岷峨山人上述记载有误。

---

① 郑晓：《皇明北虏考》，吾学编本。
② 参见宝音德力根《往流和往流四万户》。
③ 岷峨山人：《译语》，《纪录汇编》本。
④ ［日］和田清：《东亚史研究·蒙古篇》，第472页。
⑤ 宝音德力根：《十五世纪前后蒙古政局、部落诸问题研究》，第128页。

佚名《黄金史纲》说："当太宗可汗（指脱脱不花）与阿噶巴尔济济农被卫拉特和沙不丹夺去国政之际，异母所生之弟名满都鲁者，因驻牧于 Isüd-ün jon 而幸免于难。"[①]Isüd-ün jon 意为伊苏特之高地。[②] 说明脱脱不花被杀后，满都鲁曾逃到哈赤温的封地，投靠哈赤温后王瘸太子而脱离了危险。后来，满都鲁杀死了昔日的恩人瘸太子，将其统治下的多罗土蛮吞并。

此外，佚名《黄金史纲》记载："满都鲁可汗猪儿年逝世；说者云，满都鲁可汗的遗体埋葬在了卯温都儿。"[③] 高·阿日华认为，满都鲁葬地卯温都儿（Maɣu ündür）是今西乌珠穆沁旗境同名地。[④] 如果是这样，满都鲁是因与哈赤温兀鲁思的特殊关系被葬在那里的。

四、斡赤斤后裔所属山阳万户及其结局

蒙汉文文献关于山阳万户被瓜分的有关记载　山阳万户即明朝所谓的兀良哈三卫，是成吉思汗幼弟斡赤斤及其后裔，即元代辽王家族属民，是东蒙古重要的实力集团。在北元、明朝整个对峙时期，与蒙古其他各大集团相比，他们与明朝保持着较为长期、稳定的朝贡贸易关系。受这种表面现象以及《明史》将蒙古分为鞑靼、瓦剌、兀良哈三部之俗说的影响，部分学者对兀良哈三卫政治、族群属性的判断产生了明显的错误。按照成吉思汗子弟分封原则，成吉思汗诸弟的属民是其应得的"份子"，身为成吉思汗子孙的蒙古大汗不得侵夺。因此，尽管斡赤斤、乃颜、辽王脱脱等一再"叛乱"而遭处罚甚至处死，但作为其家族财产的"份子"一直保留，使得斡赤斤家族势力一直强势延续。这些足以说明成吉思汗分封

---

① 佚名：《黄金史纲》，第 158、159 页。
② 参见宝音德力根《往流和往流四万户》。
③ 佚名：《黄金史纲》，第 159 页。
④ 高·阿日华：《对满都里可汗陵墓的探究》，载《内蒙古社会科学》（蒙古文），1995 年第 2 期。高·阿日华：《博迪阿喇克罕斡耳朵方位考证》，载《内蒙古社会科学》（蒙古文），1998 年第 1 期。

制的"份子"原则直到达延汗时代都被严格遵守。但是，由于东西蒙古的分裂、蒙古汗廷权威削弱等原因，东蒙古再也无力通过对外战争持续获得新属民和牧地。因此，在达延汗分封子孙后不久，东蒙古社会便陷入"有限的人口与牧地被无限地分封"的恶性循环，黄金家族内部各种势力间属民与牧地的争夺随之出现。在东蒙古各部黄金家族属民中，独享与明朝朝贡贸易之利，又长期脱离蒙古大汗有效控制的山阳万户便成为达延汗子孙的第一个瓜分目标。

实际上，早在16世纪初，达延汗就已通过联姻手段控制了山阳万户。弘治十七年（1504年），明朝获报："朵颜卫头目阿儿乞蛮领三百人往北房通和，小王子与一小女寄养，似有诱引入寇之迹。"①正德九年（1514年）明朝得报，朵颜卫与"小王子缔姻，且乘宣大入寇之势，恐为边患"。同时，朵颜卫首领花当要求明朝将兀良哈等三卫原有300道敕书增至600道，并威胁明朝"若限以旧数，则不复贡矣"②。很显然，其背后有达延汗的支持，目的是扩大市赏。次年，即1515年，花当次子把儿孙千余骑从鲇鱼关毁长城而入，在马兰峪杀死参将陈乾，引起朝野震动。③

16世纪30—40年代，以不地汗为首的达延汗子孙征服并瓜分了肯特山一带兀良哈万户。随后，1546年，不地汗长子、察哈尔左翼首领打来孙与喀尔喀左翼首领虎喇哈赤、科尔沁万户左翼首领魁猛可各率所部越大兴安岭南下，进入山阳万户牧地。与此同时，蒙古右翼三万户中的喀喇沁、土默特万户势力也向东发展，从西边挤压山阳万户，最终与上述三部一同瓜分了山阳万户，使蒙古大汗直属部众与成吉思汗诸弟属部之一的山阳万户的历史关系发生了质变。被蒙古左右翼瓜分、吞并后，山阳万户失去了西拉木伦河上中游以北大片牧地，进而南迁至滦河中游、老哈河、

① 《明孝宗实录》弘治十七年六月辛巳。
② 《明武宗实录》正德九年九月戊子、十一月己巳。
③ 《明武宗实录》正德十年六月己巳。

大凌河以及辽河河套一带驻牧。这样，包括燕山北麓地区在内的迫近明长城的广大地区都成为山阳万户的牧地，有些部落的牧地甚至离明朝边境不过几十里。

关于山阳万户即兀良哈等三卫被蒙古左右翼瓜分的历史，文献资料直接记载较少，只有蒙古文史书《俺答汗传》有如下记载："久已为敌的兀者兀鲁思影克丞相，率其族属山阳万户，带着月伦太后之宫帐，前来归附 [俺答汗] 成为阿剌巴图（属民）。"① 记事在戊寅年（1543 年）俺答兄麦力艮吉囊去世以及俺答称汗之后、甲辰（1545）年俺答出征兀良哈万户之前。"兀者兀鲁思"或"山阳万户"的丞相影克，就是朵颜卫著名首领左都督花当嫡曾孙影克。若《俺答汗传》所记年代不误，则说明早在 1546 年打来孙等左翼蒙古首领南下之前，朵颜卫，至少其统治家族花当嫡系已经被以俺答为首的右翼蒙古控制。② 实际上，影克一系并不是直接归附俺答，而是归附了俺答弟、喀喇沁万户首领把都儿。《俺答汗传》之所以将此事记在俺答头上，意在标榜俺答作为右翼蒙古首领的功绩。对于东蒙古左右翼达延汗子孙瓜分山阳万户的情况，汉文文献记载远比蒙古文史书详细，如 16 世纪末成书的明朝边政类著作郭造卿的《卢龙塞略》、郑文彬的《筹边纂议》、戚继光的《蓟门边防》、米万春的《蓟门考》等。特别是郭造卿的《卢龙塞略》记载三卫首领的名称、世系、牧地、所属人口、宗主部落首领名称以及明朝所受官衔等尤为详细，因而很早就引起学界注意。和田清、达力扎布在有关研究中都曾引用《卢龙塞略》进

<hr>

① 珠荣嘎译注：《俺答汗传》，内蒙古人民出版社，1991 年，212 页。

② 参见达力扎布《明代漠南蒙古历史研究》（第 112—115 页）；《有关明代兀良哈三卫的几个问题》，载《庆祝王锺翰先生八十寿辰学术论集》，辽宁大学出版社，1993 年。特木勒怀疑《俺答汗传》纪年，认为影克归附把都儿应在"庚戌之变"（1550 年）以后。参见其《"庚戌之变" 与朵颜卫的变迁》，载《蒙古史研究》第七辑，中国蒙古史学会，2003 年。

行论述，但是，他们未能将其与《筹边纂议》《登坛必究》^①等书的有关记载进行认真比较，因而出现了不少错误。^②

在此，我们首先节录《卢龙塞略》《筹边纂议》的有关记载（文后编号表示同一宗主部落首领），将其与《蓟门边防》《蓟门考》^③的有关记载进行比较，进行综合考述。

《卢龙塞略》卷十五《考部·贡酋考》所载三卫首领世袭、人口、牧地、所受官衔以及宗主名称等情况：

朵颜

> 始祖都督完（字）[者]帖木儿，生阿儿乞蛮，子莽兀儿，生打卜忽，子花当，妻妾三，共子十有一。嫡以克生革尔字罗。妾把罕子三，曰打哈，曰把儿孙，曰把儿真。又妾主来子七，曰哈哈赤，曰把儿都，曰虎秃（兔）[罕]，曰字来，曰把秃来，曰虎秃字来，曰字罗歹。

> 花一革儿字罗，妻伯彦，其子三，曰革兰台，曰革字来，曰脱力。革兰台三妻妾，子九。嫡阿速累，子四，曰影克，曰猛可，曰猛古歹，曰（斡）[幹]抹秃。妾伯忽，子四，曰抹可赤，曰董忽力，曰兀鲁思罕，曰长秃。又妾脱翠，子又哈来。

> 长影克，二妻，子二。嫡满都孩，子二，长曰长昂，袭都督，二子，伯忽乃，伯晕歹。次曰莽吉儿。又收姨母伯忽，子曰拱难。三支未分，部落千八百余名，在大宁北境界驻牧，南直界岭口四百余里，西南至喜峰口贡关五百余里。附属西虏把都儿。(1)

---

① 《抄本筹边纂议》卷一《历代夷名宗派》，中华全国图书馆文献缩微复制中心影印，辽宁大学所藏清初抄本，1999年。此外，王鸣鹤之《登坛必究》（清刻本）卷二十三《胡名·北虏各枝宗派》的内容与此几乎相同。

② ［日］和田清：《东亚史研究·蒙古篇》，第573—657页。达力扎布：《明代漠南蒙古历史研究》，第112—115页，《有关明代兀良哈三卫的几个问题》。

③ 两书见陈仁锡辑《皇明世法录》卷五十七、五十八，台湾学生书局，1986年影印明本。

二猛可，二妻，子二。嫡失来，子曰阿只字来。妾奴乃，子曰伯先忽。并都指挥佥事。共部落二百余名，在汤兔境界驻牧，南直冷口二百余里，至贡关三百余里。附属西虏纳林。(2)

三猛古歹，妻伯彦主喇，子曰罕麻忽，曰那彦字来，曰那秃，曰那木赛。并都指挥佥事。共部落七百余名，在会州讨军兔境界驻牧，直西南至贡关二百余里。附属西虏安滩。(3)

四抹可赤，四妻，子五。嫡哈只罕，子二，曰兀鲁伯忽，都指挥，曰老撒。妾厂罕伦，子二，曰台字罗，曰孩子。又妾哈剌，子曰兀捏字罗。又妾脱主剌，无子，后孩子收。共部落三百余名，在母鹿境界驻牧，直义院口三百里，西南至贡关五百余里，附属西虏纳孙。(4)

五董忽力，都指挥佥事，二妻，子五。嫡把扎孩，子三，曰伯彦字来，曰把当，曰把儿赤。妾升革克，子二，曰把来，曰猛安歹。共部落四百余名，在土果根境界驻牧，直界岭口三百余里，西南至贡关五百余里。附属西虏把都儿。(1)

六兀鲁思罕，都指挥佥事，二妻，子二。嫡子曰升纳，都指挥佥事。妾子曰挨伯秃，舍人。共部落二百余名，在敖母林境界驻牧，直义院口三百余里，西南至贡关五百余里。附属西虏把都儿。(1)

七（幹）[斡] 抹秃，二妻，子四。嫡革干主剌，子二，曰那彦帖忽思，曰丑忽儿。妾那彦孩，子二，曰伯彦打来，曰炒令哥。共部落四百余名，在青城境界驻牧，西南至贡关四百五十里。附属西虏安滩。(3)

八长秃，都指挥佥事，三妻，子六。嫡子三，曰打巴，曰把来，曰暖台。二妾子三，曰董一，曰秃者，曰兀亮。共部落三百余名，在省集境界驻牧，直界岭口五百余里，西南至贡关里如之。附属西虏把都儿。(1)

九叉哈赤来，不称名，随长昂驻牧。

革孛来二妻，子四，曰伯彦帖忽思，曰把秃孛罗，曰伯思哈儿，曰伯彦孛罗，俱嫡阿阿生。妾哈真无子，后伯彦帖忽思收。

长伯彦帖忽思，三妻，子五，嫡挨只伦，子二，长曰撒因帖忽思，收父妾那斡真，生一子勺儿秃。次曰炒（变）[蛮]，都指挥佥事，妻那安宅二子，伯忽、把扎罕。原收姨母把哈真，生子三：曰阿牙台，都指挥佥事，二妻，三子，嫡那彦罕二子，哈剌、伯彦。妾一子，叉罕；曰倘孛来，二妻，二子，嫡以克，子阿巴孩，妾把罕，子那彦罕；曰哈讨 [帖] 木儿。凡叔侄十四人，共部落四百五十余名，在 [可] 里屈劳境界驻牧，直古北口二百余里，东南至关七百余里。附属西房辛爱。哈讨帖木儿逃之大边矣。(5)

二把秃孛罗，二妻，子三。嫡以来，子二，曰长秃，曰荅灰。脱脱子曰纳儿买。凡部落五百余名，在以逊境界驻牧，直罗文谷四百余里，东南至贡关六百余里。附属西房纳林。(2)

三伯思哈儿，二妻，子五。嫡，子一，曰脱孙孛来，即伯彦卜儿，都指挥佥事。妾革干主剌，子四：曰兀捏克，都指挥佥事，二子，（斡）[斡] 班歹、速班歹。曰撒只忽，曰伯彦歹，曰句那。并头目共部落五百余名，在哈剌塔剌境界驻牧，直古北口三百余里。附属西房伯要。(6)

四伯彦孛罗，子一，曰卜以麻，随炒（变）[蛮] 在可里屈劳境界驻牧。亦属西房辛爱。(5)

脱力二妻,子十二。嫡可宅,子六,曰兀可儿,曰兀捏孛罗,曰哈孩,曰可可,曰伯牙儿,曰伯彦打来。妾奴乃,子六,曰脱罗罕,曰乞塔,曰脱来,曰兀忽纳,曰黑猛可,曰满都忽。

长兀可儿，头目，二妻，子五。嫡奴罕，子三，曰孛劳，都指挥佥事，曰伯彦孛来，舍人，曰长秃。妾挨嗔，子二，曰勺儿秃，曰伯先忽。共部落三百余名，在兀忽马儿境界驻牧，

直董家口三百余里，西南至贡关二百余里，附属西虏把都儿。(1)

二兀捏孛罗，头目，二妻，子四。嫡那斡，子二，曰伯彦，头目，曰土里苦。妾炒歹，子二，曰撒因帖忽思，曰哥鲁哥。共部落二百八十余名，在接伯个境界驻牧，直董家口二百八十余里，西至贡关一百四十余里，附属西虏把都儿。(1)

三哈孩，二妻，子四。嫡革干主剌，子二，曰满都孛来，曰炒蛮。妾主剌，子二，曰猛可，曰杜冷。共部落四百余名，在哈剌兀速驻牧，直界岭口四百余里，至贡关四百余里，附属西虏把都儿。(1)

四可可，头目，部落百余名，在撒因毛境界驻牧，直马兰谷四百余里，东南至贡关四百余里，附属西虏把都儿。(1)

五脱罗罕，头目，部落五十余，在大兴州境界驻牧，直墙子岭四百五十余里，东南至贡关五百余里，附属西虏把都儿。(1)

六乞塔，头目，部落五十余名，在撒因毛境界驻牧，直马兰谷四百余里，东南至贡关四百余里，附属西虏把都儿。(1)

七脱来，八兀忽纳，并绝。

九伯牙儿，都指挥佥事，部落二百余名，在舍巴兔境界驻牧，直马兰谷三百余里，东南至贡关四百余里，附属西虏把都儿。(1)

十黑猛可，头目，部落百余名，在卜灯驻牧，直马兰谷五百余里，东南至贡关五百余里，附属西虏把都儿。(1)

十一满都忽，部落五十余名。

十二伯彦打赖，部落六十余名。二人在卜灯境界驻牧，直马兰谷五百余里，亦属把都儿也。(1)

花二把儿孙，妻纳阿，子四，曰伯革，曰孛来，曰失林看，曰（幹）[斡]堆孛来。

长伯革，妻丫哈，子三，曰脱来，一子卜都儿。曰脱罗罕，

曰孛罗，都指挥佥事。叔侄部落九百余名，在勺速境界驻牧，西南至贡关千三百余里。附属东房伯彦兀。(7)

二孛来，二妻，子五。嫡帖忽看，子二，曰孛儿忽乃，都指挥佥事，子卜忽力。曰黑猛可。妾孛灯，子三，曰荞灰，曰抹罗宅，曰董灰。共部落八百余名，在留兔境界驻牧，直界岭口七百余里，西南至贡关里如之。附属东房土蛮。(8)

三失林看，妻好趁，子二。曰伯彦帖忽思，绝。曰伯彦孛来，都指挥佥事，子失兰歹。共部落三百余名，在火郎兀[儿]境界驻牧，直界岭口六百余里，西南至贡关七百余里，附属东房尖炭。(9)

四（幹）[幹]堆孛来，都指挥佥事，妻塔剌孩，子三。曰撒因帖忽思。曰花伯，四子，脱罗伯忽思、速班、阿罕歹、阿哈儿。曰帖黑赤。共部落八百余名，在舍伯兔境界驻牧，直界岭口三百余里，西南至贡关五百余里。附属东房委正。(10)

花三打哈，二妻，子九。嫡脱脱主，子四，曰咬儿幹，曰倘孛来，曰影克，曰阿儿札。妾安伯，子五，曰伯彦帖忽思，曰（幹）[幹]抹秃，曰马答哈，曰伯牙只忽，曰哥鲁哥歹。

长咬儿幹，妻二，嫡以克，二子：曰孛儿勺，子伯彦。曰炒儿抹力，都指挥佥事。妾把来，子二，曰董灰，曰脱买。共部落三百余名，在挨伯兔境界驻牧，直界岭口五百里，西南入贡关里如之。附属东房长秃。(11)

二倘孛来，妻伯彦主，子四，曰哈答，曰哈剌，都指挥佥事，曰安迭孛来，曰卜哈。共部落三百余名，在舍剌哈境界驻牧，直青山口六百余里，西南至贡关七百余里。附属东房长秃。(11)

三影克，都指挥佥事，子二，曰花孛来，头目；曰赤劳温。共部落百余名，在北留儿境界驻牧，直界岭口七百余里，西南至贡关里如之。附属东房土蛮。(8)

四阿儿扎，头目，子二，曰荞灰，曰董灰。部落二百余名，

在迭儿孛只鹰境界驻牧，直冷口七百余里，西南至贡关八百余里。附属东虏土蛮。(8)

五伯彦帖忽思，六（幹）[幹]抹秃，八伯牙只忽，并绝。

七马答哈，都指挥佥事，妻阿巴孩，子大成。共部落五百余名，在青州木境界住牧，直界岭口八百余里，西南至贡关里如之。附属东虏土蛮。(8)

九哥鲁哥歹，都指挥佥事，子二，曰脱罗思伯，曰伯忽。共部落四百余名，在绍素境界驻牧，直冷口七百余里，至贡关八百余里。附属东虏黑失（灰）[炭]。

花四把儿真阿哈，子三，曰（幹）[幹]堆，曰把卜孩，曰板卜。

长（幹）[幹]堆，妻阿台，子三，曰伯彦头儿，曰虎虏忽纳，并都指挥佥事，曰撒只剌忽，舍人。共部落三百余名，在舍剌母林境界驻牧，南直贡关千余里。附属东虏委正。(10)

二把卜孩，妻那彦真，子二，曰满都，曰帖里赤，并都指挥佥事。共部落二百余名，在迭儿孛只鹰境界驻牧，直冷口七百余里，西南至贡关八百里余。附属东虏黑失炭。(9)

三板卜，妻把总，子二。曰伯彦打来，都指挥佥事，三子，长男、公男、奇男。曰阿剌章，头目。共部落五百余名，在毛哈气水鸣急音境界驻牧，直白马关八十余里，东至贡关七百余里。附属西虏辛爱。长男被赶儿[兔]杀死。(5)

花五哈哈赤，二妻，子八。嫡挨克，子七，曰炒蛮，曰毛兰台，曰董灰，曰帖古，曰哈木宅，曰那幹，曰把扎孩。妾水看，子曰把秃儿。

长炒蛮，都指挥佥事，子纳木打来，共部落百余名。二毛兰台，都指挥使，部落八十余名。三董灰，都指挥佥事，部落五十余名。四帖古，头目。五哈木宅，七把扎孩，八把秃儿，各部落五十余名。其第六那幹，绝。凡八人在罕赤保

哈境界驻牧，直界岭口四百余里，至贡关六百余里。附属东虏阿牙他皮。(12)

花六孛来，子一。曰脱孙孛来，都指挥使，妻阿巴孩，子二，曰大成，都指挥佥事，曰卜彦。共部落二百余名，在炒儿境界驻牧，西南至贡关七百余里，附属东虏那彦兀。(13)

花七把都儿，妻等阿，子四，长曰董忽力，绝，次曰(幹)[幹]卜勿儿，都指挥佥事，次曰板卜来，次曰那彦帖忽思。各部落百余名，在炒秃境界驻牧，西南至贡关七百余里。附属东虏那彦兀。板卜在舍剌不花驻牧。(13)

花八把秃来，妻撒因主剌，子二。长曰伯彦哈当，都指挥佥事，子伯桑，共部落百五十余名。次曰伯彦打来，部落五十余名。并在以马兔境界驻牧，直冷口五百余里，西南至贡关七百余里。附属东虏土蛮。(8)

花九虎秃罕，都指挥佥事，二妻，子四。嫡以来，一子，曰讨阿，都指挥佥事，子二，长纳木歹，次阿晕。妾把罕，子三，曰伯牙只忽，曰伯牙帖忽思，曰把儿孩。共部落三百余名，在纳林境界驻牧，直界岭五百余里，至贡关七百余里。附属东虏那彦兀。(13)

花十虎秃[罕]孛来，二妻，子三。曰撒因帖忽思，曰(幹)[幹]多罗忽，曰阿卜忽，俱嫡生来生。妾阿巴孩无子，后(幹)[幹]多罗忽收。兄弟部落四百余名，在罕哈保赤境界驻牧，系大宁东北，而西南至贡关八百余里。附属东虏阿牙他皮。(12)

花十一孛罗歹，都指挥佥事，妻炒即，子三，曰罕麻忽，曰堵阿，曰阿卜宅。共部落二百余名，在纳林境界驻牧，西南至贡关七百余里。附属东虏阿牙他皮。(12)

花当结义北塞兄弟十六人，曰猛可歹，曰脱脱罕，曰安出，曰卜彦秃，曰花孛来，曰(幹)[幹]堆孛来，曰(幹)[幹]保哈，曰失券，曰安出来，曰把章扣，曰纳剌孙，曰董

灰，曰把都孛来，曰满都孛来，曰冕忽纳。共部落五百余名，今随长昂住牧。附属西房把都儿。(1)

右都督脱罗又儿，子猛革赛，其子朵儿干，子二。长脱火赤，绝。次帖木孛罗，失祖敕书，袭授都指挥，二子，曰猛革孛来，曰把秃歹，并绝。

右都督古彦卜，二子，曰失林孛罗，曰脱可。失林孛[罗]子四，长把班，生兀鲁思罕，其子朵卜，生花歹，袭祖职。兀鲁思罕弟古只儿伯忽。把班弟把都儿，有子（幹）[斡]鲁散。又弟哈当，又弟伯彦忽思，并绝。脱可子那（幹）[斡]孩，生那彦孛来，部落二十余名，随把都儿在卜剌兔住牧。把班二子随长昂住牧。

掌卫印指挥使冕纳，子猛可，生正看，二子，长奴温孛罗袭职，次虎又。共部落二十余名，随长昂住牧。其随伯彦打来并部酋于西境红花、满川、烧饼头目、银头目等驻牧四海治、滴水崖、擦石、慕田、石塘一带境外满套儿驻牧，自无侵寇患，犹为侦察西房者。

流河夹道驻牧夷人，乃革兰台原收复贼夷二支也。头目猛可，四子，长猛可歹，次猛可孛来，次脱来，次阿卜忽，共部落四十余名。又头目海塔力，五子，长脱脱，次脱脱孛来，次打吉秃剌，[次]打卜孩，次阿卜来，共部落六十余名。并随猛[古]歹妻伯彦主剌驻牧。及野人色振儿、阿罗豆儿等约百五十余人，驻牧慕田境外山谷，种类微弱，不为边患，弗详之矣。

头目有在辽东境外驻牧数部（酋贡）[贡酋]。曰土鲁赤，曰忽秃罕，曰脱脱，营住乌牛背、大青山，营前屯百余里。曰恶灯、伯彦孛罗，营住黑松林、孤山、老河境界，去宁远百二十里。曰恶灯、莽灰、伯户，营住河州小虹螺山，去宁远中左所三百余里。曰额孙孛罗，营住大红螺山境界，去锦、义、广宁三百四十里。曰花火孛罗，营住太平山乌峰塔，去正安堡约一百里。又有曰把秃孛罗，曰莽灰伯户，曰卜言兀，曰伯彦孛罗，曰伯勒孛罗，曰卜儿挨，曰花大孛儿败，皆附各营。时在辽境外驻牧，颇为边患者，多为花当次儿之裔，而与前所列或同而异呼，故详之备考焉。

泰宁

始祖都督兀捏帖木儿，生撒因孛罗，其子曰孛来罕，曰伯牙，俱逃辽东边外大县头驻牧，久不至关，今绝。

始祖右都督革干帖木儿，生脱脱孛来，其子曰歹答儿，曰火勺儿罕。歹答儿子长曰只儿挨，袭祖职，次曰满都，为舍人。共部落百二十余名，在小兴州境界驻牧，南直古北口三百余里，东南至贡关七百余里。其同驻牧脱脱孛来义子三人：纳忽剌儿授都指挥佥事，纳木宅为舍人，满蛮为所镇抚。三人共部落三十余名，在小兴州。

掌印失始祖[敕书]阿把海，指挥佥事，子曰火台保，随只（见）[儿]挨驻牧在小兴州。并附属西虏辛爱。

火勺儿罕子，长曰吉儿罕，为正千户，次曰孛来罕，为舍人。父子三人部落四十余名，在屈劳境界住牧，直古北口三百余里，东南至贡关里亦如小兴州。附属北虏纳林。今辽东口外有泰宁卫酋首曰莽金火勺，营住中辽河，约二百三十里。曰赖土鲁孛儿户，营住塞儿山，去西平堡约三百里。曰扯儿揹忒木儿，营住哈剌河，去海州不远。曰把儿度土累，营亦住中辽河。又有曰忒木儿，曰勺木下，曰哈卜言，其营皆相附。

福余

始祖都指挥使朵儿罕，子那孩，其子孛勺生打都，有二子。长打都，子二，曰阿鹿，曰乞讨纳。其乞讨纳子曰伯彦，绝。共部落二十余名，随兀捏孛罗住牧。

都督指挥使可歹，子曰朵卜，未尝袭职，有七子。其一吉儿罕，子二，曰猛古，曰莽灰，共部落二十余名，在塔剌塔驻牧，直古北口三百余里，东南至贡关五百余里。其二孛来罕，正千户，部落二十余名，在小兴州驻牧，直古北口五百余里，东南至贡关七百余里。其三只儿挨，头目。其四卜儿挨，头目。其五纳木宅，其六小思干，其七阿牙台。五人凡部落三十余名，俱随侄猛古驻牧，并附属西虏辛爱。

头目影克有五子。其一颇满蛮，子二，曰把秃，曰伯彦。其二孛团，子二，曰卯章，曰迭伯。其三哈剌木，子曰赤劳温。其四哈卜塔孩。其五哈当，所镇抚，子一，曰伯忽。叔侄共部落百余名，在可里屈劳驻牧，亦属于辛爱。(5)

伯忽子力伯，力伯子猛可，猛可子满蛮，满蛮子孛来罕，袭掌卫印指挥使。扯秃子贴忽思赤，绝矣。今辽东口外有酋首曰把当，曰(颇)[额]儿的泥，曰王四儿，营住鹏背山及上辽河，去开原三百三十里，此则属于东虏者而世不可考矣。①

《筹边纂议·历代夷名宗派》所载"夷酋宗派"及所顺宗主情况：

朵颜卫的大一千夷酋宗派

初代花当，生五子。

二代长子革兰台，生八子。

三代长子影克，生四代专难，顺西逞把堵儿。

三代次子董狐狸，顺西逞把堵儿。

三代三子猛古赤，生四代兀六伯户，顺撒剌阿卜亥。

三代四子猛古大，顺西俺答。

三代五子兀鲁思罕，顺哈卜臣。

三代六子鹅毛兔，顺安滩。

---

① 《卢龙塞略》卷十五《贡酋考》，明万历刻本。

三代七子章兔，顺莽官儿大。

三代八子阿只孛罗，顺莽谷度。

二代次子把儿孙，生四子。

三代长子伯革，生四子。四代长子土累，顺东房兀把赛；四代次子董惠，生二子，五代长子虎霸，五代次子谎急，俱顺兀把赛；四代三子伯勒孛罗，生五代打把艾，顺北房卜言谷；四代四子卜儿艾，顺卜言谷。

三代次子孛来，生三子：四代长子伯户，生三子，五代长子卜胡力，五代次子阿只户，五代三子我本大。俱顺东土蛮；四代次子莽惠，生三子，五代长子拱兔，五代次子壮兔，五代三子伯桑儿；四代三子魁猛可。

二[三]代三子虎大生五子：四代长子伯言孛罗，四代次子苦六谷，四代三子打把阿，四代四子把只赖，四代五子赛只兀。俱顺黑石炭。

三代四子恶登，顺土蛮弟委正。

二代三子把班，生三子。

三代长子花大，生四代土力赤。

三代次子孛罗，生四代奔（急）[忽]。

二代三了孛儿败。俱顺东房速把亥

二代四子叟四根，生二子。

三代长子把儿都，生四代我罗出，顺东房勺哈。

三代次子伯言哈当，生二子，四代长子哈剌额卜根，四代次子哈卜寨，生五代我本大。俱顺东房塔捕

二代五子打哈，生二子。

三代长子佟孛来，生四代果罗首，顺黑石炭。

三代次子阿儿札，生四代莽惠，顺北房暖兔。

小一千酉派

初代脱磕，生四子。

二代长子把速，二代次子邦孛罗，二代三子那言孛罗，二代四子兀捏奎，俱顺北虏速把亥。

初代哈哈赤，生三子：

二代长子袄兀大，生三代土鲁赤，顺土蛮

二代次子把大，生二子，三代长子忽秃罕，三代次子忽秃败，俱顺卜言兀。

二代三子伯四汉，生二子，三代长子脱脱，三代次子孛罗大，俱顺北虏炒忽儿。

大（太一泰）宁卫夷酋宗派

初代满满，生三子。

二代长子勺木，生三子：三代长子卜言，三代次子卜儿爱，三代三子土力，俱顺兀班妻

二代次子孛罗兀，生三子：三代长子土鲁孛儿户，三代次子土累，三代三子猛官大，俱顺东房炒花。

二代三子卜哈顺兀班妻。

初代孛来汉，生三子。

二代长子八把亥，故绝。

二代次子把当亥，生三代莽巾。二代三子克色孛罗，生三代土累，俱顺炒花。

初代把儿孙，生三子。

二代长子孛只郎中，故绝。

二代次子亦把赖，生三代朵卜。二代三子火勺赖，生三代搜四，俱顺炒花。

福余卫夷酋宗派

初代斩斤生[一子]。

二代小四，生二子。

三代长子把当亥，生四代脱磕，顺东房扯赤猎。

三代次子额儿的泥，生二子，四代长子伯得捏，四代次

子准卜赖，俱顺东房者儿得。

初代字爱，生三子。

二代长子往四儿，生二子：三代长子摆言大，三代次子果各寨。

二代次子撒巾，生二子：三代长子石堵揩，三代次子卜儿炭。

二代三子锦只卜阿，生三代主儿者阿，俱顺东房已故兀班妻。①

附属蒙古左右翼的朵颜卫首领　首先看兀良哈—朵颜卫被瓜分情况。之前需对见于《筹边纂议》的朵颜卫"大一千"和"小一千"以及花当诸子情况做简单的说明。朵颜卫"大一千"首领都是左都督花当子孙，而"小一千"首领则是右都督朵儿干（《明实录》一般作"脱罗干"）后裔。②"大一千"和"小一千"应是蒙古语"yeke mingyan"和"baya mingyan"的汉译，意为"大千户"和"小千户"，分别指朵颜卫—兀良哈鄂托克的右翼、左翼。前文提到，蒙古文史书称斡赤斤后裔所属罔留等三部（三鄂托克）为山阳或岭南六千兀者人，可知每部或每鄂托克由两个千户组成。具体到朵颜卫，其第一任都督佥事脱鲁忽察儿长子完者帖木儿、幼子朵儿干两支为左右翼，长子完者帖木儿曾孙花当属右翼，朵儿干一支为左翼。蒙古人尚右，因此以右翼为大，左翼为小。与蒙古人不同，明人尚左，因此授右翼花当左都督，左翼朵儿干为右都督。③

---

① 《抄本筹边纂议》卷一《历代夷名宗派》，1999 年。此外，《登坛必究》卷二十三《胡名·北房各枝宗派》的内容与此几乎相同。

② 魏焕《九边考》谓"朵颜卫左都督花当，今袭者曰革兰台；右都督朵儿干，今袭者曰拾林孛罗"。而《卢龙塞略》则谓"右都督古彦卜，二子，曰失林孛罗，曰脱可"。可知，失林孛罗为朵儿干之孙。

③ 参见宝音德力根《往流和往流四万户》。

关于花当诸子，文献记载不一。《卢龙塞略》谓花当"共子十有一。嫡以克生革尔孛罗。妾把罕子三，曰打哈，曰把儿孙，曰把儿真。又妾主来子七，曰哈哈赤，曰把儿都，曰虎秃兔，曰孛来，曰把秃来，曰虎秃孛来，曰孛罗歹"。与后文所列十一子名称比较可知，"把儿都"系"把都儿"的倒误，"虎秃兔""虎秃罕"必有一误。《辽夷略》则有"都指挥炒蛮，伊父哈哈赤乃花当妾出之，兄弟七人。今哈哈赤等早故，止遗弟一人虎头罕哱啰"①。可知《辽夷略》所记哈哈赤"兄弟七人"实为《卢龙塞略》所记花当小妾主来所生七子，而所谓唯一见在者"虎头罕哱啰"相当于《卢龙塞略》花当第十子"虎秃 [罕] 孛来"②。《筹边纂议》只记花当五子：长革兰台、次把儿孙、三打哈、四把班、五叟四根。很明显，革兰台系花当长子革尔孛罗长子，此误。叟四根生二子：长把儿都，生我罗出；次子伯言哈当生二子，长哈剌额卜根，次哈卜寨，生我本大。"次子伯言哈当"即《卢龙塞略》花当第八子把秃来"长子伯彦哈当"，其子"伯桑"应是"哈伯桑"之脱误，而"哈伯桑"即"哈卜寨"，由此可知，《筹边纂议》所谓花当四子"叟四根"相当于《卢龙塞略》花当八子"把秃来"。

最复杂的是花当次子与四子，需要认真考辨。《卢龙塞略》谓花当次子把儿孙子四：曰伯革，曰孛来，曰失林看，曰斡堆孛来。而《筹边纂议》中把儿孙四子依次为伯革、孛来、虎大、恶登。《蓟门考·哨夜入营坐门属夷驻牧地方》载："都指挥故夷伯华、哱来，并见在乌德、恶登四人，乃花当次子把儿孙子也。部落千余，住牧于辽东塞外。"其中，"伯华"系"伯革"误写，"哱来"即"孛来"，"恶登"即"斡堆孛来"的省略，而"乌德""虎大""失林看"

---

① 张鼐：《辽夷略》，玄览堂丛书本。
② "虎秃罕"或"虎头罕"，意为"幼子"，也指"小的"；"哱啰"即"孛来"，可知"虎秃 [罕] 孛来"或"虎头罕哱啰"与花当第六子"[以克] 孛来"（大孛来）重名，故以"虎秃罕"相区别。而真正的幼子是十一子孛罗歹。

为同一人。有趣的是，"乌德""斡堆""花大""虎大"系同一蒙古语 uda 或 udan（又可读 qoda-odan，意为"柳树"）的音写。因此《卢龙塞略》所记把儿孙三子"失林看"这个名字非常可疑，极有可能是右都督古彦卜子"失林孛"（系"失林孛罗"之脱误）的误置。

《卢龙塞略》谓花当四子把儿真阿哈子三，曰斡堆，曰把卜孩，曰板卜。而《筹边纂议》中花当四子却是把班。把班有三子，长子花大，生土力赤；次子孛罗，生奔（急）[忽]；三子孛儿败。进一步比较我们还发现：《卢龙塞略》把儿真阿哈长子斡堆之子曰伯彦头儿、虎虏忽纳、撒只剌忽，竟然与《筹边纂议》中把儿孙长子虎大诸子伯言孛罗、苦六谷[纳]、赛只兀一一对应。而且《卢龙塞略》把儿孙三子失林看次子伯言孛来（长子伯彦帖忽思，绝。因此，伯言孛来实为长子）即把儿真长子"伯彦头儿"（"伯彦"即"伯言孛来"的省称，"头儿"为汉语，谓首领）。

至此，我们不得不认为《卢龙塞略》所谓"把儿真阿哈"及其子孙根本不存在，是郭造卿无中生有。

其实，"把儿真"就是把儿孙，"阿哈"意为兄，附属蒙古左翼的花当子孙，系花当妾所生"兄弟十人"，以把儿孙为长，因此才有"阿哈"之称。真正的花当四子名把班（把伴），有子二人，名花大、孛儿败。对此，《辽夷略》有较为详细的记载：

> 朵颜卫夷酋有把伴者，先年抢至炒花营，配炒花妹公吉阿亥为妻，遂依泰宁夷而居，受其驱使。其牧地在广宁东北，离镇静、镇安等堡三百余里，而市赏由镇远关。居久之，把伴死，有二男，长花大，次孛儿败，俱死。花大之子四，长暖赤，次伯言兔，三伯言他不能，四伯大。孛儿败之子三，长莽金儿、次敖毛兔、三孩四。

炒花即岭南喀尔喀乌济业特部首领，瞿九思《万历武功录》卷之十二东三边（三）甚至有《炒花花大列传》，谓"花大，亲速把亥妹夫也，为泰宁卫酋长……其明年壬午（1642 年——引者），速把亥既伏诛，花大索其尸，驮至营中，伏尸而哭，极哀"①云云。
花大不是速巴亥妹夫，而是其外甥，亦非"泰宁卫酋"，而是"朵
颜卫酋"，瞿九思此误源自魏焕《九边考》，是因为泰宁卫多数被
岭南喀尔喀征服而产生的误会。《辽夷略·自叙》虽然将把班（把
伴）列入泰宁，谓"其把伴一种入于泰宁，凡二枝，共十六酋"，
而在正文中却纠正道："夫把伴虽属炒花调度，而仍系朵颜夷种，
其不属泰宁夷种明矣，故不列于泰宁夷酋中。"②

总之，花当四子把班子及其子孙花大、孛儿败"二枝，共
十六酋"附属岭南喀尔喀速把亥、炒花兄弟及其后裔，牧地在"广
宁东北，离镇静、镇安等堡三百余里，而市赏由镇远关"。而把
班兄、花当次子把儿孙三子斡堆和四子斡堆孛来则分别附属黑石炭—克
什克腾和土蛮汗弟委正，其牧地，前者如宝音德力根所考在火郎
兀儿，即今翁牛特旗老哈河上游的红山水库附近；后者则在"舍
伯兔驻牧，直界岭口三百余里，西南至贡关五百余里"③。

首先看属于右翼蒙古的朵颜卫—兀良哈首领。

朵颜卫左都督（即兀良哈右翼—大一千首领花当）花当嫡长
子革儿孛罗三子，即长革兰台、次革孛来、幼脱力以及"花当结
义兄弟十六人"，均"附属西房"，即蒙古右翼。革尔孛罗长子革

---

① 瞿九思：《万历武功录》，中华书局影印本，1962 年。
② 《辽夷略》：玄览堂丛书，影印明刻本。
③ 《15—17 世纪的克什克腾》，载《蒙古学问题与争论》第 10 辑，日本国际文化研究协会，
东京，2014 年。郭造卿在其《卢龙塞略·贡酋考·朵颜》末尾罗列了"头目有在辽东
边外驻牧数部酋贡［贡酋］"，并说他们是"时在辽东边外牧，颇为边患者，多为花
当次儿之裔，而与前列或同而异呼，故详之备考焉"。其中有：曰恶灯、伯言孛罗，
营住黑松林、孤山、老河境界；曰恶灯、莽灰、伯户，营住河州小红螺山，去宁远中左
所三百余里。可知其前一个"恶灯、伯言孛罗"指的是同书前文所列把儿孙三子斡堆及
其子孛彦孛来，亦即《筹边纂议》把儿孙三子虎大及其长子伯言孛罗。牧地黑松林即赤
峰松山区；孤山可能指今翁牛特旗孤山子村，位于红山水库东北；老河即老哈河。后一
个恶灯、莽灰、伯户正是《蓟镇边防》中记载的斡堆、莽灰、伯忽，所记牧地相同（老河）。

兰台有九子①，其中长子影克、五子董忽力、八子长秃、九子叉哈
赤来以及革兰台幼弟脱力十子"附属西房把都儿"（文末编号 1）。
"西房把都儿"指的是喀喇沁万户最高首领把都儿。把都儿系达
延汗次子兀鲁思孛罗第四子，本名伯思哈儿，号把都儿，年老后
称老把都。16 世纪 20 年代末 30 年代初，把都儿夺取了达延汗大
皇后满都海所生幼子纳（那）力不喇所属应绍不万户最高统治权，
并直接统领应绍不万户最强大的哈喇嗔—喀喇沁鄂托克。从此，
原应绍不万户就被称作哈喇嗔—喀喇沁万户，而应绍不则降为哈
喇嗔—喀喇沁万户下的一个大鄂托克。② 成为喀喇沁万户最高首
领后不久，把都儿从蒙古大汗不地处获得昆都伦汗（昆都力哈）称号。

　　《筹边纂议》则谓革兰台长子影克、次子董忽力（又作"董

①　《卢龙塞略》革兰台九子依次为长子影克、次子猛可、三子猛古歹、四子抹可赤、
　　五子董忽力、六子兀鲁思罕、七子斡抹秃、八子长秃、九子叉哈赤来。其中影克、
　　猛可、猛古赤、斡抹秃同母（革兰台长妻），九子叉哈赤来母为小妾，其他为妾（次妻）
　　所生。《筹边纂议》记其前八子名称，依次为长子影克、次子董狐狸、三子猛古赤（生
　　子兀六伯户）、四子猛古大、五子兀鲁思罕、六子鹅毛兔、七子章兔、八子阿只孛
　　罗。米万春《蓟门考》谓："都督影克，弟猛可、猛古得、阿毛兔、抹合赤、董狐狸、
　　兀鲁思罕、章兔。"《辽夷略》亦载其前八子名，依次为长子影克、次子董狐狸、
　　三子獐兔、四子都令满都不赖、五子兀鲁厮汉、六子猛首大、七子鹅毛兔、八子阿
　　只孛罗。四种记载相较，长子影克同名；其他诸子名字及次序不一，但董忽力、董
　　狐狸、董狐狸为同一人，猛古歹、猛古大、猛古得、猛首（"骨"之误）大为同一人，
　　抹可赤、抹合赤、猛古赤为同一人，斡抹秃、阿毛兔、鹅毛兔为同一人，兀鲁思罕、
　　兀鲁厮汉为同一人，长秃、章兔、獐兔为同一人显而易见。而《筹边纂议》和《辽
　　夷略》中的第八子相当于《卢龙塞略》次子猛可的长子"阿只孛来"。《蓟门考》
　　谓"猛可早亡，有男阿只孛来、伯思护续领部众"。可知《筹边纂议》和《辽夷略》
　　将革兰台次子猛可之长子阿只孛罗（来）误为革兰台第八子了。此外，《辽夷略》
　　中的"四子都令满都不赖"应是《筹边纂议》中的三子猛古赤，亦即《卢龙塞略》
　　中的四子"抹可赤"（《蓟门考》作"抹合赤"），因为他们的长子同名，分别作
　　兀鲁伯户、兀六伯户、兀鲁伯忽。尽管如此，我们还是认为《辽夷略》将革兰台同
　　母弟脱力的第三子哈孩的两个儿子"都令、满都孛来"与猛古赤—抹可赤相混了。
②　参见宝音德力根《达延汗子孙分封考》，载《中国人文社会科学博士硕士文库》续编，
　　历史学卷（上），浙江教育出版社，2004 年；乌云毕力格：《喀喇沁万户研究》，
　　内蒙古人民出版社，2005 年，60—62 页。

孤狸""董狐狸")"顺逞把堵儿",六子兀鲁思罕(又作"兀鲁厮汉")"顺哈卜臣",八子长秃(又作"章兔""獐兔")"顺满官儿大",与《卢龙塞略》的记载略有不同。"逞把堵儿"即"青把都儿",是把都儿次子,号昆都仑歹成台吉;"哈卜臣"即"哈不慎台吉",系把都儿三子;"满官儿大"即"满五大",号乞庆朝库儿台吉,系把都儿五子。可知,《筹边纂议》记载更为详细,反映了稍晚把都儿诸子分领革兰台诸子的情况。特别是青把都儿,因其兄黄把都儿早逝①,父把都儿年迈,早已成为喀喇沁万户实际领袖。于是,影克攀附青把都儿,为其长子长昂娶青把都儿女东桂。因此,视影克为青把都儿直属是准确的。

革兰台次子猛可以及革兰台弟革孛来次子把秃孛罗诸子"附属西房纳林"(文末编号 2)。《蓟门考》说把秃孛罗和他的三兄弟伯彦帖忽思、伯思哈儿、伯彦孛罗之子"叔侄四枝部落一千余骑,在古北口东北地名亦逊、以马兔②一带驻牧",并说伯彦帖忽思女为辛爱第九妾,把秃孛罗是北房之婿,"诸众以亲,俱归顺东西房酉部下"。显然,《蓟门考》所记四兄弟指革儿孛罗次子革孛来四子,他们因姻亲关系分别投靠蒙古右翼首领。这与《卢龙塞略》所记兄弟四人分别附属于西房辛爱(伯彦帖忽思与伯彦孛罗)、纳林(把秃孛罗)、伯要(伯思哈儿)一致。纳林又作"那林台吉",系达延汗三子巴儿速孛罗第五子,为把都儿弟,本名伯颜答喇,

---

① 《万历武功录》卷九《白洪大列传》谓:"白洪大,把都黄台吉长子也。始授我指挥同知秩,后以大父蚤夭,所部皆统于青把都。癸西冬,制置使吴兑请袭大父都督同知,诏可之。"癸西指万历元年(1573 年)。
② 亦逊、以马兔两河与今名相同,在河北围场、隆化两县境内。

所部号察罕塔塔儿。①

革兰台三子猛古歹（包括与猛古歹妻伯彦主剌一同驻牧的头目猛可、哈塔力诸子）、七子斡抹秃诸子"附属西虏安滩"（文末编号 3）。"安滩"即大名鼎鼎的俺答汗，是土默特万户首领。1542 年，其长兄麦力艮吉囊去世，次年，俺答从蒙古大汗不地处获得土谢图汗称号，成为整个蒙古右翼首领。1582 年，俺答汗去世后，其长子辛爱继承汗位（1583—1585 年），俺答所属猛古歹、斡抹秃子孙及其属民被辛爱控制。辛爱死后，辛爱子赶兔继承汗位，与辛爱独自收服的赶兔舅家一同演变为东土默特左右翼两部。②

革兰台七子抹可赤诸子附属"西虏纳孙"（文末编号 4）。或

---

① 　纳林之部名，《蒙古源流》《金轮千辐》谓"察罕塔塔儿"，而罗桑丹津《黄金史》则谓"察罕塔塔儿"是纳力不剌的部名。《明史》卷二三八《李成梁传》谓隆庆十八年二月，"卜言台周，黄台吉，大、小委正结西部又汉塔塔儿五万余骑复深入辽、沈、海、盖"（中华书局点校本，第 6189 页）。乌兰据此认为，又汉塔塔儿（即察罕塔塔儿）是卜言台周（蒙古大汗，其直帐为察哈尔万户）"西边的部落，属于察哈尔万户"。因此，《蒙古源流》和《金轮千辐》之说可信，"罗桑丹津《黄金史》的说法有误"（《〈蒙古源流〉研究》第 409 页）。其实，两说记载的都是真实的历史，只是时代不同，因此并不矛盾。据宝音德力根研究[《达延汗子孙分封考》《应绍不万户的变迁》，载《中国人文社会科学博士硕士文库》续编，历史学卷（上），浙江教育出版社，2004 年]，纳力不剌系达延大皇后满都海幼子，因其嫡幼子身份，达延汗分封子孙时将强大的应绍不万户全给了他。16 世纪 20 年代末 30 年代初，可能由于纳力不剌逝，其所属应绍不万户最大的鄂托克哈喇嗔—喀喇沁被把都儿夺取，成为应绍不万户最高统治者。这样纳力不剌子失喇、阿着（那出）二人只能统领应绍不、阿速等部。但是不久，失喇、阿着相残，阿着弑其兄失喇。于是，以麦力艮吉囊、俺答、把都儿三兄弟为首的蒙古右翼阿尔秃斯（鄂尔多斯）、土蛮（土默特）、哈喇嗔（喀喇沁）三万户首领共同治阿着罪，将其处死，进一步侵夺失喇、阿着属民，将阿速等强部给了他们自己的幼弟卜只［达］剌。看来，察罕塔塔儿原属应绍不万户，达延汗分封子孙时归嫡幼子纳力不剌。罗桑丹津记录的正是这一史实。后来，该部改属俺答五弟纳林台吉，也是巴儿速孛罗诸子侵夺纳力不剌属民的结果。《蒙古源流》和《金轮千辐》所记正是反映此后的历史。纳林是蒙古右翼三大首领的弟弟，因此被称为"西虏纳林"。《李成梁传》所说"西部"也是这个意思，而不表示"西边"，更不能理解为属于察哈尔。

② 　特木勒：《朵颜卫研究》，第 36—38 页，南京大学博士学位论文，2001 年。乌云毕力格：《喀喇沁万户研究》，第 57—58 页。

可认为"纳孙"是"纳林"之误，这样问题就简单了。但是我们认为，"纳孙"是"阿速—亚速"的误读。理由如下：

首先，岷峨山人《译语》谓"纳（自注：平声）逊纳不孩，亦小王子宗党，与吉囊、俺答阿不孩辈兵至数十万"。小王子指蒙古大汗不地，吉囊、俺答阿不孩兄弟则是蒙古右翼鄂尔多斯、土默特两万户首领，与他们三人并列的"纳逊纳不孩"应即"纳孙"，只是"纳孙"或"纳逊"为"阿速"的误读，"纳不孩"为"阿不孩"的误读。

其次，另据嘉靖二十年（1541年）成书的魏焕《九边考》卷五《大同镇·边夷考》，"北房哈剌真、哈速二部常在此边驻牧。哈剌真部下为营者一，大酋把答罕奈领之，兵约三万；哈速—阿速部下为营者一，大酋失喇台吉领之，兵约二万，入寇无常"。"哈剌真"即"哈喇嗔—喀喇沁"，是应绍不万户第一鄂托克；"把答罕奈"指把都儿①，"哈速"即"阿速"，是应绍不万户第二大鄂托克。哈速—阿速首领"大酋失喇台吉"无疑是"纳逊纳不孩"或"纳孙"。"失喇台吉"父为达延汗大皇后所生幼子纳力不剌。因身份特殊，按蒙古人分封家产的原则，在达延汗分封子孙之初，他分得了整个应绍不万户。纳力不剌死后，长子失喇仍旧统领应绍不万户，因而在《译语》《九边考》的记载中与不地、吉囊、俺答并列。大约在16世纪30年代初，应绍不万户最高统治权落入吉囊、俺答之弟伯思哈儿（把都儿、老把都）手中，但失喇仍然领有"兵约两万骑"的强大的阿速部，仍以"阿速阿不孩"闻名。只是在汉文文献中被误传为"纳孙"或"纳逊纳不孩"。

再次，前引《筹边纂议》谓"三代三子猛古赤，生四代兀六伯户，顺撒剌阿卜亥"。"猛古赤"即"抹可赤"，其子"兀六伯户"

---

① "把答"是其名字的不完全汉译，而"罕奈"就是"汗"，看来他很早就有汗号，可能早于俺答称汗（据《俺答汗传》，俺答从蒙古大汗不地那里获得汗号是在其兄麦力艮吉囊去世之后，而麦力艮吉囊于1542年去世）。

即抹可赤子"兀鲁伯忽";而"撒剌阿卜亥"即"失喇阿不孩",亦即"失喇台吉"("阿不孩"即"太子—台吉"的蒙古语称谓)。

失喇被其弟阿着所弑,于是俺答、把都儿等右翼蒙古大首领共治阿着罪,并借机进一步侵夺失喇、阿着属民,将应绍不①、阿速等强部给了自己的幼弟卜只[达]剌,于是卜只[达]剌成为阿速部领主。《北房世系》载:"我托汉卜只[达]剌台吉,营名永邵卜……子三,长恩克跌儿歹成台吉即永邵卜大成台吉,次也辛跌儿台吉……三亚速火落赤把都儿。""亚速"即"哈速—阿速","亚速火落赤把都儿"意为统领亚速部的火落赤把都儿。②

1628年九月,右翼蒙古土默特与喀喇沁分支阿速、永谢布两部在挨不哈河(今达茂联合旗艾不盖河)与西征的林丹汗大军会战,结果右翼惨败。阿速残余在火落赤把都儿子扯臣(车臣)岱青率领下归附后金—爱新国。当时扯臣(车臣)岱青致书天聪汗,声称阿速火落赤把都儿七子在岭南领有七鄂托克属民。据此,乌云毕力格推测火落赤把都儿诸子在岭南拥有属民应是朵颜卫—兀良哈塔布囊。③我们的研究找到了属于失喇、火落赤把都儿的朵颜卫—兀良哈塔布囊,他们正是猛古赤—抹可赤子孙。

革儿孛罗次子革孛来长子伯彦帖忽思、四子伯彦孛罗诸子以及革儿孛罗弟、花当次子把儿孙子板卜一系"附属西房辛爱"(文末编号5)。前文提到《蓟门考》的记载说伯彦帖忽思女为辛爱妾,因此他的儿子附属辛爱无疑。此外,伯彦帖忽思幼弟伯彦孛罗随伯彦帖忽思子炒蛮驻牧,因此也应附属于辛爱。辛爱是俺答长子,与其父不睦,因而较早与俺答分家,形成自己的势力。伯彦帖忽思、

---

① 这时的应绍不已经不是过去广义上的应绍不万户,而是指喀喇沁、阿速之外的失保嗔(源自元代云需总管府总管家族的怯薛职务"昔宝赤")等鄂托克,可视其为原应绍不的残余。

② 详见宝音德力根《应绍不万户的变迁》《达延汗子孙分封考》。

③ 乌云毕力格:《喀喇沁万户研究》,123—128页。

伯彦孛罗部众就是辛爱较早独自收服的朵颜—兀良哈首领。

革儿孛罗次子革孛来三子伯思哈儿诸子"附属西房伯要"（文末编号6）。"西房伯要"应指"摆腰把都儿台吉"，是俺答汗次子不彦台吉独子，"摆腰"是其所领鄂托克名称，同名鄂托克又见岭南喀尔喀五部，清代译作"巴约特"。《北房世系》说其牧地在"大同、阳和边外西北一克菊力革驻牧，离边三百余里"①。1982年，在呼和浩特东郊苏木沁村（距呼和浩特市区30公里，今赛罕区榆林镇）发现了一座万历八年（1580年）所立蒙古文碑（今藏内蒙古大学），蒙古文碑文有"[俺答汗的]孙摆腰把都儿台吉的庙"字样，寺名"释迦牟尼寺"，是摆腰把都儿台吉的家庙。苏木沁地望与"大同、阳和边外西北一克菊力革驻牧，离边三百余里"的记载相符。

再看属于左翼蒙古的朵颜卫—兀良哈首领。除花当嫡长子革儿孛罗一系外，以次子把儿孙为首的其诸子及其属民均"附属东房"，即蒙古左翼，把儿孙子板卜一系除外（如上文所述，板卜"附属西房辛爱"）。

把儿孙长子伯革三子脱来、脱罗罕、孛罗以及把儿孙诸弟中花当六子孛来、七子把都儿、九子虎秃罕诸子"附属东房伯彦兀"（文末编号为7）。《筹边纂议》则谓伯革生四子：土累、董惠、伯勒孛罗、卜儿艾，并说土累、董惠"顺东房兀把赛"，伯勒孛罗、卜儿艾"顺东房卜言谷"。"土累"即"脱来"，"伯勒孛罗"即"孛罗"，而"董惠"在《卢龙塞略》世系中却以伯革弟、把儿孙次子孛来之幼子董灰（谓"顺东房土蛮"）出现。"东房卜言谷"即"东房伯彦兀"，系岭南喀尔喀巴林部始祖苏巴亥长子，《辽夷略》作柏彦务。兀把赛则是其伯父"兀把赛卫征"，是岭南喀尔喀扎鲁特部始祖。

把儿孙次子孛来诸子，把儿孙诸弟中花当三子打哈三子影克、

---

① 《北房风俗·附北房世系》，万历二十二年自刻本。

七子马答哈诸子以及把儿孙弟花当第八子把秃来诸子及其属民
"附属东房土蛮"（文末编号为 8）。土蛮即蒙古大汗（1557—1592
年在位），察哈尔万户是其直属。

《筹边纂议》则谓花当四子叟四根生二子，长把儿都，生我
罗出，顺东勺哈；次子伯言哈当，生二子，长子哈剌额卜根，次
子哈卜寨，俱顺东塔捕。"次子伯言哈当"即《卢龙塞略》花当
第八子把秃来"长子伯彦哈当"，而"长子哈剌额卜根"就是"次
子长子哈剌额卜根"，可知，《筹边纂议》所谓花当四子"叟四根"
即《卢龙塞略》花当八子"把秃来"。伯彦哈当与长子哈剌额卜
根兄弟的宗主"勺哈""塔捕"也是兄弟。他们分别是达延汗第
六子按出孛罗的独子虎喇哈赤五子和四子，前者一般作"炒花"，
是岭南喀尔喀乌济业特（兀者）部首领；后者《辽夷略》作"歹青，
即伯要儿"①，是岭南喀尔喀巴约特部首领。

关于附属于土蛮的花当三子打哈诸子及其后代，《蓟镇边防》
也有记载："撒因头儿、影克、马答哈、板卜来、哈喇等四夷巢
俱在正北火郎兀儿、哈喇兀素、舍剌哈一带，去边一千余里。""撒
因头儿"即撒因孛罗，系花当十子虎秃罕孛罗长子，影克、马答
哈为兄弟。

把儿孙二子失林看诸子和把儿孙弟、花当三子打哈九子哥鲁
哥歹诸子以及把儿孙弟、花当四子把儿真阿哈次子把卜孩诸子及
其属民"附东房黑失炭"或"附东房尖炭"（文末编号为 9）。而《筹
边纂议》则谓把儿孙三子虎大诸子以及把儿孙弟、花当五子（《卢
龙塞略》作三子）打哈长子佟孛来"顺黑石炭"。而在《卢龙塞略》
中，打哈次子倘孛罗（即佟孛来）"东房长秃"（蒙古大汗打来孙弟，
详见下文）。据宝音德力根研究，"黑石炭""黑失炭"和"尖炭"

---

① "伯要儿"之"儿"恐系衍文，而"伯要"（清代译作"巴约特"）是其所属
鄂托克名。前文提到俺答次子不彦台吉所属鄂托克名"伯要—摆腰"，与此相同。
"塔捕"号歹青，《金轮千辐》作"索宁歹青"（sonin daičing）。

指同一人（"尖炭"即"失炭"之误，而"失炭"又是"黑失（石）炭"的脱误），是达延汗五子阿赤赖孛罗（Očirbolad）孙王文都剌（Ongγundural）。"黑失炭"即清代的克什克腾部，由蒙古汗国、元朝大汗—皇帝的亲军"怯薛"演变而来。达延汗分封子孙时，将察哈尔万户的黑失炭—克什克腾鄂托克给了自己的五子阿赤赖孛罗，阿赤赖孛罗孙王文都剌在明代汉籍中一般被称作"黑失炭"，是以其所领鄂托克称之。①

把儿孙四子斡堆孛来诸子"附东房委正"（文末编号为 10），花当三子打哈长子咬儿斡诸子和打哈次子倘孛来诸子"附东房长秃"（文末编号为 11）。"委正"与"长秃"实为一人。当时在"东房"，即左翼蒙古中称"委正"的著名首领有二人，均为土蛮汗之弟，号大、小委正。《筹边纂议》则谓把儿孙"四子恶登，顺土蛮弟委正"。"恶登"为"斡堆孛来"之"斡堆"，因此可以断定"东房委正"指土蛮汗弟大委正。大委正长秃，《黄史》作"庄兔堵剌儿"（jongtu duraγal），《筹边纂议》作"絪的冷庄秃台吉"，《北房世系》作"昆都力庄兔台吉"，是清代扎萨克浩齐特左右二旗王公祖先。

花当五子哈哈赤长子炒蛮诸子以及花当十子虎秃孛来、十一子孛罗歹诸子"附属东房阿牙他皮"（文末编号为 12）。"阿牙他皮"又作"挨大笔失""瑷塔必 [失]"等，是蒙古大汗不地唯一的弟弟也密力长子，系岭南察哈尔各部宗主，因统领哈喇处—阿喇克绰特（Alaγčud，即古代贺兰—驳马）部，又号哈喇处台吉。②

花当六子孛来、七子把都儿、九子虎秃罕诸子"附属东房那彦兀"（文末编号为 13）。关于"东房那彦兀"，《武备志》（引《兵略》）有如下记载：

---

① 宝音德力根：《15—17 世纪的克什克腾》。
② 参见 [日] 森川哲雄《关于八鄂托克察哈尔及其分封》，载《东洋学报》第 58 卷 1、2 期，1976 年。

擦汗儿达子小部落，山前辽东地方宁远、广宁边外青山驻牧，离边一百余里。长子奴木大黄台吉，存，部落七千有余；二子银定台吉，存，部落七千有余；三子苏克气台吉，存，部落三千有余；四子那言务炒花台吉，存，部落三千有余；五子赶兔升石把兔台吉，存，部落三千有余；六子白言务台吉，存，部落三千有余；七子隔克歹青，即肖大成升都领台吉，存，部落五千有余。

这位不知名的"擦汗儿（察罕儿、察哈尔）达子小部落"首领的"四子那言务炒花台吉"，就是"东虏那彦兀"。

《辽夷略》也有与《武备志》相近、且更为详细的记载：

直广宁西北而牧，离边约七百余里，市赏亦由镇远关者，其酋曰嬡塔必，故，而生十子，长曰脑毛大黄台吉，次曰以儿邓，三曰扯臣台吉，四曰青把都儿，五曰速克赤把兔儿，六曰卜言兔，七曰必扯赤台吉，八曰额儿得你丑库儿，九曰阿民台吉，其第十曰拱兔者，对锦州西北边五百里而牧，其市赏在锦州大福堡焉。……脑毛大之长男曰桑阿儿，次曰缩闹，而控弦之骑几七八千。以儿邓故，而三子，长曰麦力根歹青，次曰宰桑台吉，三曰桑阿儿寨，而控弦之骑五千。扯臣之子四，长曰卜书歹儿，次曰赤劳亥，三曰大成台吉，四曰色令，而控弦之骑三千。若青把都儿故，而三子，长曰歹青，次曰滚木，三曰把剌四气。速克赤把兔[儿]故，而三子，长曰把兔儿阿败，次曰宰桑，三曰石计兔。卜言兔故，而四子，长曰耿耿台吉，次曰隐克，三曰门克，四曰果木。三部各拥骑二千。其必扯赤故，生三子，长曰花台吉，次曰汪台吉，三曰滚度参，千骑耳。而额儿得你丑库儿亦三子，长曰汪台吉，次曰剌麻台吉，三曰锁闹安儿。其阿民台吉在，止一子曰班旧儿。二部约骑兵各二千余。独拱兔一支近锦州边者，五子，长以儿度赤，次剌八四气，三色令，四果木，五剌麻，而约兵五千也。盖瑷塔必十枝,凡三十二派,而脑毛大、拱兔为强。

可知,"那言务炒花台吉"或"东房那彦兀"等人的父亲为瑷塔必[失],而瑷塔必[失]就是前文出现的岭南察哈尔首领"东房阿牙他皮"。如进一步比较,可发现《武备志》中的"长子奴木大黄台吉""次子银定"即《辽夷略》中的长子"脑毛大黄台吉"和次子"以儿邓","三子苏克气台吉"即五子"速克赤把兔儿","六子白言务台吉"即六子"卜言兔"(《武备志》中"白言务"应是"白言兔"之误,因前文"那彦务"而误),五子"赶兔升石把兔台吉"可能是四子"青把都儿"。因此,《武备志》"四子那言务炒花台吉"极有可能是《辽夷略》三子扯臣台吉,因为除去被认同者之外,只有他们的人口数相同("部落三千有余"或"控弦之骑三千")。

泰宁卫被瓜分情况 16 世纪初,朵颜卫都督花当与达延汗联姻,势力迅速增长,很快超越泰宁,成为三卫之最高首领。而泰宁、福余二卫则势力衰弱,与朵颜形成鲜明对比。根据前引《卢龙塞略》《筹边纂议》有关记载可知,15 世纪中叶名噪一时的泰宁卫左、右两大都督革干帖木儿、兀捏帖木儿后代至 16 世纪末已默默无闻,所属人口稀少,而且有些已经成为朵颜首领的附庸。《卢龙塞略》说:"始祖都督兀捏帖木儿,生撒因孛罗,其子曰孛来罕,曰伯牙,俱逃辽东边外大县头驻牧,久不至关,今绝。"比较《筹边纂议》有关记载可知,兀捏帖木儿孙孛来汉(即孛来罕)子把当亥、克色孛罗以及把当亥子莽巾、克色孛罗子土累等附属岭南喀尔喀乌济业特首领炒花。另有满满、把儿孙(世系不明,应是兀捏帖木儿后代)子孙分属炒花及其兄岭南喀尔喀弘吉剌特部首领兀班及妻。《卢龙塞略》所谓住"辽东口外有泰宁卫酋首",莽金火勺、土鲁孛儿户、扯儿捐忒木儿、把儿度土累、忒木儿、勺木下、哈卜言等就是这些人。①

　　都督革干帖木儿后代则属右翼蒙古。都督革干帖木儿子脱脱孛来有子歹答儿、火勺儿罕及义子纳忽剌儿、纳木宅、满蛮三人。其中长子歹答儿及子只儿挨一系以及泰宁卫掌卫印事阿把海后代驻牧小兴州（今河北省滦平县大屯乡），附属土默特俺答汗长子辛爱。次子火勺儿罕一系则附属"西虏纳林"。纳林系喀喇沁首领把都儿弟，营名塔塔儿，因此火勺儿罕一系属喀喇沁万户下的塔塔儿鄂托克。

　　革干帖木儿、兀捏帖木儿兄弟分别是明朝的左、右都督（《卢龙塞略》误革干帖木儿为"右都督"），在蒙古则是泰宁卫—罔留鄂托克的右翼和左翼。泰宁卫长支分属蒙古右翼，幼支分属蒙古左翼。

---

① 两相比较，"莽金火勺"即莽巾，"赖土鲁孛儿户"即"土鲁孛儿户"，"把儿度土累"即两"土累"之一，"勺木下"（"下"，kiya，意为"侍卫"）即"勺木"，哈卜言即"卜言"（"哈"可能是"下"，即 kiya）。

第三章　17 世纪 20—30 年代的嫩科尔沁

1546 年，蒙古大汗不地之长子、察哈尔左翼首领打来孙与喀尔喀左翼首领虎喇哈赤、科尔沁万户左翼首领魁猛可各率所部，越大兴安岭南下游牧，组成了新的岭南游牧集团。其中，魁猛可所部驻牧嫩江流域，由此号"嫩江科尔沁"，简称"嫩科尔沁"。在南下大兴安岭后，嫩科尔沁与岭南游牧集团其他两部，即岭南察哈尔与岭南喀尔喀一同瓜分成吉思汗幼弟斡赤斤后裔所属之原山阳万户或岭南万户（即汉文文献所见"兀良哈等三卫"），并控制附近的讷里古特·达古尔（达斡尔）、锡伯等蒙古、女真语族部众，得到了迅速的发展。作为新的岭南游牧集团成员，嫩科尔沁从属打来孙、土蛮、卜言等蒙古大汗，与之保持着较好的关系，但在对待明朝市赏以及讷里古特·达古尔部统治权（实际为赋税征收权）等问题上与大汗时有矛盾，甚至兵戎相见。16 世纪末，建州女真崛起，领有部分女真语族部族的嫩科尔沁因属民、地缘关系等因素，必然与之产生政治、经济往来。而当建州女真—爱新国征服与蒙古关系更为悠久、甚至存在血缘联系的叶赫等部时，与嫩科尔沁的敌对也就不可避免。本章从嫩科尔沁与爱新国、蒙古大汗直属察哈尔部的关系入手，进一步探讨 17 世纪 20—30 年代嫩科尔沁历史的一些问题，以求有所突破。

第一节　魁猛可迁居嫩江流域与嫩科尔沁部的形成

一、嫩科尔沁与兀者科尔沁

资料显示，到了 16 世纪中叶，科尔沁万户全部由齐王孛罗乃子孙统领，并形成了右翼和左翼两大集团。很显然，这是孛罗乃子孙仿效达延汗在自己万户内进行分封的结果。右翼首领为孛罗乃长子阿儿脱歹及其嫡系，他们是整个科尔沁万户的宗长，集汗（蒙古传统汗号）、王（汉式王号，即"齐王"）之号于一身，领有茂明安、塔崩等鄂托克。① 左翼首领是孛罗乃次子图美只雅哈齐（Tümi jiyaqači）② 及其后代。1546 年，图美长子魁猛可南下大兴安岭时所率正是科尔沁左翼的大部分部众。而魁猛可弟巴衮、布尔海及其部属则没有跟随魁猛可南下，仍居呼伦贝尔，与阿儿脱歹子孙一同游牧。从此，原来的科尔沁万户分裂为岭南、岭北两大部，岭南部分不称"岭南科尔沁"，却因新牧地嫩江称嫩江科尔沁（Nun-u Qorčin）而简称"嫩科尔沁"（Nun Qorčin）；岭北部分则称阿鲁科尔沁。"阿鲁"（aru），蒙古语，意"山阴""岭北"，特指大兴安岭山阴。

嫩科尔沁迁居嫩江后，首先与岭南喀尔喀一起瓜分了蒙古化的兀者人——福余卫，进而控制了嫩江流域大批兀者人。由此，嫩科尔沁又被称作"兀者科尔沁"（üjiyen Qorčin）③，这一名称反

---

① 　《金轮千辐》（第 278 页）所记科尔沁左翼七鄂托克中有"塔崩、茂明安"等。但是，《金轮千辐》将科尔沁左右翼颠倒，所记"左翼七鄂托克"实为右翼七鄂托克，"右翼六鄂托克"实为左翼六鄂托克。

② 　《王公表传》（《钦定外藩蒙古回部王公表传》，四库全书本）将"图美只雅哈齐"误读为"图美尼雅哈齐"（Tümi niyaqači）。

③ 　《恒河之流》（内蒙古人民出版社，1980 年，第 145 页）称嫩科尔沁世系为"兀者科尔沁世系"（üjiyen Qurčin u noyad-un uγ）。

映了其新征服的民族、部族的主要成分。

二、瓜分福余卫

前文提到，察哈尔、喀尔喀、科尔沁三万户的左翼南下大兴安岭驻牧后，瓜分了成吉思汗幼弟斡赤斤后裔所属山阳万户。其实，参与此事的还有蒙古右翼喀喇沁、满官嗔—土默特两万户。其结果是，自 15 世纪初以来大兴安岭南只有山阳万户驻牧的传统格局被打破。关于山阳万户即兀良哈等三卫被蒙古左右翼瓜分的情况和结果，16 世纪末 17 世纪初成书的《卢龙塞略》《筹边纂议》《开原图说》《辽夷略》等边政类著作有不少记载。利用这些资料，和田清、达力扎布、乌云毕力格①等学者对兀良哈等三卫被瓜分情况进行研究，取得了不少成果。其中，达力扎布关于嫩科尔沁瓜分并统领部分福余部众以及上述汉文典籍将嫩科尔沁首领与福余卫首领混淆等问题的研究与本书有直接关系。

福余卫之名来源于嫩江支流瑚裕尔河，所谓的福余卫是驻牧于嫩江左岸支流瑚裕尔河一带的蒙古化的兀者人。福余卫先民兀者人自成吉思汗时代起就受斡赤斤家族统治。兀者，元代作"兀的改"（üdigei），是女真语，意为"林木中人"。üdige 的蒙古语形式为 üdigen、üdiged，音变为 üjigen、üjiged，因此明代汉文文牍意译为"女真野人"或"野人女真"。其同族还有蒙古的满官嗔—土默特。他们原驻牧于嫩江流域，后附属成吉思汗弟哈赤温家族，15 世纪中叶被蒙古大汗满都鲁夺取，成为蒙古大汗直属六万户之一。达延汗分封子孙时，该部归属其四子阿儿速孛罗，不久被达延汗三子巴儿速孛罗次子俺答汗侵夺。②14—16 世纪，兀者人广

---

① ［日］和田清：《东亚史研究·蒙古篇》，第 573—657 页。达力扎布：《有关明代兀良哈三卫的几个问题》。乌云毕力格：《关于朵颜兀良哈人的若干问题》，载《蒙古史研究》第七辑，内蒙古大学出版社，2003 年。

② 宝音德力根：《满官嗔—土默特部的变迁》。

泛分布于松花江、嫩江直至黑龙江地区，摇摆于明朝和北元政权之间。15 世纪中叶，蒙古大汗脱脱不花、太师也先对兀者人进行了大规模的征讨、屠杀和迁移①，使其势力一蹶不振。一个多世纪后，原本在女真人各部中势力最弱的建州能够迅速崛起，与这次战争不无关系，因为地处偏僻，他们躲过一劫。清初的扈伦四部叶赫、哈达、辉发、乌喇以及稍晚出现的索伦、锡伯等，均为历经劫难后的兀者人后裔。

据《卢龙塞略》《筹边纂议》记载，福余卫被瓜分后分属辛爱（俺答汗长子,满官嗔—土默特部首领）和兀班（虎喇哈赤三子,岭南喀尔喀弘吉剌特部首领），还有一支见《卢龙塞略》，作："今辽东口外有酋首曰把当，曰颇儿的泥，曰王四儿，营住鹏背山及上辽河，去开原三百三十里，此则属于东虏者，而世不可考矣。"②而据《筹边纂议·福余卫夷酋宗派》："初代斫斤，生二代小四，生二子：三代长子把当亥，生四代脱磕，顺东房车赤猎。三代次子额儿的泥，生二子，四代长子伯得捏，四代次子准卜赖，俱顺东房者儿得。初代孛爱，生三子：二代长子往四儿，生二子：三代长子摆言大，三代次子果各寨。二代次子撒巾，生二子：三代长子石堵猎，三代次子卜儿炭。二代三子锦只卜阿，生三代主儿者阿，俱顺东房已故儿班妻。"③

诚如达力扎布考证，"把当亥"即"把当"，"额儿的泥"即"颇（"额"字之误）儿的泥"。《卢龙塞略》所谓"属于东房者而世不可考"的这支福余卫人正是附属嫩科尔沁首领车赤猎、者儿得。前者为魁猛可长子博第达喇之子，后者为魁猛可次子诺扪达喇之子。④

<hr>

① ［日］和田清：《东亚史研究·蒙古篇》，第 326—333 页。
② ［明］郭造卿：《卢龙塞略》卷 15《贡酋考》。《抄本筹边纂议》卷 23《胡名·福余卫夷酋宗派》。
③ 郑文彬：《抄本筹边纂议》。
④ 达力扎布：《有关明代兀良哈三卫的几个问题》。

由于这些福余卫人附属于嫩科尔沁，稍晚于《筹边纂议》成书的《开原图说》《辽夷略》等书将嫩科尔沁首领车赤揹之子恍惚太（翁果岱）和者儿得之子土门儿（图美）误编入福余卫首领世系。这种错乱产生的原因在于福余卫首领附属嫩科尔沁后仍以原来明朝所受官衔领取明朝赏赐，而其新宗主嫩科尔沁、岭南喀尔喀等部不像右翼蒙古各部有固定的贡市，因而冒用泰宁、福余卫名誉参与贡市，从而造成了明人的错觉。[①]

三、控制讷里古特·达古尔

在瓜分三卫时，嫩科尔沁所得大概只有福余卫的一部分，这是因为遭到势力更为强大的察哈尔、喀尔喀等部的排挤。于是，嫩科尔沁新牧地——嫩江流域的兀者人、蒙古人各部就成为其主要征服对象。不久，嫩科尔沁就统治了讷里古特·达古尔（达斡尔）、锡伯、乌拉江女真人（蒙古语又称 γolčin）等大批蒙古、女真语族部众，多达几万户。

据《蒙古源流》记载，土蛮扎萨克图汗（即土蛮汗）从女真、讷里古特（Neligüd，清汉译本误读为"额里古特"）、达吉古尔（Dagiγur）三种部族收取贡赋。[②]《蒙古源流》误将女真、讷里古特·达古尔二部断为三部，不可取。据《旧满洲档》，天聪六年（1632年）六月二十四日，皇太极在给嫩科尔沁左翼七台吉部首领噶尔珠塞特尔的蒙古文文书中提到了七台吉部所属讷里古特·达古尔（Dayur）。[③] 可见《蒙古源流》中的"Neligüd Dagiγur"就是达古尔——

---

① 参见达力扎布《有关明代兀良哈三卫的几个问题》。
② 《蒙古源流》，第 385 页。
③ 《旧满洲档》，第 3913、3914 页，台湾"故宫博物院"影印本，1969 年。

达斡尔。①

土蛮扎萨克图汗从女真、讷里古特·达古尔二部收取贡赋，其实就是在剥夺原来属于嫩科尔沁的这些部众。《万历武功录·土蛮列传》对此有记载，其隆庆四年（1570 年）末的记事谓：

> 是时，速把亥②、委正③、抄花④、好儿趁⑤、者儿得⑥聚羊场河⑦，与土蛮未合，相攻杀。顷之，好儿趁与土蛮讲和，并皆索者儿忒及逞（仰）[加] 奴、养加奴⑧，以为有如者儿忒，亦讲和，则请以大举入汉塞，而会挈木大⑨、小把都儿⑩亦聚兵，声欲略前屯，于是土蛮中分，虏，以其半大索者儿忒，以其半纠合挈木大皆入塞。⑪

---

① 达古尔即今达斡尔人，是蒙古语族部族。其先民或为留居大兴安岭东的室韦—达旦人，而室韦—达旦人就是蒙古民族直系祖先，或为金朝时期迁居大兴安岭东的蒙古部族（如弘吉剌、塔塔儿的一支），严肃的史学和语言学（特别是达斡尔语与中世纪蒙古语及现代蒙古语的比较研究）研究都能证明这些。无论如何，早在 16 世纪，达斡尔已经成为蒙古民族共同体一员。只是到了 20 世纪 50 年代，国家通过"民族识别"将达斡尔人与蒙古人分开，"定"为"达斡尔民族"。受此"识别"的鼓舞，部分学者（多数为达斡尔人）开始为达斡尔人"寻找"新的族源。于是，乾隆皇帝所钦定的《辽金元三史国语解》中释达斡尔为契丹"大贺氏"的俗说被奉若至宝，"达斡尔是契丹后裔"一说由是甚为流行。殊不知，"大贺"在唐代的读音为 daiγa，与 Dagiγur 或 Dayur 风马牛不相及。

② 虎喇哈赤次子，岭南喀尔喀巴林部首领。

③ 虎喇哈赤长子，岭南喀尔喀扎鲁特部首领。

④ 虎喇哈赤五子，岭南喀尔喀乌济业特首领。"乌济业特"即兀者，因瓜分福余卫而得名。

⑤ 是指魁猛可长子博第达喇之子齐齐克所统嫩科尔沁部主体。

⑥ 者儿得即哲格尔德，是魁猛可次子诺扪达喇之子。

⑦ 即羊肠河，清代开始称养息牧河，今名同。

⑧ 逞加奴、仰加奴兄弟为叶赫部首领，那拉氏。二人建两个城堡，分治叶赫部。1584 年，兄弟二人被明将李成梁杀害。

⑨ 挈木大为察哈尔阿喇克绰特部首领那木大黄台吉（明代汉籍中又称奴木大或脑毛大），是土蛮汗任命的五大执政（jasaγ）之一。不地汗之弟也密力长子挨大笔失，其子为那木大黄台吉（Namudai qung tayiji）。

⑩ 据《辽夷略》，速巴亥三子名把秃儿，其次子 [把] 阿把兔儿即此人。

⑪ 《万历武功录》卷十，《土蛮列传上》。

此外，五年十月记事有"土蛮复收仇夷好儿趁，以为好儿趁倘不可得，即往略辽西"；隆庆九年十月记事有"土蛮益结连好儿趁、速把亥，合二十余万"等记载。看来，迫于土蛮汗武力，嫩科尔沁很快顺服。不过，在对明朝贸易关口的争夺上，嫩科尔沁被岭南喀尔喀彻底排斥。对此，冯瑗著《开原图说》有详细记载：

一营恍惚太①，系已故夷酋往四儿男，兵约五千余骑。一营土门儿②，系主儿者阿男，恍惚太从侄，兵五千骑。……瑗按：福余卫夷在者独此二酋，万历初年为开、铁西北患者亦独此二酋。自二酋勾东虏以儿邓③、暖兔④、伯要儿⑤等为开、铁患，二酋亦遂为东虏所弱，今且避居江上，不敢入庆云市讨赏。独坐穷山，放虎自卫，其取反噬，固其宜也。自恍惚太立寨混同江⑥口，凡江东夷过江入市者，皆计货税之，间以兵渡江东掠，于是江东夷皆畏而服之。自混同江以东，黑龙江以西数千里内数十种夷，每家纳貂皮一张、鱼皮二张，以此称富强，安心江上，西交北关，南交奴酋以通贸易。女直⑦一种所不尽为奴酋⑧并者，皆恍惚太之力也。⑨

冯瑗将嫩科尔沁首领车赤揩子恍惚太、者儿得子土门儿误为福余卫首领孛爱子孙当然不可信，但所记恍惚太等与明朝贸易的关口庆云堡被以儿邓、暖兔、伯要儿夺取之事则是事实。之后，恍惚太等只得"立寨混同江口"，统治讷里古特·达古尔、锡伯诸部，向其收取贡赋。

①　即翁果岱。
②　者儿得（者儿忒）子。
③　即扎鲁特部统治家族始祖乌巴什卫征长子巴颜达尔伊勒登。
④　弘吉剌特部统治家族始祖乌班贝穆多克沁 (Üban buyima doγšin) 长子暖兔。
⑤　即巴约特部统治家族始祖索宁歹青。
⑥　混同江是松花江与嫩江汇合后的称谓。
⑦　即女真。
⑧　指努尔哈赤。
⑨　参见冯瑗《开原图说》福余卫恍惚太等二营枝派图考，玄览堂丛书本。

四、嫩科尔沁十鄂托克的形成

到了 16 世纪末 17 世纪初，魁猛可两个儿子博第达喇和诺扪达喇（纳木达喇）统治下的嫩科尔沁万户发展为十大鄂托克或和硕（旗），亦分左右两翼。右翼以博第达喇大妃所生长子齐齐克（车赤揹）之子翁果岱（恍惚太）和次子纳穆赛的三个儿子莽古斯、明安、洪果尔以及魁猛可次子诺扪达喇孙图美统治的五个鄂托克组成，每个鄂托克具体名称不详。左翼以博第达喇大妃所生幼子乌巴什两个儿子布颜图、莽果所属两个郭尔罗斯鄂托克和博第达喇西妃所生额勒济格·卓里克图七子所属七台吉鄂托克以及博第达喇东妃所生两个儿子爱纳噶、阿敏所属杜尔伯特、扎赉特[①] 等五个鄂托克组成。

嫩科尔沁的最高统治者是其长支齐齐克、翁果岱、奥巴祖孙三代，因此，翁果岱拥有洪台吉（来源于汉语"皇太子"）称号，

---

① 　"扎赉特"一名起源于蒙古古老的部族名称"札剌亦儿"，是其复数形式（jalayir-jalaiyid）。由此，有学者推测嫩科尔沁所属扎赉特部可能与 15 世纪中后期喀尔喀万户有关，因为喀尔喀万户主体是元代五投下（爱马）之一的札剌亦儿后裔。在达延汗（1479—1516 年在位）时期，以札剌亦儿为主体的喀尔喀万户游牧于哈拉哈（喀尔喀）河流域，因而得名"喀尔喀万户"。后来达延汗分封了孙，喀尔喀万户分属五子安出孛罗（阿勒楚博罗特）和幼子格列山只（格埒森札）。而嫩科尔沁所属扎赉特的牧地距哈拉哈河不远，所以扎赉特有可能是来源于喀尔喀札剌亦儿部。但是，这种推测没有史料支撑。扎赉特原本属于合撒儿家族，至 16 世纪后期，成为嫩科尔沁的一个鄂托克。以木华黎为首的札剌亦儿是成吉思汗家族的"老奴婢"，因此，他们分属于整个成吉思汗家族。据《元朝秘史》（第 22、23 节），约在 1191 年，铁木真于阔帖兀阿阑之地征服蒙古主儿乞部，札剌亦儿的帖列格秃伯颜领其三子归附铁木真，铁木真将其幼子者卜客赐予合撒儿。从此，者卜客及其札剌亦儿千户从属合撒儿。不久，成吉思汗与合撒儿发生矛盾，者卜客怕受牵连，曾一度逃往巴儿忽真地区。看来，合撒儿兀鲁思中有相当一部分札剌亦儿人。因此，我们认为嫩科尔沁分支扎赉特部的先民更有可能是者卜客及其后裔所属札剌亦儿人（详见玉芝《17 世纪初期扎赉特部历史的几个问题》、特古斯巴雅尔《再议古代蒙古十部之一札剌亦尔部》，均载《扎赉特历史文化研究》，内蒙古人民出版社，2011 年）。

称巴图鲁洪台吉。其子奥巴也称巴图鲁洪台吉。在合撒儿后裔所属全体科尔沁部族中，身为洪台吉的翁果岱、奥巴父子，地位仅次于其右翼汗王——茂明安等部首领多尔济汗、车根汗等人。

第二节　嫩科尔沁与爱新国早期关系

一、天命八年前爱新国与嫩科尔沁关系概述

16 世纪末，当嫩科尔沁确立对讷里古特·达古尔、锡伯以及松花江、黑龙江一带的蒙古、女真人各部统治近一个半世纪后，建州女真兴起，其首领努尔哈赤首先统一建州女真各部，之后开始攻打东海三部及扈伦四部。扈伦四部与嫩科尔沁以及岭南蒙古察哈尔、喀尔喀关系密切，努尔哈赤对其征讨，使嫩科尔沁切身利益受到损害。[①] 嫩科尔沁与建州女真、爱新国之间的直接关系就这样产生了。

1593 年（明万历二十一年）九月，以叶赫部首领布赛为首的扈伦四部与嫩科尔沁等诸部结成的"九部联军"攻击建州女真部，欲一举消灭努尔哈赤。努尔哈赤则亲督大军迎战九部联军于浑河岸古埒山。[②] 古埒山战役最终以九部联军的惨败而告终，参战的科尔沁首领翁果岱、明安、莽古斯等亦逃归。[③] 1608 年（万历三十六年）三月，努尔哈赤长子褚英、侄阿敏贝勒率五千兵征乌喇部，围宜罕阿麟城。翁果岱、奥巴父子出兵援救乌喇部，因见建州女真兵势强盛，不战而退。[④] 建州女真的连续胜利使其在

---

① 参见达力扎布《明代漠南蒙古历史研究》，第 265、266 页。
② 位于今辽宁省新宾县上夹乡古楼村西北。
③ 《清太祖实录》癸巳年九月壬子朔，中华书局影印本。
④ 《清太祖实录》戊申年三月戊子朔。奥巴之名虽然在《清太祖实录》中没有被提及，但根据李保文整理《十七世纪蒙古文文书档案》（内蒙古少年儿童出版社，1997 年）第 13 份文书记载，奥巴父子参加了 1593 年的古埒山战役和此次的援助乌喇之役。

女真各部中的地位大大提升。古埒山之役的翌年正月，嫩科尔沁左翼首领明安、岭南喀尔喀巴约特部首领老萨遣使建州女真，"自是，蒙古诸贝勒通使不绝"①。1612 年正月，明安嫁女儿与努尔哈赤。② 次年九月，明安兄莽古思又将女儿嫁给努尔哈赤第四子皇太极为妻。③1615 年，努尔哈赤娶明安弟洪果尔之女为妻。④

努尔哈赤之所以积极与嫩科尔沁、岭南喀尔喀等部联姻，其目的是刻意输入成吉思汗孛儿只斤黄金家族血统，抬高其家族在女真人各部中的地位，强化其政权的传统权威。⑤ 在这一背景下，嫩科尔沁与建州女真关系迅速升温。如，1615 年九月、十月，明安第四子桑噶尔寨、长子伊勒都齐分别向努尔哈赤贡马⑥ 天命元年（1616 年）十二月，明安次子哈丹巴图鲁也前往爱新国贡马⑦ 天命二年（1617 年）正月，明安亲自前往爱新国，得到努尔哈赤的隆重款待。⑧ 但是，双方关系的发展并不一帆风顺，冲突甚至敌对时有发生。据《满文老档》记载，天命二年以后，嫩科尔沁明安等"废止台吉等亲行"爱新国之礼。⑨ 天命四年（1619 年），明安之子多尔济伊勒登又"分取"爱新国所虏获之叶赫部人畜。⑩

---

① 《清太祖实录》甲午年正月庚辰。

② 《清太祖实录》壬子年正月丙申。

③ 《清太祖实录》癸丑年九月丁酉。

④ 《清太祖实录》乙卯年正月戊申。

⑤ 参见 [日] 楠木贤道《清初，入关前的汗、皇帝和科尔沁部上层之间的婚姻关系》，译文载《明清档案与蒙古史研究》第一辑，内蒙古人民出版社，2000 年。

⑥ 汉译《满文老档》（上册），第 32、33 页。

⑦ 汉译《满文老档》（上册），第 49 页。

⑧ 汉译《满文老档》（上册），第 49、50 页。《满文老档》记载为："初，帝纳蒙古明安贝勒女，已六年，至是，闻其来见。于初八日与皇后率诸王臣迎至百里外付儿江阿拉处，相搂于马上，随宴讫，明安贝勒以骆驼十只、马牛各一百奉献。至十一日入城，每日小宴，越一日大宴，留一月，赠礼至厚，与人四十户、甲四十副，及缎匹财物，送三十里外，一宿而还。"

⑨ 汉译《满文老档》（上册），第 393—394 页。

⑩ 汉译《满文老档》（上册），第 117 页。

同年，爱新国先后攻克了明朝开原、铁岭两城。开原、铁岭是嫩科尔沁和扎鲁特、弘吉剌特和巴约特等部与明朝的贸易市口所在地。爱新国攻取开原、铁岭，严重损害了上述各部利益。于是，明安之子桑噶尔寨等与弘吉剌特部首领宰赛、扎鲁特部台吉巴克、色本等人一起袭击进占铁岭的爱新国之军，意欲控制开原、铁岭边外之地。结果，嫩科尔沁、岭南喀尔喀联军被爱新国击败，宰赛及其两子，扎鲁特部巴克、桑噶尔寨等150多人被俘。开铁之役，本使嫩科尔沁与爱新国关系恶化，但是获胜的爱新国方面却表现得非常冷静，他们一如既往地与嫩科尔沁修好，迫使嫩科尔沁投向自己。为此，爱新国一方面以宰赛、桑噶尔寨等为人质，逼迫嫩科尔沁、喀尔喀两部缴纳赎金，要求建立反察哈尔联盟，另一方面，继续强化与嫩科尔沁的联姻。《旧满洲档》天命五年六月二十二日的记载中有如下记载：

(1) šninggun biyai orin juwede {korcin-i kongkoro beilede} bingtu-de unggihe bithei gisun. {kongkor} bingtu gaiha abahai jalinde emu sargan (2) jui-be jafan gaijarakū buu. jai emu sargan jui-be daicing-de bumbiu. amba beile-de bumbiu {kongkor} bingtu (3) sambidere. mini meye daicing-de bure anggala. encu gurun-i amba beile-de bukiseci suweni ciha (4) yaya niyalma-de buci jafan gaijarakū bumbiu. jafan gaime bumbidere. dureng darhan beile (5) holtombiu. sanggarjai gaiha abahai-be suwe neneme suilehe bici wajikini. ubade tehe sanggarjai (6) jalinde. ama emede haji ilan sargan jui-be jafan gaijarakū benjiu. ubade isinjiha manggi. (7) ajige sanggarjai-be tucibufi unggire. ilan sargan jui-be burakūci. ineku ama emede haji juwe (8) haha jui-be benjiu. ubade isinjiha manggi sanggarjai-be tucibufi unggire.[①]

_____

① 《旧满洲档》，第549—550页，《满文老档》中没有该内容。

译文：

六月二十二日，致科尔沁洪果尔贝勒 [冰图] 书曰，娶洪果尔 [冰图] 女之事，一女应不受聘礼出嫁，另一女嫁岱青或嫁大贝勒①，洪果尔自知。莫说给我小妹夫岱青，嫁异国大贝勒，尔亦请便。不管嫁何人，哪有不受聘礼而嫁出者？应受聘礼嫁出。杜楞达尔汉贝勒②能说假吗？桑噶尔寨③欲娶之女，若尔等先有婚约，则应完婚。住此处之桑噶尔寨④之事，则不受聘礼而送来父母心爱之三女，[三女] 至此后，放还小桑噶尔寨。不嫁三女则送同样受父母疼爱之两男来，[两男] 到此后，放还桑噶尔寨。⑤

小桑噶尔寨就是被俘的明安第八子，又名索诺木诺木齐。岱青为弘吉剌特部暖兔长子莽古尔太岱青。⑥从文书内容我们可以知道，铁岭之役的次年，努尔哈赤致书洪果尔，向他提出极其苛刻的要求。即以被俘的小桑噶尔寨为人质，逼迫科尔沁部洪果尔嫁女于爱新国。如不嫁则让其两子来爱新国为人质，才能放还小桑噶尔寨。

天命八年（1623 年）五月，洪果尔终于嫁女于努尔哈赤十二子阿济格⑦，从此，爱新国与嫩科尔沁的关系逐渐好转。

---

① 努尔哈赤次子代善。
② 指巴约特部恩格德尔。其父有达尔汉称号，自己则有"杜楞"号（《金轮千辐》，第 225 页）。
③ 指巴约特部桑噶尔寨。
④ 指明安第八子索诺木诺木齐，又名桑噶尔寨（见《金轮千辐》第 285—286 页）。以往学者们认为参加铁岭之役的是明安第四子桑噶尔寨，但从该档可知参加此役并被俘的是明安第八子小桑噶尔寨。
⑤ 敖拉博士最先释读该文书。见其《〈旧档〉史料在〈实录〉〈老档〉中的流传——1626 年前满蒙关系史料比较研究》，花木兰文化出版社，2013 年，106 页。
⑥ 为巴约特部莽古尔太。努尔哈赤的孝慈高皇后乃叶赫部杨吉弩（仰加奴）之女，而巴约特莽古尔太娶的是原聘努尔哈赤的叶赫部布扬古之妹。努尔哈赤是莽古尔太之妻姑父，所以努尔哈赤所说的"我的小妹夫"应指莽古尔太。
⑦ 《清太祖实录》天命八年五月丙午。

天命六年以前，爱新国与嫩科尔沁的联姻以及政治关系只局限于嫩科尔沁莽古思、明安、洪果尔三兄弟家族，他们是嫩科尔沁右翼集团中的左翼，而其右翼即整个嫩科尔沁万户最高首领奥巴尚未与爱新国正式交往。天命六年（1621 年）五月，奥巴首次遣使爱新国。① 天命八年正月，努尔哈赤致书奥巴曰：

"黄台吉② 曾言之，若闻有察哈尔、喀尔喀向科尔沁围猎进兵之言，即毋惜人马，遣使前来等语。若闻有围猎进兵之言，焉能爱惜人马，不动我大兵乎？我未曾闻有围猎进兵之言。据逃人来告，察哈尔畏惧科尔沁，每处以一二百兵，设于科尔沁边界戍守，马匹羸瘠等语。不知其言虚实。又闻喀尔喀之马匹亦已瘦弱。"此即我所听闻之言也。敌人岂可信耶？务必妥为防范……③

努尔哈赤所言明显有挑拨离间之嫌。当时嫩科尔沁与察哈尔关系虽不融洽，但还没有到兵戎相见的地步。至于后来林丹汗用兵科尔沁，其原因在于奥巴受努尔哈赤怂恿擅自称汗以及收留察哈尔逃人之事。

二、努尔哈赤唆使奥巴称汗

《旧满洲档》载，天命八年（1623 年）五月三十日，努尔哈赤致书嫩科尔沁诸台吉，要他们"推举一人为汗"，实际是唆使嫩科尔沁最高首领奥巴称汗，与林丹汗抗衡：

(1) §gūsin-de. Korcin-i ooba taiji. geren beise-de (2) unggihe bithei gisun. Cahar Halha suwende gelerakū bime. (3) geli olhome ceni dolo ehe-be waliyafi. gaiha jakabe (4) bederebume hebe acahangge. tere inu facuhūn ai sain seme (5) gūnifi acahabikai. be inu abkai keside gūwa-de gelerakū (6)

---

① 《旧满洲档》，第 676 页；汉译《满文老档》（上册），第 204 页。
② 指奥巴。
③ 汉译《满文老档》（上册），第 393 页。

bime geli beyebe sula sindarakū olhome hecen qoton jase (7)
furdan-be akdulame dasambi. suweni korcin neneme ahūn deu-i
(8) dolo ulin ulha temšeme fačuhūrafi joboho-be tohantai (9)
jergi ambase-de fonjime tuwajina. ahūn deu-i dolo facuhūrame
(10) ishunde ulin ulha gaiha baha seme ai gebu.tubabe (11)
gūnifi suweni dolo emke be tukiyefi han obufi geren (12)
gemu emu hebei banjici Cahar Halha suwembe necici ojirakū (13)
okini. mini ere gisun-be suwembe inu saišambi dere (14) seme
henduhe. han oburebe suwe manggi acarakū ojorakū oci (15)
nakaci suweni ciha dere……①

译文：

　　三十日，致科尔沁奥巴台吉、诸贝勒书曰："察哈尔、喀尔喀不畏尔等，然其处心积虑消除内部之裂痕，互还所掠之物而议和者，盖知内乱为恶而相睦也。我等亦蒙天佑，不惧他人，且不辞辛劳，谨慎行事，固修城池关塞。昔尔科尔沁，兄弟之间，争夺财畜，因乱受苦，此可问脱哈泰等大臣[可知]。兄弟之间相侵，虽得财畜，有何声誉？念及此，尔等之间可推举一人为汗，齐心拥戴，则察哈尔、喀尔喀不能侵掠尔等。我言此，尔等想必赞同。推举汗之事，他日尔等若以为不妥，则可废之……"

　　这份文书的原文必是蒙古文，《旧满洲档》存录时进行了满译。从满译文内容可知，努尔哈赤致书奥巴及嫩科尔沁诸台吉，再三劝说"可推举一人为汗"，公然向主张"何得处处称汗"的林丹汗挑衅。接到努尔哈赤称汗的建议后，奥巴态度如何？中国第一历史档案馆所藏一份蒙古文文书能回答我们的问题。这份文书可名之为"爱新国英明汗致蒙古'巴图鲁汗'的文书"，其后半部

----

① 《旧满洲档》，第1588—1590页。

分残缺。1997 年，中国第一历史档案馆的李保文先生整理出版这
批蒙古文孤本文书 [书名《17 世纪蒙古文文书档案（1600—1650
年)》] 时，不知何故，没有收录这份文书。下面是这份文书的拉
丁转写和汉译：

(1) oom suwasdi šiddam. (2) §Gegen qaɣan-u bičig (3)
Baɣatur qaɣan-du ilegebe.bi sonusqudu. ta (4) qota ülü barinam
genem. ulus-i negülgekü-iyen kečekü (5) gejü ülü barinam-
ya. činggijü sanaqul-a. qoɣusun (6) qota bekide bariju. tegün-
i(ü) dotur-a Mongɣol-in budaɣ-a (7) ebesün. Jürčid-ün budaɣ-a
ebesün-i jögejü. (8) Mongɣol Jürčid-in itegeltü kümün-i sakiɣulju.
(9) dayisun čaɣ bolusa. Mongɣol Jürčid jerge oruqul-a (10)
yambar bui. ta öger-e qota ülü bariju. Jürčid-i (11) mön öber-e
öber-e qotan-du saɣulɣaqul-a. (12) ker-be Čaqar-un qan. Jayisai-
du Juutai-yi öggügsen (13) metü. Čaqar. Qalqai-yin qušiɣun
qušiɣun-i yekes (14) noyad-tu. čimadu Jürčid-in teyimü sayid-i
(15) öggüy-e gekül-e. olqu-yi ül-e gekü boyu. (16) Čaqar Qalq-a
neyilejü čerig irekül-e. Jürčid-ün (17) qota qotan-u sayid bögöde
Juutai-du adali bolum (18) bolbao. Čaqar Qalq-a öber-ün čidaju
abqu olqu (19) ɣajar-a uruɣ eligen gejü sanaqu ügei. küčü ülü
kürkü (20) abču ülü čidaqu ɣajar-a uruɣ eligen gekü. Jasaɣ-
tu (21) qan-ača inaɣši ene čaɣ-du kürtel-e. tanai-yi Čaqar (22)
Qalq-a ürgülji dobtulju alaju abču yabunam bayinam. (23) tan-
du ɣaɣum-a yal-a bileu. qota-yi tanai ese bekilejem (24) kilbar
olunam gejü. činggijü yabunam bišiu. odači(odo-ču) (25) bolusa.
ta ɣajar-iyan bekilejü. beyeben jasaju. saɣuqul-a. Čaqar (26)
Qalq-a. tanai doromjilaju ülü bolqu bišiu. olan aq-a degü öger-e
(27) tanai türgen jaɣur-a jirɣay-a gejü sanaqu-ača. öger-e törü-
yin tul-a (28) qoyidu-yi sanaqu ügei. tanai qoyar qan-u qoyar (29)

töröl-in aq-a degü bögöde ey-e nige bolju γajar-iyan.①

译文：

愿吉祥安康！

英明汗之书，致巴图鲁汗。吾闻尔未筑城，盖因迁移部众艰难而未筑城。若那样想，可筑坚固之空城，将蒙古之粮草、诸申②之粮草运入，遣蒙古、诸申之可信之人守护。若遇厮杀，蒙古、诸申一同入城如何？尔若不另筑城，仍让诸申人居于各自之城，若像 [往昔] 察哈尔汗③将卓台④给宰赛⑤那样，将诸申之某某大臣许给察哈尔、喀尔喀各和硕之大诺颜，对可得之物，焉有不取之理。若察哈尔、喀尔喀合兵前来，诸申诸城之大臣岂不成为卓台。察哈尔、喀尔喀对自己能够获取之地，从不顾亲情；力所不及、不能攻取之地 [才] 提亲情。自扎萨克图汗至今，察哈尔、喀尔喀经常征讨、杀戮、抢掠尔等，尔等何罪之有？只因尔等未坚固城垒，易于攻取而如是待之。如今，若尔等坚固城垒，修身而 [和睦相] 处，察哈尔、喀尔喀焉能欺辱尔等？尔众弟兄，只图暂时享乐，不为未来国政忧虑。尔等两汗⑥之两族兄弟若能和睦一致，将牧地 [文书至此残缺]。

文中的"Gegen qayan"指爱新国的创建者努尔哈赤，"Gegen qayan"为 1616 年努尔哈赤所取女真汗号"genggiyen han"的蒙古语翻译，汉译"英明汗"。从文书内容可知，努尔哈赤此文书

---

① 抄件由笔者攻读博士学位时的导师宝音德力根先生提供。

② 即女真，实指嫩科尔沁统治下的锡伯等部。

③ 指蒙古大汗土蛮扎萨克图汗（1539—1592，1557—1592 年在位）。

④ 从档案内容看，卓台当是女真人首领，土蛮汗将他赏赐给宰赛，宰赛率兵攻取之。天命十一年六月六日，奥巴在与努尔哈赤会盟时提到的"宰赛来，杀害了六位诺颜"亦当指此事。

⑤ 岭南喀尔喀弘吉剌特部首领宰赛，其世系为达延汗—阿尔楚博罗特—虎喇哈赤—兀班—乞塔特洪台吉—宰赛（《金轮千辐》224 页）。

⑥ 指刚刚称汗的嫩科尔沁奥巴家族和原来所有科尔沁之汗的多尔济、车根家族。

是致与爱新国关系密切并与察哈尔和岭南喀尔喀敌对的蒙古部首领"巴图鲁汗"的。那么，这个"巴图鲁汗"是谁？所统蒙古部又为哪一部？若将该文书与《旧满洲档》天命十一年（1626年）六月六日嫩科尔沁首领奥巴与爱新国汗努尔哈赤建立第二次政治军事联盟时的誓词相比较，就会得到答案。奥巴誓词为：

(1)+§deger-e möngke tngri-yin jayaγan-bar.tngri γajar-a ür-e sačuγsan-ača boluγsan. tengkil ügei(2)qad-un töröl oluγsan. tegši setkil-tü gegen qaγan.dürbel ügei učaralduγsan Ooba qung tayiji(3)qoyar.tngri-dür üčig üčimüi. čing ünen setgil-iyer Čaqar Qalq-a-du Jasaγ-tu qaγan-ača(4)inaγši Qorčin-i(u) noyad bide gem ügei daγaju sayin yabuy-a getel-e. ülü bolju alaqu abqu-yi ban(5)ülü bayiju Boru Qorčin-i biden-ü(i) daγusγaba. tegün-ü qoyin-a yal-a ügei bögetel-e Dalai (6)tayiji-yi alaba. tegüni(tegün-ü) qoyin-a Jayisai irejü. jirγuγan noyad-i alaba. gem ügei sayin yabuy-a(7)geküle. ülü bolju. yala ügei alaqu abqu-du esergülebe bide. esergülekü-dü. Čaqar Qalq-a(8)či yaγundur esergülebe gejü alay-a abuy-a gejü čerig mordaju iregsen-dü tngri ečige (9)ibegejü γarγaba. Manjui-yin qaγan basa baγaqan qayiralaba ……①

译文：

应上苍长生天之命，因天地播种所生，获得无比之汗王身世，持有公正之心的英明汗，[与]不离不弃②而相遇之奥巴洪台吉二人向天发誓：自扎萨克图汗③以来，我等科尔沁部诸诺颜，欲与[察哈尔、喀尔喀]为善而诚心顺从，然[彼等]

---

① 《旧满洲档》，第 2081 页。

② 原文 dürbel ügei，dürbel 词干为 dürbekü，《元朝秘史》旁译作"忙走着"，意为"逃散、逃离"。因此，dürbel ügei 意为"不曾离开、不离不弃"。

③ 指土蛮扎萨克图汗。

不肯，不断地杀掠 [我等]，毁灭了我之博罗科尔沁。① 此后，又杀死了无罪之达赖台吉。② 再后，宰赛前来，杀害了六位诺颜。我等欲顺从而不得，当无罪而遭杀掠时抗拒了。察哈尔、喀尔喀借口我等抗拒，发兵来攻，蒙上天保佑，我们得救了。亦得满洲汗之护佑……③

奥巴誓词中所提嫩科尔沁与察哈尔、喀尔喀的关系是英明汗努尔哈赤文书中所言"巴图鲁汗"的部落与察哈尔、喀尔喀关系的写照。如奥巴誓词所言"自扎萨克图汗以来，我等科尔沁部诸诺颜，欲与 [察哈尔、喀尔喀] 为善而诚心顺从，然 [彼等] 不肯，不断地杀掠 [我等]"，与努尔哈赤所言"自扎萨克图汗至今，察哈尔、喀尔喀经常征讨、杀戮、抢掠尔等"相对应；"宰赛前来，杀害了六位诺颜"与"察哈尔汗将卓台给宰赛"一事相对应。宰

① "博罗科尔沁"之称又见《旧满洲档》（第3442—3443页）天聪五年七月十九日，皇太极给土谢图汗奥巴和翁牛特部孙杜稜的令旨文书中。如后文所引，《旧满洲档》天命十一年六月六日，奥巴与努尔哈赤盟誓时提到"扎萨克图（即土蛮汗）……毁灭了我们博罗科尔沁"。此事当指前引《万历武功录》土蛮汗与好儿趁者儿得仇杀之事。如是，则"博罗科尔沁"当指嫩科尔沁中的者儿得一系，可能是魁猛可长子博第达喇一系对魁猛可次子诺扪达喇、者儿得一系的称呼。

② 关于这位达赖台吉，胡日查、长命所著《科尔沁蒙古史略》（第198页）指为郭尔罗斯部首领布木巴弟沁巴喇幼子。布木巴是17世纪20 50年代郭尔罗斯首领，最早见于天聪三年（1629年）的记载，卒于顺治十一年（1654年）。达赖台吉被杀是在宰赛出征嫩科尔沁之前。而宰赛于1619年被爱新国俘获，其出征嫩科尔沁必在此前，那时作为布木巴弟沁巴喇幼子的达赖可能还没出生。据蒙古文档案（李保文整理《十七世纪蒙古文文书档案》第13份文书），皇太极给奥巴的书中称"尔令尔有罪之妻之居室置于前，令我女之居室置于后，言有罪之妻为尊贵之人之女，其女是何汗遣嫁与尔，其娘家又有何大人，今非俱为人之编氓乎？此非因尔之亲叔父被杀，又恐杀及尔身，故称大人之女耶？其亲族察哈尔欲杀尔，何以其为大福晋？我等时常爱怜与尔，为何我等之女为次，乃侮辱我等。"（译文参见孟根娜布其硕士学位论文《有关奥巴洪台吉的十份蒙古文文书》，内蒙古大学，2003年）所以，我们怀疑这位达赖台吉是奥巴的亲叔父。但是，现存有关奥巴家族世系的记载中不见达赖台吉之名。达赖一系的世系可能是他被杀而遗失。

③ 译文参见巴根那硕士学位论文《科尔沁部与爱新国联盟的原始记载及其在〈清实录〉中的流传》，内蒙古大学，2000年。

赛为岭南喀尔喀弘吉剌特部首领，扎萨克图汗曾将原本属于嫩科尔沁的女真首领卓台等人赏赐给了他，于是宰赛领兵攻打这些女真人，从嫩科尔沁手中夺走了这些女真人。因有此前车之鉴，爱新国英明汗努尔哈赤遂致书"巴图鲁汗"，要他坚固城池，并郑重警告：若不然，察哈尔林丹汗一旦仿效扎萨克图汗，将如今嫩科尔沁所属女真首领指给察哈尔、喀尔喀的大诺颜，那么察哈尔、喀尔喀的大诺颜会领兵前来攻打，嫩科尔沁所属各城女真首领将落得与卓台一样的下场。至此可以肯定，此文书是英明汗努尔哈赤致嫩科尔沁首领"巴图鲁汗"的文书。那么"巴图鲁汗"到底是嫩科尔沁哪位首领呢？

我们知道，16世纪中后期，在合撒儿后裔统治下的科尔沁各部首领中只有合撒儿嫡系茂明安首领才拥有汗号，如卓尔忽勒汗、噶儿图阿剌克汗、锡喇土谢图汗、多尔济布颜图汗、车根斡齐儿图汗等。他们是整个科尔沁万户的宗长。16世纪40年代，魁猛可率领科尔沁左翼大部分南下大兴安岭、驻牧于嫩江流域后，科尔沁遂分成阿鲁科尔沁和嫩科尔沁两大部。魁猛可长子博第达喇，博第达喇长子齐齐克，齐齐克长子翁果岱，翁果岱之子奥巴，他们历代为嫩科尔沁最高首领。齐齐克号"巴图鲁"[1]，其子翁果岱始称"洪台吉"并以"巴图鲁洪台吉"闻名。[2]约在17世纪初，翁果岱去世，其子奥巴继承了"巴图鲁洪台吉"称号，在科尔沁诸部中地位仅次于土谢图汗锡喇、布颜图汗多尔济（在封建割据时代，一个兀鲁思中洪台吉的地位往往仅次于汗）。因此，在嫩科尔沁首领中只有奥巴有资格称汗，所以努尔哈赤文书中的"巴图鲁汗"非奥巴莫属。

看来，在得到天命八年（1623年）五月三十日努尔哈赤"推举一人为汗"的文书后，奥巴迫不及待地称汗，由"巴图鲁洪台吉"

---

① 《金轮千辐》第278页。
② 《王公表传》卷十七，《科尔沁部总传》《土谢图汗奥巴列传》。

升任"巴图鲁汗"了。

关于奥巴的汗号，清代官方文献只记载了三年后的天命十一年（1626 年）六月嫩科尔沁与爱新国建立第二次政治、军事联盟时，努尔哈赤授予奥巴"土谢图汗"号一事,而对其称"巴图鲁汗"一事只字不提。中国第一历史档案馆所藏这份蒙古文文书为我们提供了极其重要的信息，早在天命八年，奥巴就有了巴图鲁汗号，或者至少可以说爱新国方面已经不再称奥巴为巴图尔珲（洪）台吉，而改称巴图鲁汗了。

三、从天命九年会盟到天聪三年归附

称汗之后的奥巴深知林丹汗不可能漠视他的行径，所以有意加强与爱新国的联系，以图自保。这些正中努尔哈赤下怀，于是借机提出了建立反察哈尔联盟的要求。天命九年二月，努尔哈赤派遣榜式希福、库尔缠二人到科尔沁，与奥巴、阿都齐达尔汉台吉、戴青蒙夸台吉[1] 等会盟，双方刑白马乌牛，向天地发誓，结成反察哈尔、喀尔喀联盟。[2] 但是，直到次年初，察哈尔并没有对科尔沁采取军事行动,奥巴对爱新国的态度也随之变得冷淡。[3] 天命十年三月，奥巴派使与努尔哈赤约定相会地点，欲与努尔哈赤向天发誓，正式结盟。这是因为，按蒙古人传统，只有双方最高首领一同发誓，联盟才算正式生效。但是这年六月，当努尔哈赤率领爱新国众贝子到达约定相会之地开原时，奥巴派使者前来报称：因自己娶了察哈尔之女而不能前来。[4]

天命十年，林丹汗叔祖歹青因对当年林丹汗夺取其部众不满，率其妻并扎尔布台吉等六子逃奔奥巴。八月，奥巴派扎尔布等前

---

① 扎赉特部首领，是在该部首领中较早与爱新国交往的人。
② 《清太祖实录》天命九年二月庚子。
③ 参见巴根那《科尔沁部与爱新国联盟的原始记载及其在〈清实录〉中的流传》。
④ 《旧满洲档》，第 1873、1891、1892 页。

往爱新国拜谒努尔哈赤。[1] 奥巴接纳自林丹汗处叛逃而来的扎尔布台吉等，无疑加剧了双方旧有矛盾。十一月，愤怒的林丹汗率部围攻奥巴所住格勒珠尔根城。奥巴一方面向爱新国求援，同时与林丹汗讲和，将扎尔布台吉等交给了林丹汗。林丹汗达到了目的，又闻爱新国派来援兵，于是撤围而去。关于扎尔布台吉叛逃以及林丹汗围攻奥巴所住之城等详情，见本书第三章第五节。

次年五月，奥巴亲自前往爱新国谢恩。六月六日，在爱新国都城的南河岸上，奥巴同努尔哈赤一道刑白马乌牛进行盟誓，正式结成反察哈尔、喀尔喀的政治军事联盟。次日，努尔哈赤赐奥巴以土谢图汗号，赐图美以代达尔汉号，赐布达齐以扎萨克图杜稜号，赐贺尔禾代以青卓礼克图号，又以弟舒尔哈赤之子图伦台吉女嫁奥巴。[2]

努尔哈赤、奥巴所建立的反察哈尔、喀尔喀政治军事联盟是以爱新国汗为盟主，以嫩科尔沁汗（先是"巴图鲁汗"，后改称土谢图汗）为唯一结盟伙伴的近乎平等的联盟。但是两个多月之后，努尔哈赤去世，皇太极继位。这位权力欲望极强的爱新国新汗在内加强中央集权、"朝纲独断"，对外则不愿承认与嫩科尔沁联盟的平等性，因而着手改变联盟的性质。[3]

天聪元年（1627 年）冬，林丹汗率察哈尔部西迁[4]，嫩科尔沁所面临的威胁减弱。天聪二年（1628）年二月，皇太极征讨漠南察哈尔多罗特部。为了确保此次征战的胜利，皇太极向以奥巴为首的嫩科尔沁六位首领致书，要他们出征察哈尔汗城[5]，分散林

---

① 《清太祖实录》天命十年八月乙西。

② 《旧满洲档》，第 2081—2083 页。

③ 参见 [日] 楠木贤道《天聪年间爱新国对蒙古诸部的法律支配进程》，载日本社会文化史学会 1999 年 10 月编《社会文化史学》第 40 号，20—37 页；汉译文见《蒙古史研究》第七辑。

④ 参见达力扎布《明代漠南蒙古历史研究》，第 294—297 页。

⑤ 指林丹汗所修建的汗城，名"察罕浩特"，遗址位于今阿鲁科尔沁旗罕苏木苏木境。

丹汗的注意力。但是，奥巴并没有按皇太极的旨意出兵。①

天聪元年年底，喀喇沁部台吉、塔布囊致书皇太极，诡称右翼三万户和阿鲁蒙古联军在昭城（可可和屯，今呼和浩特）消灭了林丹汗四万军队，林丹汗根基动摇，并煽动爱新国乘此机会出兵察哈尔。②九月，皇太极决定亲率爱新国军队和蒙古各部军队出征察哈尔，并要求与爱新国有联盟关系的蒙古各部前来会师。敖汉、奈曼、岭南喀尔喀、喀喇沁等部的军队如期来到会师地，而奥巴等所属科尔沁主力却迟迟不到。事后，奥巴向皇太极解释：他之所以没有与爱新国军队会师，是因为"自为一路"袭击了察哈尔，但真相如何已不得而知。在奥巴看来，只要出征了察哈尔就兑现了联盟中承诺的义务，不一定非与爱新国会师一同出征。由于人马众多的奥巴没有前来会师，皇太极决定退兵，因为他知道仅靠爱新国的兵力是没有把握取胜察哈尔的。皇太极精心组织的一次远征就这样流产了。

天聪二年四月，奥巴还致书皇太极，婉转地索要由科尔沁转投爱新国的巴林、扎鲁特部众。③奥巴所为强烈地刺激了皇太极，使他极为愤怒。十二月，皇太极派索尼、阿朱户往奥巴处，罗列其九条"罪状"。④第二年即天聪三年正月，奥巴亲自到爱新国，向皇太极"谢罪"。同年三月，奉天聪汗之命，爱新国与嫩科尔沁重新"商定"律令，迫使嫩科尔沁接受与爱新国一同出征明朝的义务。⑤这就是《清太宗实录》所谓"上颁敕谕于科尔沁、敖

---

①　李保文整理《十七世纪蒙古文文书档案》第 1 和第 13 份文书；详见孟根娜布其硕士学位论文《有关奥巴洪台吉的十份蒙古文文书》。

②　参见乌云毕力格《从 17 世纪蒙古文和满文"遗留性史料"看内蒙古历史的若干问题（一）"昭之战"》，载《内蒙古大学学报》（蒙古文），1999 年第 3 期。

③　李保文整理《十七世纪蒙古文文书档案》第 46 份文书。详见巴根那《科尔沁部与爱新国联盟的原始记载及其在〈清实录〉中的流传》。

④　李保文整理《十七世纪蒙古文文书档案》第 13 份文书。

⑤　李保文整理《十七世纪蒙古文文书档案》第 16 份文书。

汉、奈曼、喀尔喀、喀喇沁五部落令悉遵我朝制度"①。从此，嫩科尔沁等蒙古诸部逐渐成为爱新国之附庸。此前，与爱新国建立联盟关系的蒙古各部并没有随爱新国出征明朝的义务，如天聪元年七月爱新国与敖汉、奈曼建立反林丹汗联盟时，在誓词中特别强调，"若不思〔敖汉、奈曼〕依附天聪汗之心，将敖汉、奈曼视若自己的百姓而带入墙（长城）内，则天聪汗、大贝勒、阿敏贝勒、莽古尔泰贝勒……等遭天谴折寿"②。

天聪三年正月会盟后，爱新国与蒙古各部建立的反察哈尔联盟被扩展到明朝，使联盟性质发生了根本的改变。可以认为，这是蒙古各部与爱新国近乎平等的所有联盟的终结，是蒙古被爱新国征服的重要标志。随着爱新国加紧征服明朝，蒙古各部被紧紧地捆绑在了对明朝战争的战车上。

第三节　17 世纪 20—30 年代的嫩科尔沁十和硕与十扎萨克

一、清朝的蒙古扎萨克制度及其源流

爱新国 / 清朝主要是通过盟旗制度来统治蒙古地区的。而盟旗制度首先在漠南蒙古（称内扎萨克蒙古）建立，然后推广到喀尔喀蒙古（称外扎萨克蒙古）和卫拉特蒙古。盟旗制度的基础是牛录（蒙古语 nutuɣ，后根据"牛录"原意直译为 sumu，苏木）的编制和扎萨克的任命，即打破蒙古旧有分封制——万户（兀鲁思）、鄂托克（又称"和硕"，汉译"旗"）制度中的万户制，保留鄂托克—和硕，将归附爱新国 / 清朝的鄂托克—和硕属民以 50 户为单位（满洲八旗则以 150 丁为单位）编制牛录，重新认定鄂托克—

---

① 《清太宗实录》天聪三年正月辛未。
② 李保文整理《十七世纪蒙古文文书档案》第 7 份文书。

和硕主的旧有世袭统治权，任命他们为和硕—旗扎萨克并授予爵位，然后以新建立的扎萨克旗为单位划分牧地。当然，扎萨克由爱新国/清朝皇帝任命，依据除原有身份和地位以外，更重要的是归附爱新国/清朝时的功劳以及忠诚度。

爱新国所建立的蒙古扎萨克制度是对北元时代蒙古旧有万户（兀鲁思）、鄂托克制度的改造。北元时代，由于封建内乱和割据，成吉思汗建立的大蒙古国千户制被万户、鄂托克—和硕制取代。最初，担任万户和鄂托克主的有成吉思汗黄金家族成员，更多的则是大批异姓贵族。16 世纪初，达颜汗分封子孙，异姓贵族各万户、鄂托克首领地位被其子孙取代。随着达延汗子孙不断繁衍，其所属万户、鄂托克下又分出很多小的鄂托克—和硕。其中，大鄂托克即大和硕，相当于后来的扎萨克旗，小鄂托克—和硕则相当于"甲喇"。如李保文整理之《十七世纪蒙古文文书档案》第六份文书中提到的"卓礼克图洪台吉四旗筑一城"，这四个旗是卓礼克图洪台吉吴克善及其弟察哈、索诺木、满珠习礼四人所属旗，他们共同组成了一个大旗，这与鄂托克分为大小的情况是一致的。[①]而大小鄂托克（大小和硕）的关系很像大蒙古国时代的千户、百户关系。

在盟旗制度中，扎萨克的任命（或扎萨克旗的建立）是核心，所以研究扎萨克的初设情况意义重大。

二、17 世纪 20 年代的嫩科尔沁十扎萨克

众所周知，崇德元年（1636 年），清朝对嫩科尔沁、敖汉、奈曼、巴林、扎鲁特、阿鲁科尔沁、四子、茂明安、乌喇特、翁牛特、喀喇车里克等部编制牛录，同时授予各部最高首领扎萨克称号和爵位。正因如此，学界一般认为从崇德元年开始，清朝在漠南蒙

① 参见达力扎布《明代蒙古社会组织新探》，载《内蒙古社会科学》，1997 年第 2 期。

古任命扎萨克。①

但是，如果以扎萨克的任命作为扎萨克旗建立的主要标志之一，问题就不这么简单了。前文我们提到，以天聪三年嫩科尔沁首领奥巴前往爱新国"谢罪"和爱新国与嫩科尔沁重新"商定"律令为标志，嫩科尔沁与爱新国政治、军事联盟的性质发生变化。而恰恰在重新"商定"律令的同时，爱新国在嫩科尔沁任命了十扎萨克。

今天我们有幸见到这份名为《以天聪汗为首，嫩[科尔沁]土谢图汗、冰图、达尔汉台吉[等]大小台吉商定的律令》的文书。该律书的内容极为重要，涉及很多重大史实，也为我们研究扎萨克问题提供了最原始的史料。

文书内容为：

(1)§Sečen qaɣan ekilen. Naɣun-i(u) {Tüšiy-e-tü qaɣan. Bingtü. Darqan tayiji.} yeke baɣ-a noyad-un kelelčegsen čaɣaja. (2)Čaqar-tu mordaqu-la. qušiɣu-ban medekü noyad. (3) dalan ɣurbatu-ača doɣuɣši. arban ɣurbatu-ača degegši bögöde mordaqu (4) ese mordaɣsan noyad-ača jaɣun aduɣu arban temege abqu. {boljiyan-i(u) ɣajar-a} ɣurban (5) qonotal-a ese kürküle arban aduɣu abqu. oruji ɣartala ese kürküle (6) jaɣun aduɣu arban temege abqu. (7)§Kitad-tu mordaqula qušiɣu-ban medekü {nijiged yeke} noyad qošiɣaɣad tayiji-nar (8)jaɣun sayin čerig mordaqu. ese mordaqula yeke qušiɣun-ača mingɣan (9) aduɣu

① 达力扎布：《清初内扎萨克旗的建立问题》，载《历史研究》，1998 年第 1 期。有关扎萨克旗初建以及扎萨克制度的研究可参考[日]田山茂《清代蒙古社会制度》，潘世宪汉译本，商务印书馆，1987 年，第 64—78 页。郑玉英：《试论清初八旗蒙古问题》，载《辽宁大学学报》，1983 年第 1 期。傅克东：《后金设立蒙古二旗及漠南牧区旗新探》，《民族研究》，1988 年第 2 期。周清澍等著：《内蒙古历史地理》，内蒙古大学出版社，1993 年，第 159—164 页。达力扎布：《明代漠南蒙古历史研究》，第 336—361 页。胡日查、长命：《科尔沁蒙古史略》，第 273—317 页。

jaɣun temege abqu. boljiyan-i ɣajar-a ɣurba qonotal-a ese kürküle
(10) arban aduɣu abqu. oruji ɣartala ese kürküle mingyan aduɣu
jaɣun (11) temege abqu. boljiyan-i urid dobtolqula jaɣun aduɣu
arban temege (12) abqu. arban qonoɣ-un ɣajar-a arban tabun.
arban tabun qonoɣ-un ɣajar-a (13) qorin qonoju kürkü. Šyambar-
ba yala-yi jasaɣ-un noyad-ača (14) elči abču kügekü bolba. jasaɣ-
un noyad qoyar qonotala elči ese (15) ögküle bari. čaɣatu yala-
tu kümün-eče ese bariju ögküle mal-un (16)toɣ-a bar jasaɣ-un
{noyad}-ača bari. jasaɣ-un noyad arban ulaɣ-a unuqu (17) qariju
irekü-degen. yala-tu kümün-eče arban ulaɣ-a-yi toɣulju ir-e.
(18) edür-ün šigüsü tasuraba. noyad qonoɣ-du qoni idekü bolba.
üker (19) idebesü noyad-i(un) nökör-ün mori [yi]abqu. qamuɣ-un
elči-yi noyad jančiqula (20) ɣurba yisü. qaraču kümün jančiqula
nige yisü. qamuɣ-un elči-yi (21) baɣulɣaqula qajaɣar toɣulan
mori abqu. qamuɣ-un elči-yi üjejü (22) aduɣu-ban boruɣulaɣulju
abačiqula šidüleng mori abqu. elči (23) tamaɣ-a-tu mori-yi
endegürejü unuqula. biši mori ögčü ab. (24) tamaɣ-a-tu mori-yi
ača getele ese {ögküle} iltü nomu qoyar-i nigen-i ab. (25) ali-ba
yala-yi ülü ögčü tušiyaqula üretügei. jasaɣ-un arban (26) noyad-tu
{Tüšiy-e-tü qaɣan.} Darqan tayiji. {Lamasgi}.Joriɣ-tu qung tayiji.
Ildüči. Müjai. (27) Sebükün. Bümba. Gümü. Qayirai. širaɣčin
moɣai jil-ün qabur-un (28) segül sar-a-yin šine-yin jirɣuɣan-a

信背面用老满文写：korcin-i beisei…… toktobume gisurehe
bithe juwe ilan biya-de……①

译文：

　　以天聪汗为首，嫩 [科尔沁] 之土谢图汗、冰图 ②、达尔

---

① 李保文：《十七世纪蒙古文文书档案》第 16 份文书。
② 纳穆赛幼子洪果尔。

汉台吉等大小台吉商定的律令。若出征察哈尔，管旗的台吉
与七十三岁以下十三岁以上者皆出征。未出征之台吉罚马百、
驼十。若三日不至所约之地，罚马十匹。入出 [敌境] 终不
至者，罚马百、驼十。若出征明国，每旗管旗台吉一人、台
吉两人、精兵百人出征。若不出征，大旗罚马千、驼百。若
三日不至所约之地，罚马十。入出 [敌境] 终不至者，罚马千、
驼百。先于所约攻掠，罚马百、驼十。十日之程 [限] 十五
日至，十五日之程 [限] 二十日至。所有罪，[汗之使臣] 与
扎萨克台吉所遣使臣 [一同] 追缴。两日内扎萨克台吉不遣
使臣则取扎萨克 [之畜]，若 [扎萨克台吉] 不从彼有罪之人
处取畜，按牲畜数从扎萨克台吉处取。扎萨克台吉骑十匹骟
马，返回时由有罪之人取十匹骟马。若中途断肉，[扎萨克]
台吉于住处食羊，若食牛，取 [扎萨克] 台吉之属下所乘马。
台吉若殴汗之使臣，罚三九，若哈喇出殴，罚一九。若 [无故]
让汗之使臣下马者，以辔数取马。见汗之使，将马群隐匿者，
罚三岁马。使臣误乘烙印马，则以他马换取。若使臣不与烙
印马，取其腰刀、弓之一。交出罪人及所罚牲畜则赦免 [扎
萨克] 罪。① 扎萨克之十个台吉是土谢图汗②、达尔汉台吉③、

---

① 原文可直译为"不交所有罪则赦免"，文意矛盾。我们推测"ūlū"（不）为衍文，
并按我们的理解做了汉译。
② 即土谢图汗奥巴。
③ 杜尔伯特部的阿都齐达尔汉台吉，博第达喇之子阿纳噶统治了杜尔伯特部。阿都
齐达尔汉为阿纳噶之子。据李保文整理之《十七世纪蒙古文文书档案》第 59 份文
书记载，达尔汉台吉之子为噶尔玛台吉。又据《金轮千辐》（第 289 页），阿都齐
之次子为噶尔玛岱达尔汉。所以此处的达尔汉台吉指的就是阿都齐达尔汉台吉。参
见孟根娜布其论文《有关奥巴洪台吉的十份蒙古文文书》。

喇嘛什希①、卓里克图洪台吉②、伊勒都齐③、色本④、木寨⑤、布木巴⑥、固穆⑦、海赖⑧。己巳年春之末月初六。

信背面：与科尔沁诸台吉商定……之书，二、三月……

天聪汗在位时期的己巳年无疑是天聪三年（1629 年）。这份文书所列爱新国设于科尔沁的最初十扎萨克是奥巴、阿都齐达尔汉、喇嘛什希、吴克善、栋果尔伊勒都齐、色本、木寨（穆寨）、布木巴、固穆、海赖。他们原本就统治着嫩科尔沁十鄂托克（和硕），文书称之为 yeke qušiyu（大旗）。其中喇嘛什希、木寨和栋果尔三人之父图美、洪果尔、明安当时还在世，但因年老已经不管事。因此，这十人实际上是当时嫩科尔沁十大旗的真正统治者。他们集行政、司法大权于一身，本来就是扎萨克，爱新国任命他们为扎萨克，只是对其原有权力和地位的重新认定。后来，在这十位扎萨克中，海赖、色本因天聪八年与噶尔珠塞特尔等率七台吉、扎赉特两部叛逃而被镇压，海赖与其弟噶尔珠塞特尔一同被杀，色本降为哈喇出，扎萨克职位被其叔父蒙衮（蒙夸）所取代。海赖及噶尔珠塞特尔等所属七台吉部众多数被瓜分，余部并入七

---

① 魁猛可次子为诺扪达喇，诺扪达喇长子为哲格尔德，哲格尔德长子为图美。喇嘛什希系图美长子。他是清代科尔沁右翼后旗扎萨克家族的始祖。

② 即乌克善。博第达喇次子纳穆赛长子为莽古斯，莽古斯独子为宰桑，宰桑之长子为乌克善。是清代科尔沁左翼中旗的第一任扎萨克。

③ 纳穆赛之子为明安，明安长子栋果尔，号"伊勒都齐"。他是清代科尔沁左翼后旗扎萨克家族之始祖。

④ 博第达喇之子阿敏，他统治了扎赉特部。阿敏之子为额森纳林台吉（Esen narin tayiji），额森纳林台吉长子即色本。

⑤ 纳穆赛幼子为洪果尔，洪果尔长子即木寨（《金轮千辐》第 286 页）。

⑥ 博第达喇之子乌巴什统治了郭尔罗斯部。乌巴什二，长子布延图内齐（Boyantu neyiči），幼子莽果，分别统治郭尔罗斯左右两鄂托克。莽果长子即布木巴（本巴），他是清代郭尔罗斯前旗扎萨克家族之始祖。

⑦ 博第达喇之子乌巴什长子为布延图内齐，固穆为布延图内齐之子（《金轮千辐》第 286—287 页）。他是清代郭尔罗斯后旗扎萨克家族的始祖。

⑧ 博第达喇之子额勒济格卓里克图子七，海赖为额勒济格卓里克图第四子。

台吉之一的噶尔图旗（为小旗），崇德元年，噶尔图旗又被编入木寨旗。关于这一事件，详见本书第三章第四节。

科尔沁十扎萨克的任命是扎萨克旗设立的开始，崇德元年编制牛录则是扎萨克旗制度的最终确立。

三、《王公表传》等书关于最初十扎萨克的混乱记载

如果把《王公表传》等清代官方史书的有关记载与我们以上研究进行比较，就会发现其很多错误。《王公表传》所记科尔沁最初十扎萨克及其受封时间为：

巴达礼	崇德元年封扎萨克图亲王
满珠习礼	崇德元年封扎萨克多罗巴图鲁郡王
布达齐	崇德元年封扎萨克多罗扎萨克图郡王
洪果尔	崇德元年封扎萨克多罗冰图郡王
喇嘛什希	崇德元年封扎萨克镇国公
章吉伦	顺治七年领扎萨克
色棱（扎赉特部蒙衮子）	顺治五年授扎萨克固山贝子
色棱（杜尔伯特部阿都齐子）	顺治五年授扎萨克固山贝子
布木巴	顺治五年封扎萨克镇国公
固穆	崇德元年封扎萨克辅国公 [①]

而且，《王公表传》的有关记载前后矛盾、漏洞百出。如《科尔沁部总传》载崇德元年：

> 诏科尔沁部设扎萨克五，日巴达礼、日满珠习礼、日布达齐、日洪果尔、日喇嘛什希。

而在《郭尔罗斯部总传》中又记载为固穆"崇德元年，封扎萨克辅国公"。照此说，崇德元年所封扎萨克应该有六位。显然，《王公表传》将郭尔罗斯、扎赉特、杜尔伯特等嫩科尔沁分支没有计算进来。

---

① 《王公表传》卷十七《科尔沁部总传》，卷二十一《扎赉特部总传》《杜尔伯特部总传》，卷二十二《郭尔罗斯部总传》。

《蒙古游牧记》对科尔沁十扎萨克的设立等记载与《王公表传》的记载基本一致。只是在记载扎赉特部的色棱时说，顺治五年，蒙衮子色棱袭领扎萨克。①

其实，天聪三年所设十扎萨克在《旧满洲档》的有关记载中经常出现：天聪五年（1631年）四月，嫩科尔沁之大小诺颜为迁移扎赉特、杜尔伯特、郭尔罗斯牧地而订立的法规中说，谁若不遵守所定之约，"十扎萨克之十诺颜做主（arban jasaɣ-un arban noyad medejü）"进行处罚。②可知十扎萨克确立后，嫩科尔沁部的一切行政、司法、军事大事，都由他们做主。

《清实录》中不见有关科尔沁初设扎萨克的直接记载，但细读有关记载，还是有迹可循的。

《清太宗实录》崇德四年（1639年）五月的记载中说：

> 以科尔沁国卓礼克图亲王吴克善及木寨、东俄尔、布木巴、古木贡物减额，命内诸王、贝勒、外藩蒙古王等及摄部务贝勒等讯之，议夺吴克善卓礼克图亲王爵，不令管事，仍罚马五百匹。木寨、东俄尔、布木巴、古木各罚马五十匹，奏闻。上命罚吴克善马五十匹，木寨、东俄尔、布木巴、古木等罚马各十匹。③

这里所说"不令管事"，就意味着取消了扎萨克之职。与吴克善一同被处罚的木寨，其名也从《清实录》以后的记载中消失。很有可能，木寨的扎萨克之职也是在这一年被革去的。

再看《清太宗实录》崇德七年正月癸巳条的记载："赐科尔沁国查萨克东果尔、额参等缎布等物。""查萨克"即"扎萨克"，额参为洪果尔之子。很显然，明安之子栋果尔自天聪三年以来一直任扎萨克之职，而不像《王公表传》所说从其子章吉伦起才被

---

① 张穆：《蒙古游牧记》卷一，清同治祁氏刊本。
② 《旧满洲档》，第3425—3426页。
③ 《清太宗实录》崇德四年五月乙亥。

封为扎萨克。与栋果尔同时出现于《清实录》的额参，正是木寨之弟，他是科尔沁左翼前旗的扎萨克。他可能在崇德四年后不久接替了因罪被革去扎萨克之职的木寨。

还有《清太宗实录》同年的二月丙午条记载："杜尔伯特部落扎萨克塞冷来朝，赐宴于礼部。"可见崇德七年初，色棱已经任扎萨克。《王公表传》说杜尔伯特部色棱顺治五年首封扎萨克，误。据《清世祖实录》顺治二年九月丁巳条载："已故扎赖特部落孟和达尔汉和硕齐子塞棱袭扎萨克贝勒爵。"可知色棱不是顺治五年受封为扎萨克的，而早在顺治二年就已继承了其父蒙衮（即蒙夸达尔汉和硕齐）的扎萨克职位。

《王公表传》说栋果尔之子章吉伦是科尔沁左翼后旗首任扎萨克，顺治七年首封，显然有误。请看中国第一历史档案馆所藏编号为蒙38的一份蒙古文档案的记载：

(1) Qorčin-i Dungqur-in köbegün Janggilun Urad Baγbaqai-yin degüü Cūcünggei ene qoyaγula-yi (2) jasaγ talbiγsan-u tula bariγsan beleg-inü Janggilun-i qorin jirγuγan mori nige temege (3) Čücünggei-yin qorin dörben mori γurban temege egün-i čöm qariγulba

Ey-e-ber jasaγči-yin γurbaduγar on qabur-un terigün sara-yin arban yisün-e.[1]

译文：

因封科尔沁栋果尔之子章吉伦、乌喇特巴克巴海之弟楚充客两人为扎萨克，所献礼物：章吉伦献马二十六、驼一，楚充客献马四、驼三，却之。

顺治三年春之首月十九日。

可知，章吉伦于顺治三年继承了其父栋果尔的扎萨克职位，

---

[1] 抄件由笔者攻读博士学位时的导师宝音德力根先生提供。

《王公表传》所谓顺治七年章吉伦首任科尔沁左翼后旗扎萨克之说不可信。

其实，在《清太宗实录》有关记载中，科尔沁各扎萨克之名经常出现，只是未明确指出而已。如天聪十年四月，外藩蒙古众台吉聚集在盛京，推举皇太极为"博格达彻辰汗"，参加此次会盟的科尔沁诺颜有：

> 土谢图济农巴达礼，扎萨克图杜稜布塔齐，卓礼克图台吉吴克善、喇嘛斯希、木寨，杜尔伯特部落塞冷，扎赖特部落蒙夸，郭尔罗斯部落布木巴、古木。①

又，崇德二年，清廷征瓦尔喀时随征的科尔沁兵及其首领有：

> 土谢图亲王一旗兵、扎萨克图郡王一旗兵、喇嘛斯希台吉一旗兵、扎赖特部落达尔汉和硕齐贝勒一旗兵、杜尔伯特部落塞冷一旗兵、卓礼克图亲王一旗兵、木寨一旗兵、东果尔国舅一旗兵、郭尔罗斯部落奔巴一旗兵、古木一旗兵各二百人。②

前一条所见九人就是七台吉、扎赉特部"叛逃"事件后，经爱新国调整后的嫩科尔沁十扎萨克之中的九位，只缺栋果尔。后一条记载则完整地反映了新的十扎萨克名字或封号。它反映了以下重大史实：天聪八年噶尔珠塞特尔、海赖、色本等"叛逃"事件后，海赖、噶尔珠塞特尔兄弟被杀，所属七台吉部被瓜分；扎赉特部扎萨克色本被贬为庶人，其叔父蒙衮取而代之，成为新扎萨克，而其余八旗八扎萨克依旧。为保留嫩科尔沁十鄂托克（旗）之传统，皇太极令奥巴之弟布达齐与奥巴分离，与其部众独立为一旗，布达齐任扎萨克。这样，天聪八年后的嫩科尔沁十扎萨克是：奥巴、布达齐、乌克善、喇嘛什希、木寨、栋果尔、阿都齐达尔汉台吉、蒙衮、布木巴、固穆。此后，嫩科尔沁十旗十扎萨克之

---

① 《清太宗实录》天聪十年四月己卯。
② 《清太宗实录》崇德二年五月丁酉。

传统得以保留，有清一代没有改变。当然，爱新国／清朝在任命或调整扎萨克时，以对爱新国／清朝忠诚为唯一标准。

从以上可知，《王公表传》对科尔沁十扎萨克的记载谬误百出，不能轻信。之所以出现这种错误，不外乎以下几种原因：其一，《王公表传》误将嫩科尔沁贵族巴达礼、吴克善、布达齐、满珠习礼等人在崇德元年受封亲王、郡王等爵位之事理解为首任扎萨克。据《满文老档》，这些人受封亲王、郡王爵在崇德元年四月。① 其二，《王公表传》作者并不知嫩科尔沁初设十扎萨克之事，只知天聪八年后的十旗和十扎萨克大致，因此，往往将某些扎萨克的袭封年记为初设年。如科尔沁左翼后旗之第二任扎萨克章吉伦顺治五年袭扎萨克之职，但《王公表传》却记为顺治七年首封扎萨克。其三，在编写《王公表传》的过程中，嫩科尔沁的扎萨克家族奉命向理藩院呈报家谱、袭爵情况，他们将自己祖先中最先任扎萨克之职的人报为本旗的首任扎萨克。如乌克善应是科尔沁左翼中旗的第一任扎萨克，但是，乌克善之后其弟满珠习礼袭扎萨克之职②，此后科尔沁左翼中旗的扎萨克之职一直由满珠习礼后裔承袭，所以左翼中旗的王公就把自己祖先满珠习礼视为该旗首任扎萨克并上报。更有甚者，有的扎萨克家族向清廷呈报家谱和袭爵情况时，故意将不是自己直系祖先但又属于同一家族的第一任扎萨克从自己家族名单中排除。如科尔沁左翼前旗的第一任扎萨克是洪果尔长子木寨，但在《王公表传》中找不到有关木寨的任何记载。③ 这是因为左翼前旗的扎萨克之位在木寨之后落入洪果尔次子额森④ 及其后裔之手的缘故。这种情况在《王公表传》中是常见的。

① 汉译《满文老档》（下册），第 1441 页。
② 胡日查也注意到了这一问题（《科尔沁蒙古史略》第 297 页）。
③ 《王公表传》卷二十《扎萨克多罗冰图郡王洪果尔列传》记载为："洪果尔……子二：长额森，袭郡王，次额泰，子阿玉什，授内大臣。"
④ 《金轮千辐》，第 286 页。

编撰《王公表传》时，所依据的不只是蒙古各部呈送朝廷的蒙古文报告，还应有大量的珍贵档案，如内阁大库所藏的满汉文档案和理藩院所存世谱档册、诰命以及其他有关资料。但是，那些应付乾隆皇帝差事的编撰者们无暇也无意核对，将错就错，于是出现了上述种种错讹。

此外，有些清代官方史书的记载虽然与《王公表传》的记载不同，但同样存在不少错误，如《清会典》中所记科尔沁始封十扎萨克为：

> 科尔沁右翼中旗札萨克始封曰奥巴，为哈巴图哈萨尔十八世孙。左翼中旗札萨克始封曰满珠习礼，为奥巴从子。右翼前旗札萨克始封曰布达齐，为奥巴弟。左翼前旗札萨克始封曰洪果尔，为满珠习礼从祖。左翼后旗札萨克始封曰栋果尔，为洪果尔从子。右翼后旗札萨克始封曰喇嘛什希，为奥巴从弟。扎赉特旗札萨克始封曰蒙衮，为哈巴图哈萨尔十七世孙。杜尔伯特旗札萨克始封曰色棱，为哈巴图哈萨尔十八世孙。郭尔罗斯前旗札萨克始封曰布木巴，为哈巴图哈萨尔十八世孙。后旗札萨克始封曰毕里衮鄂齐尔。为布木巴重孙。①

十扎萨克之中的奥巴、栋果尔、喇嘛什希、布木巴的记载与史实相符，其余都被弄混。

第四节　七台吉、扎赉特部事件

一、《内国史院档案》所载噶尔珠塞特尔事件

关于噶尔珠塞特尔事件，《清实录》和《王公表传》都留下了零散的记载。1989年，中国第一历史档案馆工作人员整理翻译

---

① 《清会典》卷六四，理藩院，中华书局影印本，1991年，第597页。

该档案馆所藏内国史院满文档案，并以《清初内国史院满文档案译编》为名出版发行。该书为学术界提供了有关噶尔珠塞特尔事件的更为详细、直接的史料。据《内国史院档案》，噶尔珠塞特尔事件原委如下。

天聪八年（1634 年）五月，天聪汗为首的爱新国首领们为征讨明朝大同、宣府，十一日遣国舅阿希达尔汉及伊拜、诺木图到科尔沁调兵。① 二十三日，爱新国军渡辽河，扎营于养息牧河 ② 下游一带时，前往科尔沁部调兵的三位使节之一的伊拜回来向天聪汗奏言："科尔沁部噶尔珠塞特尔、海赖、布颜代、白谷垒、塞布垒等以往征北方索伦部落取贡赋营生为词，各率其本部人民叛去。科尔沁部土谢图济农、扎萨克图杜稜、孔果尔老人、洪台吉吴克善等已率兵往追噶尔珠塞特尔等。"得此消息，天聪汗恐索伦诸部被噶尔珠塞特尔等掠夺，命来朝索伦首领巴尔达齐速返其部，又遣巴克希希福、伊拜再往科尔沁部，下达谕旨："法律所载，叛者必诛。科尔沁部贝勒若获噶尔珠塞特尔等，欲诛则诛之，而欲不诛，尽夺其部众，以其本人为奴者听。"③

六月初五日，爱新国大军扎营于老哈河 ④ 右岸，这时前往科尔沁部调兵的三位使节中的另一位诺木图回来奏称："科尔沁部贝勒往追噶尔珠塞特尔等，俱已擒获等语。"⑤ 二十一日，爱新国大军到波硕克退地方 ⑥ 驻营。这时，与伊拜一同前往科尔沁的巴克希希福回来奏称："科尔沁部土谢图济农、札萨克图杜稜、孔果尔老人、吴克善洪台吉率兵往追噶尔珠塞特尔等，俱擒获之，

---

① 《清初内国史院满文档案译编》（上册），光明日报出版社，1989 年，第 81 页。
② 今内蒙古库伦旗与辽宁彰武县接境处的养息牧河。
③ 《清初内国史院满文档案译编》（上册），第 83、84 页。
④ 今西拉木伦河支流老哈河，《清初内国史院满文档案译编》中将"老哈河"误译成"辽河"。
⑤ 《清初内国史院满文档案译编》（上册），第 85 页。
⑥ 今位于内蒙古正蓝旗西境的宝绍代湖，有同名的苏木。

杀噶尔珠塞特尔、海赖、布颜代、白谷垒、塞布垒等，尽收其人户等语。"① 二十四日，天聪汗遣章京阿希达尔汉、巴克希希福召集前来参加征伐明朝的各路蒙古首领，对他们说："科尔沁部贝勒额尔济格之子噶尔珠塞特尔、海赖、布颜代、塞布垒、白谷垒等，凡遇兴师，既不随行，又违法令，于出兵后，抢夺无主部落之牲畜。朕仍不念其恶仍欲保全归顺部落，屡加宽宥。乃彼反厌朕豢养之恩，顿忘来此受朕庇护，得以安居乐业，曾欲叛朕奔察哈尔部。今果奔索伦，为其兄弟科尔沁部土谢图济农、札萨克图杜稜、孔果尔老人、吴克善洪台吉等追获，并杀噶尔珠塞特尔等。因此，朕心尤为悯怜，未曾料想伤朕食指，今杀彼等，犹伤朕之食指。"②目的在于训诫蒙古首领，不得仿效噶尔珠塞特尔。二十六日，皇太极遣阿希达尔汉、巴克希希福、伊拜往迎嫩科尔沁兵，谕之曰：

> 可尽取班第、色本、额古此三人部众，以一分给蒙果，以一分给土默特部明安达礼及明安。班第、色本、额古等，向不遵法度，向怀叛心。此次又与噶尔珠塞特尔等同叛。宜尽收其人民，只给看守牲畜贫民各五户，其班第命孔果尔老人兼管，其色本命吴克善洪台吉兼管，其额古命伊尔都齐兼管，以噶尔珠塞特尔、海赖、布颜代、白古垒、塞布垒等人部下人各十户并海赖之家属及其牲畜给噶尔图、海古，被杀贝勒如有子嗣，勿夺其牲畜，惟令离其所属人民，归并他人兼管。其所属人民拨给土谢图济农、扎萨克图杜稜、吴克善洪台吉、杜尔伯特③ 等各一分，孔果尔老人、伊尔都齐合给一分，若伊尔都齐遣来兵少，勿得分给。以噶尔珠（图）④、

---

① 《清初内国史院满文档案译编》（上册），第 90 页。

② 《清初内国史院满文档案译编》（上册），第 90、91 页。

③ "杜尔伯特"不是人名，是指嫩科尔沁的杜尔伯特鄂托克。当时杜尔伯特的首领为色棱，应写成"色棱"或"杜尔伯特色棱"。

④ 《清初内国史院满文档案译编》将此处"噶尔图"误译成"噶尔珠"。

137

海古并入孔果尔老人编为一旗。①

此即《内国史院档案》所载噶尔珠塞特尔"奔索伦"或"叛"逃的全部经过。根据上述记载我们发现，在噶尔珠塞特尔事件中，科尔沁诺颜已经分化为两大阵营，一是北逃的噶尔珠塞特尔、海赖、布颜代、白谷垒、塞布垒兄弟子侄以及跟随者额古（Egü）、班第（Bandi）、色本；另一个是追击噶尔珠塞特尔的嫩科尔沁诺颜土谢图济农、札萨克图杜稜、孔果尔、吴克善洪台吉等人。在追杀噶尔珠塞特尔等人后，瓜分噶尔珠塞特尔及班第、色本、额古等人家属、属民及牲畜的情况是：土谢图济农、札萨克图杜稜、孔果尔、吴克善洪台吉分得噶尔珠塞特尔家属、属民及牲畜；班第、色本、额古三人的家属、属民及牲畜的一半分给蒙果（蒙衮），一半分给土默特部明安达礼和明安。班第、色本、额古本人及看护牲畜的十五户贫民则分给了孔果尔、吴克善洪台吉及伊尔都齐。此外，分得噶尔珠塞特尔、海赖少许人畜的还有噶尔图、海古、伊尔都齐、杜尔伯特色稜等人。其中，伊尔都齐是否果真分得，不得而知。瓜分噶尔珠塞特尔、班第等人人畜的是其敌对方，下面让我们看看涉及噶尔珠塞特尔事件的嫩科尔沁诸诺颜世系。

二、噶尔珠塞特尔及班第、色本等人的世系

追杀噶尔珠塞特尔等人的科尔沁诺颜土谢图济农、札萨克图杜稜、孔果尔老人、吴克善洪台吉及文中提到的伊尔都齐之名多次出现于《清实录》和《王公表传》的记载中。土谢图济农名为巴达礼，是嫩科尔沁原最高首领奥巴之子，1632年奥巴去世，巴达礼继其位，次年被封为土谢图济农。札萨克图杜稜名为布达齐，是奥巴之弟，为后来的科尔沁右翼前旗扎萨克的始祖。吴克善洪台吉为纳穆赛长子莽古斯之孙，是科尔沁左翼中旗首任扎萨克。

---

① 《清初内国史院满文档案译编》（上册），第91页。

伊尔都齐（伊勒都齐）名为栋果尔，是纳穆赛次子明安之子，科尔沁左翼后旗首任札萨克。

汉文和满文史料中不见噶尔珠塞特尔事件的主人翁噶尔珠塞特尔及海赖、布颜代、白古垒、塞布垒等人的世系。《内国史院档案》中只记噶尔珠塞特尔为科尔沁诺颜额勒济格之子，而对班第、色本、额古、蒙衮、噶尔图、海古等人的世系则没有任何记载。扎鲁特右翼旗答里麻·固什所著、1739 年成书的《金轮千辐》详细记载了嫩科尔沁统治者世系。将《金轮千辐》的记载与《内国史院档》《王公表传》的相关记载进行比较，就会弄清噶尔珠塞特尔、班第、色本以及嫩科尔沁其他诺颜的世系。

首先看噶尔珠塞特尔身世。合撒儿后裔嫩科尔沁最高统治者魁猛可有两子，长子博第达喇共有四名后妃，分别为大哈屯、西宫哈屯、东宫哈屯以及小哈屯。大哈屯名吉格仑（jigelen），生齐齐克巴图尔、纳穆赛都喇勒、乌巴什鄂特欢诺颜；西宫哈屯名吉鲁根（Gilügen），生额勒济格卓里克图；东宫哈屯名哈喇尼敦（Qara nidun），生爱纳胡（噶）车臣楚胡尔、阿敏巴噶诺颜；小哈屯（名不详），生乌雅岱（uyadai，或为 Noyantai—诺颜泰）、科托果尔（Qutuγur）、托多喀喇拜新（Tudu qara bayišing）。[①] 其中大哈屯所生三子后裔成为清代科尔沁左翼三旗、科尔沁右翼中旗、右翼前旗和科尔沁分支郭尔罗斯两旗扎萨克家族；东宫哈屯所生两个儿子则成为嫩科尔沁分支杜尔伯特、扎赉特两旗扎萨克家族；博第达喇弟诺扪达喇后裔是科尔沁右翼后旗扎萨克家族，他们是当时嫩科尔沁十旗十扎萨克家族。而博第达喇小哈屯所生三子没有形成自己独立的大鄂托克或大旗。

《内国史院档案》所见"科尔沁额勒济格诺颜"是指额勒济

---

① 《金轮千辐》，第 278—279 页。《王公表传》卷十七《科尔沁部总传》将魁猛可之子"乌雅岱、科托果尔、托多喀喇拜新"断为"乌延岱科托果尔、托多巴图尔喀喇、拜新"。

格卓里克图（Eljige joriɣtu）。额勒济格卓里克图在博第达喇九子中列第七。额勒济格卓里克图有七子，他们名为额墨克图哈坛巴图鲁（Omuɣtu qadan batur）、绰克图墨尔根（Čoɣtu mergen）、噶尔图巴图鲁（Ɣaltu batur）、海刺恩车辰（Qayiran sečen）、海胡冰土巴图鲁（Qayiqu bingtu batur）、布颜台巴图鲁（Boyantai batur）、塞特尔噶尔珠（Seter ɣaljaɣu）。[1] 其中，幼子"塞特尔噶尔珠"即为噶尔珠塞特尔（"噶尔珠"是其号，意为"勇士""疯子"）。特别值得一提的是，答里麻·固什在自己的书中就噶尔珠塞特尔事件做了如下记载："塞特尔噶尔珠子巴札尔，父子二人不遵圣主隆恩，无知而叛，无能而被断罪，失去了名声与官爵，被分到科尔沁各旗，今仍是其阿勒巴图。"[2]

噶尔珠塞特尔诸兄中的"海刺恩车辰"为参加叛逃事件的海赖，"布颜台巴图鲁"为参加叛逃事件的布颜代。额墨克图哈坛巴图鲁两子名布卜赉（Bübülai）、色伯哩（Sebeli）[3]。Bübülai 应是 Bügülai 的误写，Bügülai 即为白谷垒（Begülai）（bü 和 be，是第七元音和第二元音更替）；Sebeli 就是塞布垒（Sebülai）。二人就是参加叛逃事件的白谷垒、塞布垒兄弟，是额勒济格卓里克图之孙，《内国史院档案》将二人误记为额勒济格卓里克图之子。又据答里麻·固什记载，海赖无子嗣，所以海赖被害后，皇太极将其家属分给额勒济格卓里克图二子噶尔图（噶尔图巴图鲁）和五子海古（海胡冰土巴图鲁），二人可能未参与叛逃事件，但因是噶尔珠塞特尔亲兄弟，在某种程度上仍受牵连，故皇太极将噶尔

---

[1]　《金轮千辐》，第 288 页。梅日更葛根《黄金史》的记载与此基本相同（梅日更葛根：《黄金史》，内蒙古文化出版社，1998 年，第 82 页）。

[2]　《金轮千辐》，第 288—289 页。原文为：Seter ɣaljaɣu-ača Bajar.ede ečige köbegün bökün-i boyda ejen-ü kündü kešig-i ese daɣaju medel ügei ber urbaɣad čidal ügei ber jarɣu ban šigülgejü nere törö jergeben aldaɣad mön qorčin-u qušiɣun böri qubiyaju ögčüküi edüge sula albatu yosuɣar amu.

[3]　《金轮千辐》，第 288 页。

图、海古二人及其属民划归孔果尔之子木寨旗，噶尔珠塞特尔等
人独立大旗的地位被取消。

　　与噶尔珠塞特尔等人一起叛逃的班第、色本、额古以及瓜分
其人畜的蒙衮、土默特部明安达礼及明安等人都是博第达喇东宫
哈屯哈喇尼敦所生二子中的幼子阿敏巴噶诺颜子孙，均为扎赉特
部首领。阿敏巴噶诺颜共有十四子，分别是长子额森纳林台吉
（Esen narin tayiji）、次子额森岱靑巴图鲁（Esen daičing batur）、
三子洪豁岱（Qungqudai）、四子墨莫和哈丹巴图鲁（Memeke
qadan batur）、五子图扪卫征（Tümen uyiǰing）、六子明安达礼岱
青（Mingγandari dayičing）、七子明安伊尔登（Mingyan ildeng）、
八子蒙衮达尔罕和硕齐（Mungqu darqan qušiγuči）、九子僧格
（Sengge）、十子索诺木墨尔根（Sonum mergen）、十一子多尔
济岱青（Dorji dayičing）、十二子班第伊尔都齐（Bandi ilduči）、
十三子固鲁诺木齐（Gürü nomči）、幼子桑寨墨尔根（Sangjai
mergen）。① 其中长子额森纳林台吉长子为色本墨尔根台吉，十一
子多尔济岱青长子为额古②，加上十二子班第伊尔都齐，此三人为
《内国史院档案》所记随噶尔珠塞特尔叛逃者；六子明安达礼岱
青、七子明安伊尔登、八子蒙衮达尔罕和硕齐则是《内国史院档
案》所记瓜分上述三人人畜者，就是说，他们没有参与噶尔珠塞
特尔事件。色本墨尔根台吉是阿敏巴噶诺颜长孙，因其嫡系身份，
成为阿敏巴噶诺颜家族的最高首领，为扎赉特首任扎萨克。嫩科
尔沁十大家族的世系请看下图。

---

① 《金轮千辐》，第 292 页。
② 《金轮千辐》，第 294 页。

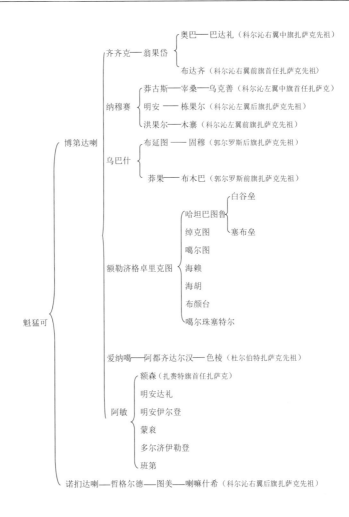

三、噶尔珠塞特尔等人所统七台吉部

如上所述，额勒济格卓里克图是嫩科尔沁最高首领魁猛可长子博第达喇西宫哈屯所生，其地位仅次于大哈屯所生三子齐齐克、纳穆赛和乌巴什。因此，额勒济格卓里克图应该有自己独立的大鄂托克或大旗。我们从《旧满洲档》和 17 世纪初蒙古文孤本文书中发现了额勒济格卓里克图所统鄂托克及其名称，这就是著名的七台吉鄂托克。

天聪四年（1630年）八月，嫩科尔沁最高首领奥巴致书爱新国皇太极，告知奉命南迁西拉木伦河流域之事（详见第三章第六节）时提到："在交流河口遇自察哈尔逃来的人[带着]色棱阿巴海的马百、驼三、甲士三，[共]十七八人奔七台吉而去。"①

次年，天聪汗皇太极致书奥巴，要他遣使郭尔罗斯、扎赉特、七台吉以及达尔汉台吉（杜尔伯特首领阿都齐之号）诸子，让他们也向南迁徙，靠近奥巴等新迁之牧地驻牧："选好人出使郭尔罗斯、扎赉特、七台吉、达尔汉台吉诸子处，让彼等向尔处移营。"②

七台吉鄂托克或七台吉部因其首领额勒济格卓里克图七子得名。据前引《金轮千辐》的记载，额勒济格卓里克图有额墨克图哈坛巴图鲁、绰克图墨尔根、噶尔图巴图鲁、海刺恩车辰、海胡冰土巴图鲁、布颜台巴图鲁、塞特尔噶尔珠七子，因此其部众被称作"七台吉们"。有时，七台吉部又被称作"额勒济格诸子"（Eljige-yin-kegüked），额勒济格即额勒济格卓里克图。日译和汉译《满文老档》，不知七台吉所指，因而将其误解为"扎赉特七台吉"。③ 这可能是因为"七台吉"之名与"扎赉特"一起出现而产生的误会。

四、噶尔珠塞特尔事件的起因及其性质

早在天聪三年（1629年），爱新国就曾与嫩科尔沁商定律令并任命嫩科尔沁十扎萨克，额勒济格卓里克图长子海赖代表七台吉部，成为十扎萨克之一。但是，在七子中，身为额勒济格卓里克图幼子的噶尔珠塞特尔，按照蒙古传统习惯，在分割其父人口、

---

① 李保文整理《十七世纪蒙古文文书档案》第61份文书。
② 《旧满洲档》第3447、3448页。
③ 日译《满文老档》太宗2，第596—597页，东洋文库，1955年；汉译《满文老档》，第1172页。

财产时获得了很大份额，因而在七台吉各支中势力最强，成为七台吉部实权人物。皇太极深知噶尔珠塞特尔的地位，起初对他礼遇有加。关于这些，《满文老档》和《内国史院档案》中都有详细记载。①

由于七台吉部与扎赉特部一同游牧，关系密切，在档案文献中往往将他们连称。正因如此，扎赉特首任扎萨克色本以及额古、班第等也加入了噶尔珠塞特尔阵营。②至于额古，早在天命年间就已得罪爱新国，为此，努尔哈赤还向奥巴提出索取一千头牲畜的要求。③可知，额古等人是扎赉特部头面人物，绝不像某些研究者所说的"是扎赉特部小台吉"。总之，参加噶尔珠塞特尔叛逃事件的主要是额勒济格卓里克图子孙及扎赉特部首领。因此，不管这一事件性质如何，不能简单地称其为"噶尔珠塞特尔之乱"或"噶尔珠塞特尔事件"，准确的称呼应叫"七台吉、扎赉特部事件"。

以往，国内学界认为七台吉、扎赉特部事件是蒙古民众为反抗爱新国兵役的斗争。④事实上，七台吉、扎赉特部事件有更为

---

① 天聪六年五月十二日，"科尔沁部噶尔珠塞特尔还家，汗赐缎袍、长棉袄、套袜靴一双，玲珑雕鞍辔、银壶一"（汉译《满文老档》第1282页）。天聪八年正月二日，"以庆贺元旦……噶尔珠塞特尔献马六匹，貂皮三十张"。同年正月二十二日，"赐噶尔珠塞特尔染貂皮帽一顶，蟒袍一件，玲珑鞓带一条，靴一双，明甲一副，暗甲一副，镶嵌靫鞴一副，玲珑腰刀一口，雕鞍辔一副，蟒缎一匹，素缎五匹，毛青布二匹，茶桶一个，三足银酒海一个"。天聪八年正月，皇太极亲自接见并宴请噶尔珠塞特尔等科尔沁部首领。当时的情景为："汗御中殿，令土谢图济农、扎萨克图杜稜、噶尔珠塞特尔三贝勒下三旗力士，先与小力士角抵。复令阿尔萨兰与三旗六名力士较，阿尔萨兰一一举而掷地。时其主三贝勒及所集满洲蒙古汉人等，无不称其奇勇。"次日，"召土谢图济农、扎萨克图杜稜、噶尔珠塞特尔入宫宴之。八家亦照此于各宴一日"。不难看出七台吉之旗与巴达礼旗、布达齐旗有着平等的地位［《清初内国史院满文档案译编》（上册）第50、57、58页］。
② 《清太宗实录》天聪八年六月庚辰。
③ 李保文整理《十七世纪蒙古文文书档案》第13份文书。
④ 宝日吉根：《清初科尔沁部与满洲的关系》，载《民族研究》，1981年第4期。《蒙古民族通史》（第四卷），内蒙古大学出版社，1993年，第69页。胡日查：《论噶拉珠色特尔反抗爱新国兵役的斗争》，载《内蒙古师范大学学报》，2003年第4期。

直接的原因。

如前文所述，天聪三年（1629年），爱新国天聪汗与嫩科尔沁首领奥巴、洪果尔冰图、阿都齐达尔汉等共同商定律令，将反察哈尔联盟扩大到明朝，要求嫩科尔沁在爱新国与明朝的战争中承担相应的责任和义务：如果出征明朝，科尔沁管旗的每位大台吉率本旗台吉两人、精兵百人参战。[1] 因明朝已经成为爱新国主要征伐对象，所以，新律令反映出爱新国对嫩科尔沁等归附蒙古政策的重大转变。这就是，让嫩科尔沁等蒙古部参与对明朝作战。最初，爱新国与蒙古各部商定，不得将蒙古兵带入明朝边境内与明作战。随后，这一规定在爱新国与敖汉、奈曼建立政治军事联盟时再次被强调。天聪元年（1627年）七月初六日，爱新国天聪汗与背叛林丹汗前来投靠的察哈尔敖汉、奈曼首领盟誓天地，誓文为：

> "大金国之天聪汗誓告上天。察哈尔汗自破国政，不识亲族，攻破无罪之五鄂托克喀尔喀。为此，敖汉、奈曼之诸诺颜，与察哈尔汗交恶，来归天聪汗。[天聪汗]若不念此等而勒我入边内，则天聪汗、大贝勒、阿敏贝勒、莽古尔泰贝勒、阿巴泰、德格类、济尔哈朗、阿济格、杜度、岳托、硕托、萨哈廉、豪格等，皆遭天谴，折寿而亡……"[2]

三年后的1630年秋，爱新国利用林丹汗出征阿鲁蒙古各部的机会，下令将嫩科尔沁奥巴、吴克善所部从嫩江流域迁到洮儿

---

[1]　李保文整理《十七世纪蒙古文文书档案》，第49页。

[2]　李保文整理《十七世纪蒙古文文书档案》第7份文书。原文为 "yeke Altan ulus-un Sečen qaɣan. deger-e tngri-dü üčimöi. Čaqar-un qaɣan. öber-ün törüben ebdejü törügsen törül-iyen ülü taniju. yala ügei tabun otuɣ qalq-a-yi ebdegsen-ü tula. Auqan Nayiman-u noyad. Čaqar-un qaɣan-du maɣulaju. sečen qaɣan-du tüšiy-e gejü iregsen-i ülü sanaju. Kerem-ün dutur-a oruɣulju öber-ün irgen-dür adali yabuqul-a sečen qaɣan. yeke noyan. Amin noyan. Mangɣultai noyan. Abatai. Degelei. Jirɣalang. Ajige. Dudu. Yutu. Šiutu. Saqaliyan. Quuge. ede bögüde-yi tngri buruɣušiyaju amin nasun mani oqur boltuɣai……"

河以西的西拉木伦河流域，并要求牧地在更北的嫩科尔沁分支七台吉、扎赉特、杜尔伯特以及两个郭尔罗斯等五个鄂托克也向南迁移，同时要求七台吉等所属讷里古特·达古尔也依次向南迁移。但是，直到天聪八年（1634年），至少有七台吉、扎赉特等部一直没有按爱新国命令迁移，仍旧驻牧于原牧地，向所属讷里古特·达古尔等部民索取贡赋为生。

噶尔珠塞特尔本人虽然得到皇太极礼遇，但终究不像奥巴子巴达礼以及吴克善等人对皇太极和爱新国唯命是从。对此，皇太极先礼后兵，曾经致书噶尔珠塞特尔，责怪其种种不听命之"罪"。《旧满洲档》保存了该书全文：

(1) Sečen qaγan-i(u) jarliγ bičig. γaljaγu seter-tü ilegebe. ijaγur-ača edüge boltala nada elči tasural ügei (2) yabuγulba či. alus-in yabudal-i ülü medekü aq-a degü-yin ügen-dü oruju boruγu yabudal-iyar (3) yabuqu čini yaγubi. Dünggei-dü mordaqu-du ese mordaba tegün-i(ü) qoyin-a Kitad-in Qaγan-i(u) (4) qota-du mordaqu-du ese mordaba. tegün-i(ü) qoyin-a qabur-in čiγulγan-du ese irebe. (5) Dalingqu-du mordaγsan-du basa ese mordaba ene yabudal tan-i(tan-u) jöb boyu. tngri ker-be (6) mani qayiralaju Kitad Čaqar qoyar-i doruyitaγuluγsan qoyina. ta yabuqu saγuqu γajar olqu (7) berke boi-ya. ene üge minü bardam biši. tngri mani-yi qayiralaju yabuqu-du yeke törü (8)oyir-a boljam. oda či(ču) bolusa uritu buruγuban medejü egün-i(ü) qoyina aliba ayan čerig-tü (9) boljiyan-i(u) γajar-a urid kürjü irejü aγta-yin küčü-yi ebdel ügei yabuju. nutuγ-iyan (10) qoyiši γarul ügei yabuju. Neligüd Daγur-iyan inaγši jögejü yabuqula uridu maγu-yi (11)tani(tan-u) nekejü yala kikü ügei. mön ijaγur-in buruγu yabudal-i ese orkiju (12)yabuqula man-du elči yabuγulju yaγukim. dayisun-i yosubar

yabu ta.①

译文：

> 汗谕噶尔珠塞特尔，尔自始至今通使不绝，因何轻信毫无远见之兄弟之言，而误入歧途？往征东揆时未赴约②，其后，往征明国汗之城时未出征③，其后，春季之盟会未至④，往征大凌河时亦未出征⑤，此等事难道是你对？若上天眷佑于我，使明国和察哈尔两国破败，尔将无处栖身矣。此非傲言，上天眷佑于我，大业将近。如今尔若能知悔前非，凡遇征战，先至所约之地，素日不伤骟马之力，营地不往北出，将讷里古特、达古尔迁往近处，则不计前嫌。若仍不弃往日之恶行，何必遣使于我，其依敌国行之。

这份文书，可以视作对噶尔珠塞特尔等人的最后通牒。迫于压力，七台吉、扎赉特等部可能不久也向南迁移了。但是，他们的牧地一直不稳定，更没有将所属讷里古特·达古尔南迁。因此，当天聪八年五月爱新国决定征讨明宣府、大同时，正好赶上噶尔珠塞特尔等向北移牧。于是前往嫩科尔沁调兵的爱新国使臣扑空，这使皇太极恼羞成怒。按着1629年律令，如征明朝，嫩科尔沁每管旗大诺颜必须领所属旗之两名台吉和精兵百人出征，不出征或越期不至、先行掠夺者都要罚以不同数量的牲畜。⑥可知律令中只有对违律诺颜处罚牲畜的规定，并无捉拿甚至处死不出征诺颜的规定。早已"朝纲独断"的皇太极，此时不顾律令，指令巴

---

① 《旧满洲档》，第3913—3914页。
② 指1628年出征察哈尔之役。这次远征因科尔沁奥巴等"自为一路"，未与爱新国会师而流产。东揆应是邻近大兴安岭的地名，今地不详。
③ 天聪三年（1629年）十月，皇太极亲率外藩"归顺"蒙古各部兵及满汉军攻伐明朝；十一月，大军攻明京城北京，不克而还。
④ 天聪五年三月，爱新国调蒙古兵攻察哈尔，因蒙古兵少，被奥巴劝阻。
⑤ 天聪五年七月开始进行的大凌河攻城战。
⑥ 李保文整理《十七世纪蒙古文文书档案》第16份文书。

达礼可将噶尔珠塞特尔等人以"叛逃"罪处死。巴达礼刚刚继承故父奥巴职位不久,而且是降级继承(奥巴是汗,而巴达礼是济农),因而正愁没有机会向皇太极和爱新国表忠诚,于是在得到皇太极指令后置亲情与律令不顾,处死了噶尔珠塞特尔等人,瓜分了其属民。而皇太极则通过杀一儆百,彻底将嫩科尔沁等漠南蒙古诸部捆绑在了爱新国对明朝战争的战车之上。此后,每当爱新国对明朝采取大规模的军事行动时,漠南诸部首领再也不敢像噶尔珠塞特尔等人那样违背爱新国军令了。

第五节 嫩科尔沁与察哈尔、岭南喀尔喀关系

一、奥巴家族与岭南喀尔喀贵族的联姻

据档案文献记载,当察哈尔出征嫩科尔沁之际,岭南喀尔喀乌济业特部首领炒花往往向奥巴通风报信,使其多次逃脱灾难。如,天命十年(1625年)八月,洪巴图鲁炒花遣温吉哲克依扎尔固齐向奥巴泄露下月十五日察哈尔要用兵科尔沁的秘密。奥巴闻讯急忙向爱新国求救,求援兵及"炮手千名"。[①]同年十一月,林丹汗果然亲率大军攻打嫩科尔沁,而爱新国援兵未到,奥巴无奈将林丹汗亲族扎尔布台吉交给了林丹汗,林丹汗随即撤兵(详见后文)。

嫩科尔沁虽然逃脱了这场灾难,但察哈尔、喀尔喀的军事威胁并未解除。《旧满洲档》天命十一年(1626年)七月的记载中曰:

(1) §fulgiyan tasha aniya. nadan biyai ice ninggun-de. Korcin-i Tusiyetu efui (2) unggifi tumei gajiha bithei gisun. (3) Kündülen qaγan mani(man-i) dobtulba. egüni yaγakiqu boi.

---

① 《旧满洲档》,第1909—1911、1913、1914页。

Qorčin-i(ača) abču ečigsen ami širi mal-i (4) qariγulju……
öggügsen kei. Čaqar-un qaγan-du. Qalq-a-yin arban noyad ečibe
(5) genem. Baγarin-u Dügüreng. Sereng qoyar. Qung baγatur-
un Dayičing. Bombutai qoyar. (6) Baγ-a darqan-i(u) Badm-a.
Bayiqundai qoyar. Jaraγud-un qaγan. Qobiltu qoyar. (7) Bayaγud-
un Eseyin Sangγarjai. Baγ morin-ača unaju qariji irebe genem.
(8) mani Güyang ubaši-yi. Qung baγatur čiγulγan-i(u) üge
abču qari gejü saγulγaji (9) bayinam. yambar-ba üge Ubaši-du
iranam(yarinam)-ya. Ubaši-yin üge abču. (10) qaγan-du basa
ayilatqanam-ya. urid sonusuγsan üge ene boi. ①

译文：

　　丙寅年七月初六日，图美携来科尔沁土谢图额驸书曰：
昆都仑汗②袭击了我们，此事无奈。请将所掠科尔沁人畜给还。
据说喀尔喀十名诺颜，已往察哈尔汗处去了，[他们是] 巴林
之杜稜③、色棱④俩；洪巴图鲁⑤之岱青⑥、本布台⑦俩；巴噶

---

①　《旧满洲档》，第 2153 页。

②　指清太祖努尔哈赤。1606 年，岭南喀尔喀巴约特部首领恩格德尔给努尔哈赤上"昆
都伦汗"号。

③　据张鼐《辽夷略》（玄览堂丛书本），杜稜即额参台吉。苏巴亥次子卜言顾，额
参台吉为卜言顾长子。

④　巴林部祖苏巴亥达尔汉诺颜（Subuqai darqan noyan）有子二，长子塔哈赖岱青
（Taqalai dayičing），次子巴噶巴图鲁（Baγ-a batur）。塔哈赖长子为乌布岱（Übegüdai,
《王公表传》又作额格格岱洪巴图鲁），色棱为乌布岱之子。

⑤　乌济业特部首领炒花（Šuuqan）。

⑥　炒花长子敖巴岱青（Ooba dayičing）（《金轮千辐》，第 225 页）。

⑦　据《辽夷略》，炒花第八子，名本卜太。

达尔汉①之巴德玛②、白浑岱③俩；扎鲁特之汗④、果弼尔图⑤俩；巴约特额色⑥之桑噶尔寨⑦。巴克⑧坠马而还。洪巴图鲁将我们的古扬乌巴希留住，要他带回会盟之词。[会盟之]词如何，乌巴希会带来。得到乌巴希词，再禀报汗。这些是前所听到的话。

炒花向奥巴通报喀尔喀五部派代表前往察哈尔部与林丹汗会盟的消息，于是奥巴火速将这一消息传给了努尔哈赤。又过几天，滞留炒花处的奥巴使臣乌巴什带回了这次会盟的确切消息。《旧满洲档》载：

(1) §fulgiyan tasha aniya. nadan biyai juwan juwe-de asidarhan-i emgi korcin-i tusiyetu (2) efui elcin-i gajiha bithei gisun. kalkai hong batur-de elcin genehe ubasi gisun. (3) kalkai juwan beise. cahar-de genehengge ninggun beise amasi jihe sere. jakūn tatan (4) culgaha sere. cahar-de genere funde. hong batur beile ini juse omosi-de hendufi (5) unggihe gisun. cahar kalka acafi. kundulen han be dailambi seci. (6) niuwanggiyan orho muke-be amcame-de uthai dailaki. ere orho be amcame (7) dailarakū ohode. bi mini eyun-de banjiha ilan jui-de hendufi

---

① 弘吉剌特部首领暖兔（Nomtu）。

② 暖兔长子莽古尔太之子（《金轮千辐》，第 224 页）。

③ 暖兔第三子（《金轮千辐》，第 224 页）。

④ 即内齐汗。

⑤ 内齐汗之叔父。扎鲁特部始祖乌巴什卫征长子为巴颜达尔伊勒登，果弼尔图为巴颜达尔伊勒登之子。

⑥ 据《辽夷略》，巴约特部始祖伯要儿（即歹青）第五子为额参大。《开原图说》所记卜儿亥等七营中有额孙大（即额参大）一营。额参大很可能是指额色。

⑦ 据《辽夷略》，额参大之子为撒哈儿。《开原图说》记载额孙大之子为撒哈儿寨。撒哈儿、撒哈儿寨可能是指桑噶尔寨。

⑧ 扎鲁特部始祖乌巴什卫征第四子为都喇勒诺颜。巴克为都喇勒诺颜长子（《金轮千辐》，第 219 页）。

elcilebume. (8) kundulen han-i [emgi] doro acambi seme henduhe
sere. suwembe dailaci ere (9) niuwanggiyan orho-de dailambi.
membe dailaci juhe jafaha manggi dallambi. (10) ere gisun-
be gemu han sakini. ere gisun-i turgunde meni elcin be (11)
hūdun unggi. min-de dain jimbihe-de. cooha adarame tambi. han
sambidere. han-de dain geneci geren ahūta deute ojorakū bicibe
(12) meni ilan hūsion-be adarame-ta sembi. han se. ba terei morin
hulahame (13) tuwarakun . han. cahar kalka-be dailaci tentehe
erin-de dailambi seme (14) tob seme hendufi unggi. dai darhan.
jasak-tu dureng junefi ujirakū (15) bicibe. {bi mini emu juwan
gucu-be hendume muterakū biu. han-i amala} emu baran oki:aika
bade baran oome muteci gisurehe gisun (16) gemu unenggi seme
gūnimbidere. aika bade baran oome muterakūci gisurehe (17)
gisun gemu holo seme gūnimbidere. dergi abka sakini. (18) han
gūsime jui be bufi mimbe dain-de gaibuha wabuha seme ai ai
(19) jakabe gemu buhe. amban niyalma gūsime henducibe. bi
ulha baharai (20) teile gisun wesimbuki sehe bihe. ahūta deute
gemu aru-de genebi ere (21) elcin-de gisun bakabi henduhekū.
otug gemu cmu bade acaha manggi (22) baharai teile gisun
wesimbuki.①

译文：

丙寅年七月十二日，与阿西达尔汉同来之科尔沁土谢图
额驸使臣所携来之书曰："出使喀尔喀洪巴图鲁之乌巴希称：
喀尔喀十贝子去了察哈尔，[其中] 六人已返回。八鄂托克进
行了会盟。往察哈尔前，洪巴图鲁贝勒遣其子孙来告之语曰：
'若察哈尔、喀尔喀一同征昆都仑汗，趁草绿时出征。若不趁

---

① 《旧满洲档》，第 2155—2157 页。

草绿之时出征，我遣我姊所抚养三子出使昆都仑汗，与之议和。'若征尔等必在草绿时，征我等则在冰冻时。此话望汗周知。为回此话，请汗速遣吾使还。[察哈尔、喀尔喀]若与我战，如何派兵援救，汗知之。若与汗战，即使我众兄弟不肯，我之三和硕如何增援，请汗明示。我窥视着他们马匹[动向]，汗若征察哈尔与喀尔喀，约定时日来告。岱达尔汉、扎萨克图杜稜二人我不敢说，而我手下十勇士可派遣，于汗前为伴。若以此言为假，则上天鉴之。蒙汗眷佑，嫁女与我，又怜我在战中被杀被夺，赏赐各种物品。既蒙大人（指努尔哈赤——引者）恩典，我当不惜马匹之力上报消息。因兄弟们都到了北边，未能让本使臣带话，待各鄂托克会聚一处之后，尽以所议话语上报。"①

察哈尔与喀尔喀会盟，商讨的是如何征讨嫩科尔沁和爱新国之事。奥巴从炒花处得到这一消息之后急忙遣使通报爱新国，同时向努尔哈赤承诺，与其一道对付察哈尔与喀尔喀。但不知为何，察哈尔与喀尔喀的联军始终未征讨嫩科尔沁和爱新国。

此外《旧满洲档》中有一段有趣的记载：

(1) §fulgiyan tasha aniya. jakūn biyai juwan nadan-de yahican buhu-de (2) tusiye-tu efui unggihe bithei gisun. (3) oom suwasdi šidam. (4) Qung baɣatur-un elči dörben em-e jang abču ireji. (5) basa tabun noyad irekü genem. ta em-e köbegün-iyen abusai. (6) törüy-e jokiyala geji. mani ese jokiqula mandu urid mordaju (7) mani abuɣsan qoyina. tan du morday-a gekü bayinam. tabun noyad-i (8) ireküle jöbleküi-yin tulata. qaɣan-du elči yaɣaraju (9) jaruy-a.②

----

① 译文参见敖拉《〈旧档〉史料在〈实录〉〈老档〉中的流传——1626年前满蒙关系史料比较研究》，117页。
② 《旧满洲档》，第2161—2162页。

译文：

丙寅年八月十七日，土谢图额驸让雅希禅布库携来书曰：愿吉祥如意。洪巴图鲁①使者带来了四只雌獐。听说还有五个诺颜要来。[洪巴图鲁对土谢图汗]说："把你的妻儿带回，（察哈尔）扬言要合政，我们若不与合政则先征我们，尔后征你们。因五名诺颜前来时要商议，到时向汗急派使者。"②

这份档案记载的是察哈尔要求岭南喀尔喀与之合政，否则将对他们用兵，然后出征科尔沁。在这一紧张局势之下，乌济业特部的洪巴图鲁炒花要求奥巴将妻儿从乌济业特部带回。可见奥巴之妻是乌济业特部人，可能是洪巴图鲁炒花的孙女。此外，据李保文整理的《十七世纪蒙古文文书档案》第61份文书（第三章第六节我们将分析此文书），奥巴称炒花之子敖巴岱青为"Oobanayču（敖巴舅舅）"，可以肯定炒花之女是奥巴的母亲。正因嫩科尔沁部首领奥巴与乌济业特部炒花之间的这种姻戚关系，每当察哈尔威胁嫩科尔沁时，炒花都要对奥巴冒死相助。

二、林丹汗围攻格勒珠尔根城始末

自1622年起，就有林丹汗将要出征嫩科尔沁的传闻流行，这使奥巴很担心。从努尔哈赤极尽所能挑拨嫩科尔沁和察哈尔的关系等行为分析，这些传闻的制造者极有可能是努尔哈赤的爱新国一方。总之在传闻盛行后，努尔哈赤乘机拉拢奥巴，唆使他称汗，目的就是要嫩科尔沁与察哈尔对立。天命八年，奥巴在努尔哈赤唆使下称巴图鲁汗。奥巴知道林丹汗不可能对他的行径漠视不管，所以在称汗后开始主动加强与爱新国的关系。这些早在努尔哈赤意料之中，于是便借机提出了建立反察哈尔联盟的要求。天命九

---

① 乌济业特部首领炒花。
② 敖拉博士最先注释并评论该文书。敖拉：《〈旧档〉史料在〈实录〉〈老档〉中的流传——1626年前满蒙关系史料比较研究》，第120页。

年二月，努尔哈赤派遣榜式希福、库尔缠二人到科尔沁，与奥巴、阿都齐达尔汉台吉、戴青蒙夸台吉① 等会盟，双方刑白马乌牛，向天地发誓，结成反察哈尔、喀尔喀联盟②。奥巴上述所为，自然引起了林丹汗的憎恨。恰在此时，林丹汗的叔祖莽古尔泰岱青（林丹汗祖父布颜图色臣汗之弟）因对林丹汗以往尽夺所属石纳明安部人民怀恨，率他的儿子扎尔布、色冷、公格、石达答、噶尔马、兀尔占台吉等，由察哈尔逃奔嫩科尔沁③。出于贪欲，奥巴很不明智地收留了这批察哈尔逃人，此事进一步加剧了与林丹汗的矛盾，成为林丹汗出征嫩科尔沁的直接原因。

天命十年八月，岭南喀尔喀乌济业特部首领洪巴图鲁炒花遣温吉哲克依扎尔固齐向奥巴密报：下月十五日，察哈尔要用兵汝等嫩科尔沁，要早为防备。奥巴闻讯，急忙向爱新国求救，要求爱新国派"炮手千名"，援兵多多益善。针对奥巴的要求，努尔哈赤只派了八名汉人炮手，并遣使致书奥巴，称"……[援兵的] 多寡不是根本，天 [的护佑] 才是根本"④。

同年十一月，林丹汗果然亲率大军攻打嫩科尔沁，包围了奥巴所住的格勒珠尔根城。响应林丹汗号召出兵的喀尔喀首领有宰赛和巴噶达尔汉（即暖兔）等台吉。初五日，奥巴遣使努尔哈赤说："察哈尔兵前来是真，能看见其影状。"次日，努尔哈赤令每八旗出二十个人，让孟格图带领，前往科尔沁。⑤ 十一日，努尔哈赤亲率众贝子、大臣从盛京出发，至开原镇北堡，努尔哈赤返回，命莽古尔泰贝勒、皇太极、阿巴泰台吉等人率精兵五千前往。并对出征诸王下令："阿拉盖、喀拉珠处虽有放炮声，不得前往。

---

① 扎赉特部首领，是在该部首领中较早与爱新国交往的人。
② 《清太祖实录》天命九年二月庚子。
③ 《清太祖实录》天命十年八月乙酉。
④ 《旧满洲档》，第 1909—1911、1913、1914 页。
⑤ 《旧满洲档》，第 1944—1945 页。

至农安塔^① 处，探听彼处情报，若能前往彼处，则先滞留于农安塔处，遣还彼处蒙古使者。对他们的使者说：'来时一昼夜，去时一昼夜，仅仅如此。时多我军不待。'若不能得到彼处可靠消息，待我方去彼处之哨探兵士来后即返回。"由此可知，努尔哈赤因畏惧林丹汗，派援兵时瞻前顾后、畏手畏脚，实际上将奥巴置于听天由命的境地。由此，达力扎布认为，爱新国只是做了个出援的姿态，林丹汗却信以为真、仓促退兵，奥巴侥幸得救。^② 事后，天聪汗皇太极刻意夸大其援助之功，对奥巴声称："其后，察哈尔汗欲杀尔，兴兵来侵，我等闻之，未图谋利，不惜劳苦，马匹倒毙，发兵抵达农安，察哈尔闻讯，遂弃将克之城而退。若我等未出兵，尔岂有今日乎？尔若勇强，何故执送扎尔布、恰台吉^③二人？察哈尔退兵之后，前来拜见，爱怜与尔，以女妻汝，倍加优礼，送之以珍珠、金、貂皮、猞猁狲、财帛、甲胄、五千两银，凡是人之所用之物均送往。"^④

对同一事，奥巴在天命十一年（1626 年）六月与爱新国第二次结盟时的誓词中说："察哈尔、喀尔喀借口我等抗拒，发兵来攻，蒙上天保佑，我们得救了。亦得满洲汗之护佑。"^⑤ 当时，奥巴是被天聪汗逼迫前往爱新国"谢罪"并结盟发誓的，因此，誓词难

① 今吉林省德惠市农安。
② 《明代漠南蒙古历史研究》，第 271 页。
③ 从"恰台吉"（意为"侍卫台吉"）这一称号可知，此人是成吉思汗黄金家族成员，而且曾是林丹汗的侍卫。
④ 李保文整理《十七世纪蒙古文档案文书》第 13 份文书。原文：tegün-i qoyin-a čaqar-un qaγan čimaigi alay-a gejü čerig iregsen-dü.bide sonusuγad beye jobuqu.ayta ükükü tala qaral ügei čerig mordaju nungqan-du kürügsen qoyina čaqar sonusču abqu boluγsan qota-yi orkiju qariba.mani ese moridaqula či edüge boltala yabuqu bileu. či baγatur küčütei bolusa jalbu kiya tayiji qoyar i yaγun du bariju ögbe. čaqar qariγsan qoyina jolγaya gejü iregsen-dü čimaigi qayiralaju ür-e-iyen ögčü yosun ügei kündülejü tana.altan.bolaγan. šilügüsün.ed torγ-a.quyaγ duγulγ-a.tabun mingγan lang mönggü. kümün-ü kereglekü aliba jüyil bögüde-yi ögčü ilegebe.
⑤ 《旧满洲档》，第 2081 页。

免言不由衷。倒是皇太极无意间说出了林丹汗从格勒珠尔根城退出的真正原因：奥巴被迫向林丹汗交出从察哈尔逃来的林丹汗亲族扎尔布、恰台吉二人后，林丹汗主动撤兵。因此，达力扎布所谓爱新国只是做了个出援的姿态之说可信，至于林丹汗是否真的畏惧爱新国援兵而撤退，那就不得而知了。

第六节　1630年嫩科尔沁移牧西拉木伦河流域

一、嫩科尔沁原牧地

"嫩科尔沁"，顾名思义就是嫩江科尔沁，是以其牧地命名的。自16世纪中叶魁猛可率部从呼伦贝尔一带迁居到嫩江流域，形成嫩科尔沁部，在其子孙博第达喇、齐齐克、翁果岱直至奥巴统治下的嫩科尔沁，在80多年的时间里一直游牧在嫩江流域。

天命四年（1619年）八月，努尔哈赤灭叶赫部，统一女真诸部。满文《太祖实录》记载当时的情况为：

......tere aniya manju gurun-i taizu genggiyen han dergi mederi ci wasihūn daiming gurun-i liyoodung-ni jase-de isitala:amargi monggo gurun-i korcin-i tehe dube non-i ulaci julesi julesi solho gurun-i jase-de niketele emu manju gisun-i gurun-be gemu dailame dahabufi uhe obume wajiha.[①]

译文：

......是年，满洲国的太祖英明汗自东海至大明国之辽东边，北自蒙古国科尔沁住地末端嫩江以南，南倚朝鲜国之境，

---

① 中国第一历史档案馆藏《大清太祖武皇帝实录》（daicing gurun-i taizu horonggo enduringge hūwangdi yargiyan kooli）卷三。

将同操一种满洲语的部众全部征服后，尽行成为共体。①

满文《太祖实录》指出了当时嫩科尔沁牧地的大体方位。又据《满文老档》记载，天命十年（1625 年）六月，努尔哈赤致书奥巴，称嫩科尔沁诸台吉为"自嫩江流源至于下口，所有兄弟"。②由此可知，17 世纪初，嫩科尔沁驻牧于整个嫩江流域，包括右岸支流绰儿河、洮儿河以及左岸支流乌裕儿河。达力扎布指出，科尔沁南下后游牧于嫩江流域，西与喀尔喀五部之扎鲁特部及弘吉剌特部相邻，东面和南面与海西女真交界，北面则与阿鲁诸部相接。③

二、林丹汗北征与嫩科尔沁右翼的南迁

1630 年，蒙古大汗林丹汗出征阿鲁诸部，邻近阿鲁诸部的嫩科尔沁甚为惊慌，为逃避林丹汗的征讨，在爱新国的安排下西迁到西拉木伦河流域。关于嫩科尔沁的此次迁徙，李保文整理的《十七世纪蒙古文文书档案》第 61 份文书为我们提供了最新的信息：

(1) §qaγan-u jarliγ-iyar negünem bile bide. dörbe γurban
(2) qonoγ usun-ügei tulata. aduγu qoni-yi urid (3) negülgejü.
γaruladju negütele. ooba naγaču-yin bosqaqul (4) bosču nekegsen
nekegül-dü. Joriγ-in γool-un (5) amasar-tu. Čaqar-ača irekü
bosqaqul Sereng abaqai-yin (6) jaγun aduγu-tai γurban temege-
tei γurban quyaγ-tai. (7) arban doluγan nayiman kümün. Doluγan
tayijinar-tu ečibe genem. (8) tere bosqaqul. nada kele. či urid
kürkü bišiu. (9) aγtan-i tarγun čerig mordanam geji. aγta temege

---

① 汉文《清太祖武皇帝弩儿哈奇实录》（卷三）记载为"满洲国自东海至辽边，北自蒙古嫩江，南至朝鲜鸭绿江，同一音语者，俱征服。是年，诸部始合为一"，没有满文记载确切。北平故宫博物院印行，1931 年。
② 汉译《满文老档》（上册），第 633 页。
③ 达力扎布：《明代漠南蒙古历史研究》，第 148 页。

(10) quriyaba .serigütü adali sere. büü genede. ene üge (11) qudal ügei boi. bosqul ečijemü turšiyul turšiju (12) yarjam bolbao. ijayur-un dobtuluysan yajar-a (13) ulus sayuy-a bai geküdü qayan iniyebe genem. (14)jiryuyan qonuy-un turšiyul yaryaba bide. ene…… kele (15) ünen bolusa. Šira mören. Nayun qoyar-un qoyur dumda (16) usun ügei jon deger-e mayu bayija geji sanaydaba bide. (17) ene bosqul-un üge. Čaqar-in nutuy Quluqurin yool-in (18) Šira šibayu-tai Abdaratai-du genem. ene bosqul (19) arba qonuju ireji bayinam. ene üge-yin ünen qudal-i (20) Moqor-un urusqu bolay-tu tür (21) jayur-a sayuju bolyoyad negüy-e.

译文：

　　我们正奉汗①之命迁徙，因三四天没有水，将马羊提前迁移，刚刚出发，敖巴舅②处有逃人叛逃，追击时，在交流河口③遇自察哈尔逃来的逃人［带着］色棱阿巴海④的马百、驼三、甲士三，［共］十七八人奔七台吉⑤而去了。那个逃人对我说："你不是提前到［天聪汗处］吗？［察哈尔将］要乘马肥时出征，收了马驼。像醒着似的提防，不要让偷袭了。"此话不假，有逃人来到［你们那里］吗？派出了哨探没有？据称当听到"以前所征伐过的地方已有人驻牧了"时，汗⑥笑了。我们派出了六天日程的哨探。此话若真，我们以为［驻牧于］西拉木伦、嫩［江］之间没有水的高地是不好的。据

---

① 指天聪汗皇太极。

② 敖巴舅即岭南喀尔喀乌济业特部首领炒花长子敖巴岱青（《金轮千辐》，第225页）。

③ 交流河在科尔沁右翼中旗，流入洮儿河。交流河口为交流河与洮儿河汇流处，即位于今天的吉林省洮南府附近。参见《盟旗地图》第二卷 [Walther Heissig（Hrsg）：Mongolische Ortsnamen Teil II]Hs.or 126（116）Hs.or.56（114）。

④ 指阿鲁科尔沁首领达赖楚呼尔叔父哈贝巴图尔。考证见第四章第一节。

⑤ 即嫩科尔沁额勒济格诸子。

⑥ 指蒙古大汗林丹汗。

逃人之语,察哈尔之营盘地在呼鲁胡尔河 ① 之西喇失保台 ②、阿巴达喇台 ③。此逃人经十天到此。在莫豁儿之乌鲁斯胡布拉克 ④ 暂住,得 [逃人之] 话的真假之后再迁徙。

这是嫩科尔沁土谢图汗奥巴在从嫩江流域迁往西拉木伦河的途中致天聪汗的文书。这份文书内容与李保文《十七世纪蒙古文文书档案》所收录的第 60、41、20 份文书的内容相呼应,而且出自同一个榜式之手。其中第 20、41 份文书背后明确标明"土谢图汗来书"。根据这几份文书,我们可以了解到嫩科尔沁部迁徙到西拉木伦河流域的历史背景。其迁徙具体时间可从第 20 份和 41 份文书背后用满文所记"马年九月"和"八月"推知,就是天聪四年(1630 年)八、九月。当时察哈尔林丹汗出兵征讨阿鲁诸部,于是驻牧于阿鲁诸部以南的嫩科尔沁为躲避林丹汗的征讨,向其同盟者爱新国紧急求援,要求天聪汗派轻骑来增援(详见第四章第二节)。但是爱新国一方面因畏惧林丹汗而不敢出兵,另一方面则为了进一步控制嫩科尔沁和阿鲁诸部,要求嫩科尔沁迁到西拉木伦河流域(即奥巴所说的"西拉木伦、嫩 [江] 之间的没有水的高地"),靠近爱新国驻牧。西拉木伦河流域原本是岭南喀尔喀五部的牧地,1626 年,岭南喀尔喀五部先后遭爱新国、林丹汗攻击而崩溃,这里成了无主牧地。嫩科尔沁来到这里后,扎根于此,再也没有离开。

嫩科尔沁部主体南迁后,在爱新国和嫩科尔沁共同安排下,嫩江流域的嫩科尔沁旧牧地不久被达古尔、乌喇 [江] 女真诸部

---

① 呼鲁胡尔河,即今西乌珠穆沁旗的巴拉嘎尔(Balyar)河。
② 据《蒙古游牧记》(卷四),西乌珠穆沁旗西五里有伊克锡喇石宝台(大黄鹰山),十八里有巴哈锡喇石宝台(小黄鹰山)。
③ 此地待考,当是锡喇石宝台附近的山名。
④ 汉译《满文老档》(第 1260 页)中记有莫豁尔河,此地当在西拉木伦河南岸,与这里所说的莫豁儿河地望不符。这个莫豁儿河和它的支流乌鲁斯胡布拉克(意为长流泉)待考。

占据，这是东北民族的一次较大规模的迁移活动。

天聪五年（1631 年）四月十一日，土谢图汗奥巴、哈坦巴图鲁、乌克善等科尔沁首领在天聪汗处定立了律令。内容为：

(1) Čaγan qonin jil-ün jun-u ekin sar-a-šin-e-yin arban nigen-e(2) Sečen qaγan-u emün-e. Tüšiy-e-tü qaγan. Qadan baγatur. Uγšan. Ildüči. Daγur qadan baγatur. (3) Mujai. Γal-tu baγatur. Bandi ildüči. yeke baγ-a noyad öčüken čaγaja esgebe. (4) degedü jaq-a-yin Daγur Kelčerkü-eče Čolmen kürtele saγuqu. Ula-yin Jürčid Qurγun-ača (5) doγuγši saγuqu. Ula-yin Jürčid Jačin-ača degegši saγuqu. yeke qušiγubar nigen (6) yeke qot(qota) kikü. ene čaγaja-yi ken ebdebesü jaγun aduγu arban temege egün-dür (7) üčijü ese boluγsan kümün-i. arban jasaγ-un arban noyad medejü. (8) Qaγan-ača elči abču negülgekü bolba. Čaγan qonin jil-ün ebül-ün ekin sara-ača inaγši (9) negülgekü bolba.[1]

译文：

　　辛未年夏之首月十一日，土谢图汗[2]、哈坦巴图鲁[3]、乌克善[4]、伊勒都齐[5]、达古尔哈坦巴图鲁[6]、木寨[7]、噶尔图巴图鲁[8]、班迪伊儿都齐[9]及大小台吉，集于天聪汗前，订立小的

---

① 《旧满洲档》，第 3425—3426 页。

② 即嫩科尔沁部首领奥巴。

③ 奥巴之弟布达齐。李保文、南快误认为是格列山只后裔［李保文、南快：《写于 17 世纪初叶的 43 份蒙文书信》，载《内蒙古社会科学》（蒙古文版），1996 年第 1 期］。

④ 莽古斯之孙。父为宰桑。

⑤ 明安之子栋果尔伊勒都齐。

⑥ 明安之子。

⑦ 洪果尔冰图长子。

⑧ 额勒济格之子。

⑨ 扎赉特部阿敏之子。

[补充的] 律令。上边之达古尔 [迁] 居于格勒珠尔库^① 至绰儿满^② 之地。乌喇之珠尔齐特^③[迁] 居于霍尔浑^④ 之下(南),乌喇之珠尔齐特 [迁] 居于扎沁^⑤ 之上(北)。每大旗筑一大城。谁若违背此律令,罚马百、驼十。发誓而不从者,十扎萨克之十台吉前去,从汗处请使臣,令其迁移。定于辛未年冬之首月往这边迁移。

在《满文老档》汉译文中,这份文书原意被严重曲解^⑥,变得不可理解,需要更正。文书所见格勒珠尔库,应是被林丹汗所围困的奥巴所住格勒珠儿根城,此地当在清代杜尔伯特旗西南界,位于嫩江左岸。1630 年嫩科尔沁南迁后,这里成了无主之地,于是爱新国与嫩科尔沁贵族商议,将原来居住于格勒珠尔库"以

---

① 17 世纪 20 年代奥巴所居住的格勒珠儿根城。据张穆《蒙古游牧记》卷一,"杜尔伯特牧地当嫩江东岸,齐齐哈尔城东南、呼兰城西……西南至柯勒吉勒格",即格勒珠儿根城位于清代杜尔伯特旗的西南界。具体位置在今杜尔伯特蒙古族自治县腰新乡兴隆村,离县城泰康镇约 120 华里。天命九年(1624 年)科尔沁部与爱新国缔结联盟之地唐葛哩克敖包(tangɣariɣ-un oboɣa,意为"宣誓、盟誓之敖包")也在格勒珠儿根城遗址西面北侧。详见包金同《科尔沁部与后金第一次盟誓地考》,载《内蒙古民族大学学报》,2006 年第 4 期。
② 绰儿满即绰儿满城(čolmen qota,意为"北斗城"),是 17 世纪 20 年代乌克善、满珠习礼等人驻守之城,位于松花江和嫩江汇流处北岸。原系锡伯人居住,故又称锡伯城。参见吴元丰、赵志强著《锡伯族历史探究》,辽宁民族出版社,2008 年,第 16 页。
③ 指居住于兀喇江(今第二松花江)流域的女真人。
④ 此地待考。
⑤ 此地待考。
⑥ 汉译《满文老档》(下册),第 1117、1118 页。其译文为:"辛未年四月十一日,土谢图汗、哈坦巴图鲁、乌克善、伊儿都齐、达古尔哈坦巴图鲁、穆寨、喀儿图巴图鲁、班迪伊儿都齐及大小台吉,集于天聪汗前,将所定法度议减少许:自东边之达古尔克儿哲尔库至绰儿满为居住地,从乌拉之珠尔齐特霍尔坤以西为居住地,自乌拉之珠尔齐特扎沁以东为驻牧地。大旗筑一大城。谁若破坏此法规,罚马百、驼十。倘有十扎萨克之十台吉见有不服从者,务请汗遣使令其迁移。拟于辛未年十月以前迁移。"

上"即北的嫩科尔沁属部达古尔、乌喇江（今第二松花江）女真
迁到这里。

三、嫩科尔沁左翼及所属达古尔等部的南迁

但是，嫩科尔沁及其属部达古尔等的这两次迁徙并不顺利。
首先，嫩科尔沁十旗中，南迁的只有奥巴、乌克善、喇嘛什希、
木寨、栋果尔右翼五旗，而扎赉特、杜尔伯特、两郭尔罗斯、七
台吉等左翼五旗并没有马上南迁。这一点可从《旧满洲档》中的
另一份文书，即天聪五年（1631 年）十一月十九日天聪汗致土谢
图汗奥巴的一份文书得知：

(1) Sečen qaɣan-u jarliɣ. Tüšiy-e-tü qaɣan-du bičig ilegebe.
(2) oda(odo) tan-du Čaqar-ača emiyegdekü ügei. Naɣun-i(u) aq-a
degü-degen kelejü. nutuɣ-iyan (3) baraɣun tegegši nutuɣla. nutuɣ
oyir-a bolqul-a yaɣum-a sanaqu-du sayin bišiu. (4) teyimü-yin
učir-i či ülü medekü boyu. yambar-ba sanaɣ-a ban Sangɣarjai-du
kelejem. (5) tarɣun aɣta-ban büü ebde. turaqan aɣta-yi borduɣul.
Ɣorlus. Jalayid. Doluɣan tayiji nar. (6) Darqan tayiji-yin keküked-
tü sayin kümün-i elči jaruju. teden-i(ü) nutuɣ-i tan-i(u) jüg tataju.
(7) kedün aqa degü bögödeger neyilejü. Aru-yin Abaɣ-a luɣ-a
ürküljilejü nutuɣla. činatu tabun qušiɣun (8) nutuɣ-i inaɣši es-e
tataqula. elči ba yabudal-du nutuɣ qola gejü ese kürči(kürčü)
ireküle nige müsün (9) dayisun bolqu teden-i(ü) Daɣuur-i ijaɣur-
un kelelčegsen ɣajar-a qabur jögedügei. tan-i šibege (10) Ula-du
jögeye geji(gejü) kelelče-be genem. büü jöge. Ɣorlus-ača abuɣsan
aduɣu-yi čaɣajan-i(u) toɣ-a-bar (11) ab. ilegü aduɣu-yi qariɣulju
ög.[①]

---

① 《旧满洲档》，第 3447、3448 页。

译文：

　　天聪汗圣旨，致书土谢图汗。今尔等勿畏察哈尔。传谕嫩 [科尔沁] 之众兄弟，向西移营驻牧。牧地若相近，易于谋事。此等缘故，尔焉不知。朕之所想已告知桑噶尔寨①，勿坏肥壮骟马之力，喂肥瘠瘦之骟马。选好人出使郭尔罗斯、扎赉特、七台吉②、达尔汉台吉③诸子处，让彼等向尔处移营，众兄弟相合，与阿鲁阿巴噶④相连而牧。若不将彼处五和硕⑤之营地迁往尔处，遇遣使等事，每谓营地遥远，不即前来，则竟成为仇敌。将彼等之达古尔⑥于明春迁往旧所议之地。⑦闻尔等商议，将 [彼之达古尔] 迁往锡伯、乌喇。勿迁之。由郭尔罗斯所取之马匹，按所约之律取之，

---

① 当时嫩科尔沁首领中叫桑噶尔寨的有明安两子大桑噶尔寨（号青巴图鲁）、小桑噶尔寨（又名索诺木诺木齐），杜尔伯特阿都齐之弟多尔济伊尔登儿桑噶尔寨（号莫尔根岱青）。但是，这个经常将天聪汗的话带给奥巴的桑噶尔寨，应是奥巴的近侍桑噶尔寨恰（虾），他曾多次出使爱新国，如天聪元年八月，他护送嫁与奥巴的爱新国格格到盛京，天聪汗让他带话给奥巴，要奥巴善待格格等。此外，同年十一月二十五日，明安子桑噶尔寨舅舅来到爱新国，贺天聪汗征明朝凯旋。此时，给奥巴的文书已经发出六日，因此，将天聪汗图谋别人（察哈尔）的话带给奥巴的不可能是桑噶尔寨舅舅。

② 指额勒济格格诸子。

③ 杜尔伯特部阿都齐达尔汉台吉。

④ 指广义上的阿巴噶，即阿鲁科尔沁、四子、翁牛特等部。

⑤ 指七台吉部、扎赉特一旗、杜尔伯特一旗、郭尔罗斯二旗。此事也能说明，天聪八年，七台吉、扎赉特部事件发生之前，七台吉部是独立的和硕（即旗）的事实。

⑥ 今达斡尔人先祖，达斡尔当时为扎赉特、杜尔伯特、郭尔罗斯、七台吉部属部。

⑦ 指天聪五年四月一日，土谢图汗奥巴、哈坦巴图鲁、乌克善等科尔沁台吉在天聪汗处订立的法规当中之"上边之达古尔居住自格勒珠尔库至绰儿满之地"一事。

多余之马匹，概行返还。①

显然，因郭尔罗斯二旗、扎赉特、杜尔伯特、七台吉等五旗迟迟未迁移，皇太极担心他们成为敌对力量，要求奥巴将他们的牧地向自己方向靠拢，目的是进一步控制这几部，更便于调遣其壮丁出征。上一文书中提到的"达古尔"其实一直在七台吉、扎赉特等部控制之下。由于扎赉特等部没有马上南迁，天聪五年四月所约定的迁移达古尔之事也未能实现。扎赉特等部首领甚至商议，不把达古尔迁往所约之地——格勒珠儿根城一带，而是迁往乌喇江女真处。

直到天聪六年（1632 年），七台吉部首领噶尔珠塞特尔等仍没有向南迁移，即便迁移也不常驻牧，时而向北边的旧牧地游牧。他们向北游牧的借口是为从达古尔等收取贡赋。于是，六月二十四日，天聪汗致书噶尔珠塞特尔说："若尔营地不往北出，将讷里古特·达古尔迁往近处，则不计前嫌。"② 迫于天聪汗的压

---

① 汉译《满文老档》中此段文字多有错误。将"嫩[科尔沁的]之众兄弟"误译成"阿衮兄弟"，将"牧地若相近，易于谋事"译成"倘离游牧地近，则易于收集诸物"，将"朕之所想已告知桑噶尔寨"译成"无论如何，将此意见，转告桑阿尔寨"，将"扎赉特、七台吉"连读成"扎赖特七台吉"，将"若不将彼处五和硕之营地迁往尔处，遇遣使等事，每谓营地遥远，不即前来，则竟成为仇敌"译成"倘彼处五旗游牧人不撤回，则因路远不相来往，而后竟为仇敌"，将"将彼等之达古尔于明春迁往旧所议之地"译成"命彼等于明春迁往达斡尔原议之地"，将"闻尔等商议，将[彼之达古尔]迁往锡伯、乌喇"译成"据悉将尔等之木边墙移至乌拉等语"。日译《满文老档》也有错误。也将"嫩[科尔沁]"译成"Agūn"，将"牧地若相近，易于谋事"译成"若牧地近，则易于收拾任何东西"，将"朕之所想已告知桑噶尔寨"译成"无论如何，将这一旨意告知桑阿尔寨为宜"，将"扎赉特、七台吉"译成"扎赉特的七台吉"，将"若不把彼处五和硕之营地迁往尔处，遇遣使等事，每谓营地遥远，不即前来，则竟成为仇敌"译成"若不把彼处的五旗之牧地往此方靠近，则哪处也牧地遥远而不来，遂成为仇敌"，将"将彼之达古尔于明春迁往旧所议之地"译成"春，将他们移到达古尔之原议之地为宜"，将"闻尔等商议，将[彼之达斡尔]迁往锡伯、乌喇"译成"约定，将尔等的牧地移到乌喇"。汉译《满文老档》（下册）第 1172—1173 页；日译《满文老档》太宗 2，第 596—597 页。

② 《旧满洲档》，第 3913—3914 页。

力，七台吉、扎赉特部最终还是南迁了。

当1630年嫩科尔沁为躲避林丹汗的征讨而南迁时，遭到林丹汗征讨的阿鲁诸部中的阿鲁科尔沁、四子、翁牛特、喀喇车里克、伊苏特等部相继越过兴安岭，迁到嫩科尔沁新牧地附近。由此，西拉木伦河流域聚集了众多蒙古部众。天聪五年（1631年）十月，皇太极派济尔哈朗、萨哈廉划定翁牛特、巴林、敖汉、奈曼、四子、阿鲁科尔沁、扎鲁特等部的牧界。新划定的牧界大体为：翁牛特、喀喇车里克牧地包括今翁牛特旗和赤峰市区；敖汉、奈曼牧地包括今天的敖汉、奈曼旗和库伦旗；巴林位于敖汉、奈曼以西，翁牛特东南，牧地在今敖汉旗南部及其以南地区。上述诸部以东依次为四子、阿鲁科尔沁、扎鲁特部牧地。其中，扎鲁特部的牧地在今兴安盟突泉县及吉林省洮南、白城、大安一带；阿鲁科尔沁、四子的牧地位于扎鲁特部西和西南，即今科尔沁右翼中旗一带。阿鲁科尔沁、四子、扎鲁特部北和东北的广大地区就是嫩科尔沁的新牧地（详见第四章第四节）。

天聪七年（1633年），阿鲁诸部中的乌喇特、茂明安越过兴安岭，归附爱新国。当时爱新国未给二部划定牧地，临时附牧于四子、阿鲁科尔沁、扎鲁特三部。天聪八年，林丹汗去世，察哈尔部的威胁不复存在，所以上述诸部向西向北拓展牧地，而嫩科尔沁部也恢复了旧有的北边不少牧地。同年十一月，爱新国派人划定上述诸部与蒙古八旗的牧界。崇德元年（1636年），清朝正式在蒙古地区建立扎萨克旗，顺治初年，清朝将四子、乌喇特、茂明安等部陆续迁往阴山以北地区，将扎鲁特和阿鲁科尔沁迁至嫩科尔沁以西，将巴林迁往西拉木伦河北岸、阿鲁科尔沁以西。

至此，清朝哲里木盟十旗的牧地最终形成。①

---

① 清朝的哲里木盟包括今天的通辽市（除扎鲁特、奈曼、库伦旗）、兴安盟及辽宁、
吉林、黑龙江三省的西部地区。嫩科尔沁十旗的大体位置为：科尔沁右翼中旗包括
今兴安盟科尔沁右翼中旗和突泉县，以及吉林省通榆县的北部和白城市的一部。科
尔沁右翼前旗包括今兴安盟科尔沁右翼前旗南部、乌兰浩特市和吉林省洮南市、通
榆县及白城市的一部分。科尔沁右翼后旗包括今兴安盟科尔沁右翼前旗北部及扎
赉特旗和吉林省镇赉、大安等县的一部分。科尔沁左翼中旗大体相当于今通辽市大
部、科尔沁左翼中旗和吉林省公主岭市、梨树县的全部，以及四平、双辽市的大
部，辽宁省康平县的一小部分。科尔沁左翼前旗大体包括今辽宁省彰武县东北、康
平县西部、法库县西北及通辽市科尔沁左翼后旗西部和西南部，以及库伦旗的一部
分。科尔沁左翼后旗包括今通辽市科尔沁左翼后旗的大部分、通辽市的一部分，辽
宁省昌图县的全部和康平县的一部分，以及吉林省双辽市的一小部分。郭尔罗斯前
旗包括今吉林省前郭尔罗斯蒙古族自治县、长岭县、德惠市、农安县、乾安县的全
部和长春市的一部分。郭尔罗斯后旗包括今黑龙江省肇东、肇州、肇源三县。杜尔
伯特旗包括今黑龙江省杜尔伯特蒙古族自治县、大庆市、安达县、林甸县和泰来县
的一小部分。扎赉特旗大体相当于今内蒙古兴安盟扎赉特旗，吉林省大安县、镇赉
县以及黑龙江省泰来县等旗县的一部分。参见周清澍等著《内蒙古历史地理》，第
159—164 页。

第四章　17世纪前期的阿鲁诸部

阿鲁诸部是指 16—17 世纪驻牧于大兴安岭以北的成吉思汗弟合撒儿、哈赤温、别里古台后裔所属部众。自成吉思汗时代直至 16 世纪中叶，东道诸王后裔部众中，合撒儿、哈赤温、别里古台三家驻牧于大兴安岭以北，只有成吉思汗幼弟斡赤斤后裔一家驻牧于大兴安岭以南。因此，在元朝的行政系统中，前三家属于"岭北行省"，而后一家则属"辽阳行省"，实际上就是"岭南行省"。16 世纪中叶，蒙古大汗直属部众察哈尔、喀尔喀的一支与合撒儿家族的一支南下大兴安岭住牧，组成新的岭南游牧集团，于是成吉思汗以来的岭北、岭南格局被打破。随之，东道诸王后裔部众也出现了新的岭北（Aru）、岭南（ölge）之分。17 世纪 30—60 年代，东道诸王后裔阿鲁蒙古各部陆续归附爱新国 / 清朝。1630 年，阿鲁科尔沁、四子、翁牛特三部越大兴安岭南下，归附爱新国。1633 年，乌喇特、茂明安归附爱新国。顺治（1644—1661）初，为防范阿鲁喀尔喀进出归化城（今呼和浩特）等地，清朝将阿鲁诸部中的四子、乌喇特、茂明安等部迁往阴山山脉以北地区驻牧。1639 年、1651 年以及 1665 年、1667 年，有部分阿巴噶、阿巴哈纳尔部众由漠北南下归附清朝，被清朝安置于漠南地区。南迁的阿鲁蒙古各部与原来驻牧于漠南并早已归附爱新国的嫩科尔沁、巴林、扎鲁特、敖汉、奈曼、喀喇沁、东土默特、鄂尔多斯等部，以及在 17 世纪 30 年代末由漠北南来归附爱新国 / 清朝的克什克腾、乌珠穆沁、浩齐特、苏尼特等部形成清朝的内扎萨克蒙古六盟四十九旗。由此可知，17 世纪前半叶阿鲁蒙古各部的南迁以及归附爱新国 / 清朝对内蒙古各部的形成以及今日内蒙古版图的最终确定都有重大影响。本章是对 17 世纪初东道诸王后裔部众中与岭南嫩科尔沁对应的"岭北各部"，即阿鲁蒙古诸部历史进行研究，主要利用新发现的蒙古文档案文书以及《旧满洲档》等资料，重新探讨合撒儿、哈赤温、别里古台后裔所属阿鲁诸部称谓、部众、统治家族，阿鲁诸部与其宗主林丹汗察哈尔部、北邻阿鲁喀尔喀关系，阿鲁诸部归附爱新国 / 清朝的历史背景、过程以及牧地变迁等问题。

第一节　阿鲁诸部及其统治家族

16 世纪初，东道诸王后裔各万户—兀鲁思领主效仿达延汗，在各自万户—兀鲁思分封子孙，这就导致个别东道诸王后裔万户—兀鲁思的分裂。如，合撒儿后裔所属科尔沁万户分裂为嫩科尔沁和阿鲁科尔沁。哈赤温、别里古台后裔所属察罕和也可两个万户—兀鲁思虽然没有像科尔沁万户一样分裂为明显的两大部，但其分裂状态依稀可见：也可万户分裂为阿巴噶、阿巴哈纳尔两大部，分别附属于蒙古大汗直属察哈尔万户和阿鲁喀尔喀；察罕万户则分为三大部，分别称翁牛特、喀喇车里克和伊苏特。①

一、阿鲁诸部的概念及其所属部众

研究阿鲁诸部，首先遇到阿鲁诸部概念问题。据《王公表传》

---

① 根据最近发现的档案文献，伊苏特统治者似为别里古台后代。参见乌海《清初阿鲁蒙古伊苏特部贵族祖源考述》，载《清史研究》，2018 年 3 期。

记载，阿鲁蒙古包括阿鲁科尔沁、四子、乌喇特、茂明安、翁牛特、阿巴噶、阿巴哈纳尔及喀尔喀内外扎萨克①（指外扎萨克喀尔喀和内扎萨克喀尔喀二旗）。《皇朝藩部要略》和张穆《蒙古游牧记》继承了《王公表传》之说，后者还解释"阿鲁—山阴"为杭爱山阴。②

　　和田清在其名著《东亚史研究·蒙古篇》中纠正了张穆"阿鲁—山阴"指杭爱山阴说，指出阿鲁蒙古的"阿鲁"确指山阴，但这个山阴可能是兴安岭山阴而非杭爱山阴。不过，和田清同时又错误地认为阿鲁蒙古或阿鲁诸部中还包括嫩科尔沁。③贾敬颜在其《阿禄蒙古考》一文中也正确指出"阿禄（鲁）"即"山阴"，指兴安岭之北。但是，他进而认为阿鲁蒙古以斡赤斤后裔统治下的部众为核心。在狭义上，阿鲁只指四子部，而四子部又是成吉思汗四弟斡赤斤后裔所统部众；广义上的"阿禄"还包括翁牛特、喀喇车里克、伊苏特、阿霸垓（阿鲁科尔沁）、乌喇特、茂明安、阿鲁喀尔喀七旗及与之关系密切的乌珠穆沁。④胡日查继续研究这一问题，认为阿鲁诸部狭义上只指阿鲁科尔沁和四子部，广义上还包括翁牛特、喀喇车里克、伊苏特、乌喇特、茂明安、阿巴噶、阿巴哈纳尔部。他还进一步认为，"阿鲁蒙古"和"阿鲁诸部"不是当时蒙古人的自称，而是爱新国皇宫里的满族笔帖式们的称谓，因为他们不清楚当时驻牧于兴安岭以北的各部情况，以爱新国自己的方位将这些部落统称为"阿鲁蒙古"或"阿鲁诸部"。⑤宝音德力根较为系统地论述了阿鲁及阿鲁诸部的概念，他首先纠正了四子部为成吉思汗四弟斡赤斤后裔所统部众之说，指出阿鲁诸部是对牧地在大兴安岭北麓的成吉思汗诸弟合撒儿、哈赤温、

①　《王公表传》卷三十，《阿噜科尔沁部总传》。
②　《皇朝藩部要略》卷一，《内蒙古要略一》，筠渌山房本；张穆：《蒙古游牧记》卷三。
③　［日］和田清：《东亚史研究·蒙古篇》，第376—377、481—482页。
④　贾敬颜：《阿禄蒙古考》，载《蒙古史研究》第三辑，1989年。
⑤　胡日查、长命：《科尔沁蒙古史略》，第135页。

别里古台后裔所统诸部的统称。阿鲁一名源自阿鲁科尔沁（包括阿鲁科尔沁、四子、乌喇特、茂明安），最初是南迁的嫩科尔沁对留居故土——大兴安岭北之同族的称呼。后来，这一概念逐渐扩大，还囊括了哈赤温家族所统翁牛特诸部（包括翁牛特、喀喇车里克、伊苏特三部）以及别里古台家族所统阿巴噶、阿巴哈纳尔诸部。广义上，兴安岭以北的所有蒙古部众都可以称作阿鲁部。他还认为，阿鲁蒙古之称是一个纯地理名称，由于16世纪中叶蒙古左翼察罕儿、罕哈及好儿趁等三万户的一部分在蒙古大汗打来孙和虎喇哈赤、魁猛可率领下南下兴安岭驻牧，蒙古内部就有了阿鲁（山阴）蒙古和Ölge（山阳）蒙古之分。①

诚然，阿鲁蒙古之称最初源于阿鲁科尔沁。合撒儿后裔科尔沁万户长期驻牧在成吉思汗划定的今呼伦贝尔及其以北地区。到了16世纪中叶，齐王孛罗乃幼子图美只雅哈齐长子魁猛可率众随蒙古大汗不地长子打来孙南迁嫩江流域，而次子巴衮诺颜、三子布尔海则仍留居故土，与齐王孛罗乃长子阿儿脱歹家族一同游牧。南迁后的魁猛可家族称仍居岭北的巴衮、布尔海家族及其属民为"阿鲁科尔沁"，亦称"阿巴噶科尔沁"。② 前者是地理概念，后者则是图美只雅哈齐家族间的血缘关系称谓。但二者都是魁猛可子孙对其叔父家族以及属民的称呼。这两个称谓下包括了后来的阿鲁科尔沁、四子、乌喇特三部。驻牧于阿鲁科尔沁三部北边的茂明安等部也是合撒儿后裔所属部众，而且其首领是齐王

① 宝音德力根:《往流、阿巴噶、阿鲁蒙古》，载《内蒙古大学学报》，1998年第4期;《往流和往流四万户》。
② 魁猛可子孙称留居大兴安岭北之叔父家族，即巴衮、布尔海及其后裔所属阿鲁科尔沁（后析出四子部）、乌喇特为阿巴噶科尔沁。这一概念与狭义的阿鲁科尔沁一致。当然，17世纪蒙古文史书《黄金史纲》《蒙古源流》也有"阿巴噶科尔沁"或"科尔沁阿巴噶"的概念，这是成吉思汗子孙对其叔父合撒儿家族的称呼。

家族的嫡系，因此，他们也被视为阿鲁科尔沁或阿巴噶科尔沁[①]。《清内秘书院蒙古文档案》以及《清实录》记载茂明安的车根汗和固木的事迹时，往往称他们为阿鲁科尔沁的诺颜[②]，原因就在于此，不能简单地认为这是《清实录》等书的失误。总之，广义上的阿鲁科尔沁包括驻牧于大兴安岭以北的合撒儿后裔统治的所有部众，也就是说，迁到兴安岭以南的嫩科尔沁称自己万户的右翼，即兴安岭以北的部分为阿鲁科尔沁。

　　从17世纪30年代起，阿鲁科尔沁诸部因畏惧林丹汗袭击，陆续迁离故土呼伦贝尔地区，越大兴安岭南下，驻牧于西拉木伦河流域并归附爱新国/清朝。顺治初，阿鲁科尔沁诸部中的茂明安、四子、乌喇特等部又被清朝西迁至大青山、阴山之北。这样，入清以后，阿鲁科尔沁之称只作为一个部或一个扎萨克旗之名存在了。[③]

　　与广义上的阿鲁科尔沁相邻的翁牛特、喀喇车里克、伊苏特三部是哈赤温家族所属部众，牧地一直位于大兴安岭北、今乌珠穆沁草原。翁牛特三部之北是别里古台后裔所属阿巴噶部，他们同样被称作阿鲁诸部。阿鲁诸部以及大兴安岭以南的原成吉思汗幼弟斡赤斤属民山阳万户（Ölge tümen），都出自成吉思汗诸弟东道诸王部众，因此他们又有一个共同的称呼"往流"（又作阃留、翁牛特），意为王的属民。这里的"王"特指东道诸王。需要说明的是，蒙古各部阿鲁（山阴）、Ölge（山阳、岭南，后来这个词被同义词 Öber—Öbür 所取代，因此今天的"内蒙古"称 Öbür mongɣol）的划分是蒙古人自己的事情，并不是满族笔帖式所创。

---

① 蒙古语"阿巴噶"指"叔父"，又指"伯父"，如果硬要区分，前面各加大（yeke）小（baɣa）以示区别。

② 中国第一历史档案馆、内蒙古自治区档案馆、内蒙古大学蒙古学研究中心编：《清内秘书院蒙古文档案汇编》第2辑，内蒙古人民出版社，2003年，第395—396页；《清太宗实录》天聪七年二月癸亥、癸酉条。

③ 参见宝音德力根《往流和往流四万户》。

二、阿鲁科尔沁诸部及其统治家族

阿鲁科尔沁、四子部统治者世系 关于阿鲁科尔沁统治者的世袭，《金轮千辐》《王公表传》、梅日更葛根的《黄金史》均有不同的记载。《王公表传》说，魁猛可之弟、阿鲁科尔沁始祖巴衮诺颜有三子，长子昆都伦岱青，次子哈贝巴图尔，幼子为诺延泰。[①]《金轮千辐》的记载与之相同，说巴衮诺颜有名为昆都伦岱青、哈贝巴图尔、诺延泰鄂特浑的三个儿子。昆都伦岱青诺颜有五子，长子巴尔津（Barjin）、次子诺密布库（Nomi bökü）、三子博尼墨儿根（Büni mergen）、四子达尔汉贝勒达赖楚呼尔（darqan beyile Dalai čökür）、五子泰哈勒鄂特浑（Tayiɤal otqun）。[②]梅日更葛根《黄金史》的记载是"巴衮塔布囊（Baɤun tabunang）之子炒罕（明代译作炒花 Šiuqan）、诺木图昆都伦岱青（Nomtu kündülen dayičing）、昆都诺颜（Küntü noyan）、哈贝巴图尔（Qabui batur）、诺颜泰鄂特浑（Noyantai otqun）五人。诺木图昆都伦之子巴尔察诺颜（Barča noyan）、诺密博克（Nomi böke）、博寨墨儿根（Bujai mergen）、衮布都里斯呼（Gümbü duurasqu）、布木巴楚克尔（Bumba Čüüker）、固茹卫征（Gürü uyijing）、阿玉什车臣（Ayuši sečen）、班布尔卓里克图（Bambur joriɤtu）、萨穆绰克达赖（Samčuɤ dalai）、达赖楚克尔（Dalai čöker）、泰哈勒诺颜（Tayiɤal noyan）十一人"[③]，远比《王公表传》和《金轮千辐》详细。

在谈到与阿鲁科尔沁关系密切的四子部统治家族时，学界往往将其始祖诺延泰误为达赖楚呼尔之弟，或将诺延泰四子僧格四兄弟误为达赖楚呼尔的侄子。[④]其实，从上述各种文献较为一致

---

① 《王公表传》，卷三十，《阿噜科尔沁部总传》。
② 《金轮千辐》，第 296 页。
③ 梅日更葛根：《黄金史》，第 84 页。
④ ［日］和田清：《东亚史研究·蒙古篇》，第 483 页。

的记载可知，僧格四兄弟与达赖同辈，是堂兄弟关系。

诸延泰四子分别是：长子僧格，号墨尔根和硕齐；次子索诺木，号达尔汉台吉；三子鄂木布，号布库台吉；四子伊尔扎木，号墨尔根台吉。"四子分牧而处，后遂为其部称。"[1] 就是说，在达赖时代，僧格四兄弟早已分家，虽然与阿鲁科尔沁一同游牧，但已经是独立的四子部了。因此，不能把清朝将四子牧地向西迁移视为四子部独立的开始。

明代文献如魏焕《皇明九边考》、郑晓《皇明北虏考》记载明宣府直北的罔留（翁牛特）、罕哈（喀尔喀）、尔填（科尔沁）三部时说，"尔填部下为营者一，大酋可都留领之"[2]。和田清认为"尔填"一营就是阿鲁科尔沁，"可都留"即阿鲁科尔沁的昆都伦岱青。[3] 宝音德力根纠正和田清之说，认为昆都伦岱青伯父魁猛可是 16 世纪中叶的人，因此，"可都留"更有可能指昆都伦岱青之父巴衮诺颜，"尔填"一营应指巴衮诺颜所属科尔沁右翼。[4] 这一推断是合理的。

据《满文老档》和《金轮千辐》的有关记载可知，巴衮三子中长子昆都伦岱青和幼子诸延泰后代所属部众分别成为阿鲁科尔沁和四子部，而次子哈贝巴图尔子孙则附属于阿鲁科尔沁首领达赖，没有形成独立的大鄂托克。据《金轮千辐》，哈贝巴图尔有昂噶（Angγa）、也遂巴图鲁（Yisui baγatur）、奇塔特（Kitad）、巴拜布库（Babai bökü）、昂阿儿珠尔（Angγaljur）、昂汉 (Angqan) 等六子。而据《满文老档》和《清太宗实录》，阿鲁科尔沁达赖属下有位色棱阿巴海，曾在天聪五年（1631 年）遭林丹汗抢掠。

---

① 《王公表传》卷三十九，《四子部落总传》。
② 魏焕：《皇明九边考》卷四《宣府镇·边夷考》，北平图书馆善本丛书第一集。
　　郑晓：《皇明北虏考》。
③ ［日］和田清：《东亚史研究·蒙古篇》，第 475—477 页。
④ 宝音德力根：《十五世纪前后蒙古政局、部落诸问题研究》，第 126 页。

色棱阿巴海子名昂噶、奇塔特、昂阿儿珠尔、绰斯喜。① 由此可知，《满文老档》中的色棱阿巴海就是《金轮千辐》中的哈贝巴图尔，是达赖的叔父。② 崇德元年，清朝在阿鲁科尔沁编制牛录，色棱阿巴海子绰斯喜、昂噶、昂阿儿珠尔共编为 13 牛录。③ 虽经林丹汗"大掠"，色棱阿巴海家族势力仍不小。

茂明安、乌喇特部统治者世系　茂明安（Maɣu mingyan）部的统治者是齐王家族的嫡系，是齐王孛罗乃长子阿儿脱歹王的后裔。作为合撒儿后裔的宗长，他们掌握了科尔沁万户最高的统治权，并世代掌管着合撒儿的斡耳朵。阿儿脱歹长子莽会之子鄂伯泰（Ebtai），鄂伯泰子卓尔忽勒（Joryul），有汗号，称卓尔忽勒汗。卓尔忽勒汗无嗣，于是汗位转到阿儿脱歹次子栋会之子噶儿图（Ɣaltu）手中，称阿剌克汗（alaɣ qayan）。噶儿图子锡喇（šira）、孙多尔济、曾孙车根（天聪七年率部归附爱新国者）世代拥有汗号，分别称土谢图汗、布颜图汗和斡齐儿图汗。④

梅日更葛根《黄金史》记载孛罗乃、阿儿脱歹子孙世系较详："孛罗乃（误读为孛里海—Boliqai）之子鄂尔图晖布延图（Urtuqui boyantu）、孟克博罗呼（Möngke bolqu）、额斯博罗特（Esibolud）、图美只雅齐（Tumui jiyači）、巴登海太师（Badangqai tayiši）、额博泰（Ebetei）、洪果尔（Qongyur）、图鲁根乌玛失里（Tölügen umaširi），此八人，还有庶子博罗泰（Boladtai），共九人。阿儿脱歹有子十二人：莽会（Mangqui）⑤、栋会（Dungqui）、脱脱孛罗忽（Toɣtubolqu）、赛因哈剌（Sayinqara）、赛因布尔海（Sayinburqai）、乌瓦迪（Üwadai）、斡伯克（Übüge）、哈兀里（Qauli）、齐纳尔（Činar）、斡齐尔（Wačir）、

---

① 汉译《满文老档》（下册），第 1260—1263、1668 页；《清太宗实录》天聪五年十一月庚寅。
② 《金轮千辐》，第 296 页。
③ 汉译《满文老档》（下册），第 1668 页。
④ 梅日更葛根：《黄金史》，第 74 页；《金轮千辐》，第 278 页。
⑤ 与哈赤温后裔满惠王同名，并且是同时代的人。

乌永古（Uyungyu）、额森（Esen）。莽会之子鄂博泰（Ebetai），彼之子卓尔忽勒汗（Čorqul）无子嗣。栋会之子噶儿图阿刺克（Γaltu alaγ）、噶儿博罗特（Γalbolud）、哈布哈尔（Qabuqar）、诺木罕（Nomuqan）、胡图克沁（Quduγučin）五人。噶儿图阿刺克之子土谢图锡喇（萨仁）汗（Tüšiyetü saran qan）、萨忽喇克（Saqulaγ）、花达（Quwada）、阿尔善冰图（Aršan bingtü）、博都浑（Boudu qung）、固穆伊勒登（Gümü ildeng）、厄博克和硕齐（Übeüke Qošiuči）七人。锡喇汗之子多尔济布延图（Dorji boyantü）、固穆图垒（Gümü törüi）、达尔玛都尔乞木（Darma dürkim）、桑噶尔寨洪噶尔（Sangyarjai qongyar）四人。多尔济汗之子斡齐儿图青三汗（Wačirtu čingsan qan）、罗布津（Lubjin）二人。青三汗之子扎萨克台吉僧格（Sengge）……"[1]而《王公表传》的记载较为简略："元太祖弟哈巴图哈萨尔十三世孙鄂尔图鼐布延图，子锡喇奇塔特，号土谢图汗，有子三：长多尔济，次固穆巴图鲁，次桑阿尔斋洪果尔……"[2]胡日查在其《科尔沁蒙古史略》中用梅日更葛根《黄金史》的有关记载纠正了《王公表传》上述记载中的一些错误。[3]

此外，齐王孛罗乃之弟兀捏孛罗先是让位于孛罗乃，后来又继孛罗乃为科尔沁汗王。但是在他死后，汗王之位归孛罗乃长子阿儿脱歹及其子孙。蒙古文史书虽然记载了兀捏孛罗子孙一些情况，但好像只限于南迁归附清朝的部分[4]，其留居故土的子孙是否

① 梅日更葛根：《黄金史》，第73、74页。
② 《王公表传》卷四十，《茂明安部总传》。
③ 详见胡日查、长命《科尔沁蒙古史略》，第173—174页。
④ 梅日更葛根《黄金史》（第72页）中详细记载了兀捏孛罗世系：诺颜博罗特（"兀捏孛罗"之误读）之子额斯布尔，彼之子额布齐巴图鲁，彼之子赛因巴喇达尔、瑚苏尔泰。赛因巴喇达尔之子博勒特尔格巴图鲁，彼之子博尔达、兴琥泰、章琥尔三人。博尔达之子巴尔楚哈、巴尔察嘎、巴尔寨、巴布岱、巴图、巴鲁岱、巴珠海七人……巴图后裔为西公旗（乌喇特前旗）哈喇抽（Noyanbolud-un köbegün Esbüri. tegünü köbegün Ebüči batur. tegünü köbegün Sayin baldar. Küsürtei qoyar. Sayin baldar-in köbegün Beltereg batur. Tegünü köbegün Bürda. Šingqudui. Jangqur γurba. Bürda-yin köbegün Barčooqan. Barčaγ-a. Barjai. Babudai. Batu. Baludai. Bajooqai dolo.......Batu-yin ür-e barayun qušiyun-a qaraču bolju amoi.）。

领有独立的鄂托克等情况，我们已经无法知晓了。但是可以肯定，他们的后代及其属民后来不是属于喀尔喀，就属于俄罗斯了。

乌喇特部的始祖布尔海是嫩科尔沁始祖魁猛可和阿鲁科尔沁、四子部始祖巴衮的亲弟弟，均为图美之子。而茂明安始祖阿儿脱歹则是布尔海的伯父。以血缘关系论，乌喇特统治者与嫩科尔沁、阿鲁科尔沁统治者更近。单从阿鲁科尔沁诸部论，乌喇特统治家族与阿鲁科尔沁、四子部统治家族关系应更近。但在实际上，乌喇特与茂明安的关系更加亲密，因此当1630年阿鲁科尔沁、四子部南下时，他们并没有同来，却在1633年与茂明安一同归附爱新国。爱新国方面直接称茂明安首领为乌喇特汗①，这恐怕不是简单的误会，而是反映了乌喇特直属茂明安的事实。当然，从广义上讲，茂明安汗是整个阿鲁科尔沁乃至嫩科尔沁的汗王。

《王公表传》在记载乌喇特部统治者世系时说，"元太祖弟哈巴图哈萨尔十五世孙布尔海，游牧呼伦贝尔，号所部曰乌喇特。子五：长赖噶，次布扬武，次阿尔萨瑚，次布噜图，次巴尔赛，后分乌喇特为三。赖噶孙鄂木布，巴尔赛次子哈尼斯青台吉之孙色棱及第五子哈尼泰冰图台吉之子图巴，分领其众，统号阿噜蒙古"②。梅日更葛根《黄金史》所记乌喇特部统治者世系与《王公表传》的记载完全吻合。但是《金轮千辐》所记与之不同，说布尔海只有一个儿子巴尔赛（相当于《王公表传》中的四子），巴尔赛三子海岱、海萨、赍萨，分乌喇特为三，成为乌喇特三部首领。③胡日查相信《王公表传》的记载，认为《金轮千辐》将布尔海长子赖噶误为其弟巴尔赛的三子赍萨。④ 其实，从《金轮千辐》所列世系看，"赍萨（Laisa）"是"赖噶（Laiγ-a）"之误，因蒙古文

① 《旧满洲档》，第3909—3910页。
② 《王公表传》卷四十一，《乌喇特部总传》。
③ 《金轮千辐》，第307—308页。
④ 《科尔沁蒙古史略》，第163页。

字形相近所致。而海萨和海岱在《金轮千辐》中是赖噶（误写为"赍萨"）的兄弟，而在梅日更葛根《黄金史》中则是赖噶幼弟巴尔赛的两个儿子。到底哪一种记载正确，还不能断定。

三、翁牛特三部的统治家族及其世系

翁牛特三部统治家族哈赤温后裔　由于蒙汉文史书对翁牛特部统治家族的不同记载，学术界产生了对此问题的不同意见。《王公表传》《蒙古游牧记》《藩部要略》等清代文献都说翁牛特、喀喇车里克的统治者是成吉思汗幼弟斡赤斤后裔。[①] 多数学者都轻信这一记载，认为清代昭乌达盟翁牛特二旗统治者是斡赤斤后裔。[②] 而早于《王公表传》等清代文献一百多年成书的佚名《黄史》、罗桑丹津《黄金史》等蒙古文文献都一致记载翁牛特部的统治者是成吉思汗的另一个弟弟哈赤温（Qačiγu，是哈赤温—Qačiγun 一词尾音脱落形式）后裔。[③] 乔吉、留金锁、乌兰、胡日查等学者们相信蒙古文文献的记载，认为翁牛特等部统治者是哈赤温后裔。[④] 宝音德力根将蒙汉文史书，特别是《黄史》《黄金史》的有关记载与 18 世纪 50—70 年代拉喜彭斯克所著《水晶珠》的相

---

① 《王公表传》卷三十一，《翁牛特部总传》；《蒙古游牧记》卷三；《藩部要略》卷一，《内蒙古要略一》。

② ［日］和田清：《东亚史研究·蒙古篇》。贾敬颜：《阿禄蒙古考》。曹永年：《蒙古民族通史》（第三卷），内蒙古大学出版社，1991 年。叶新民、薄音湖、宝日吉根：《简明古代蒙古史》，内蒙古大学出版社，1990 年。

③ 《黄史》，第 148—149 页；罗桑丹津：《黄金史》第 173（b）页。除此之外，其他蒙古文文献，如衮布扎布的《恒河之流》（第 158 页）、答里麻的《金轮千辐》（第 312—313 页）、罗密的《蒙古世系谱》（内蒙古人民出版社，1989 年，第 383 页）、拉喜彭斯克的《水晶珠》（内蒙古人民出版社，1985 年，第 930—933 页）等，都记载翁牛特等部统治者是哈赤温后裔。

④ 乔吉校注：《恒河之流》，第 158—159 页。留金锁、纪民：《斡赤斤的领地及其后裔》，载《黑龙江民族丛刊》1990 年第 2 期。乌兰：《〈蒙古源流〉研究》，第 337—339 页，注 71。胡日查：《关于阿鲁蒙古的几个部落》，载《内蒙古师范大学学报》（蒙古文版），1994 年第 4 期。

关记载（拉喜彭斯克曾经参考了翁牛特左翼旗协理台吉衮卜策布
丹的家谱）进行比较后认为，蒙古文史书所记可信，并进一步指
出清代官方史书将翁牛特统治者的先祖误记为斡赤斤，是因为计
算成吉思汗诸弟次序时出现的错误所导致的。此外，关于 15—16
世纪中叶哈赤温后裔所属兀鲁思的名称、统治者及其与北元大汗
的关系等，宝音德力根也进行了系统的研究。① 这些为我们进一
步研究翁牛特统治家族及其世系等问题打下了基础。

　　明代汉籍，如 16 世纪 40 年代成书的魏焕的《皇明九边考》、
郑晓的《皇明北虏考》都记载蒙古不地汗统治时期有个名为"冈
留"（实为"罔流"）的部落，说"冈留部下为营者三，大酋满惠
王领之"②。关于这个"冈留三营"，和田清认为是指斡赤斤后裔统
治下的泰宁等三卫。《皇明九边考》另一处记载，"北虏冈留、罕哈、
尔填三部常在此边（指明宣府边外）驻牧，兵约六万，与朵颜诸
夷为邻"。据此，宝音德力根指出，和田清将与朵颜诸夷（即朵颜、
泰宁、福余三卫，泰宁卫蒙古名为冈留）为邻的冈留与"朵颜诸夷"
自身混淆了，进而根据"朵颜诸夷"中的泰宁卫—冈留统治家族
系斡赤斤后裔的事实，认定满惠王所属冈留统治家族为斡赤斤后
裔之说是错误的，满惠王应是哈赤温后裔，冈留三营分别指翁牛
特、喀喇车里克、伊苏特三部。满惠王统治时期，哈赤温后裔统
治下的部众已经分为三部。③

　　成吉思汗幼弟斡赤斤后裔统治下的部众被称为山阳或岭南万
户（又称山阳或岭南六千兀者人）。1388 年，斡赤斤后裔辽王阿
札失里率部降明，明朝以其所统罔留（往留）、五两案（兀良哈）、

────────────

① 宝音德力根：《往流和往流四万户》。

② 魏焕《皇明九边考》卷四《宣府镇·边夷考》、郑晓《皇明北虏考》、王圻《续
文献通考》（万历刻本）卷二百三十八《四夷考·北夷》之《鞑靼即契丹》中都有
冈留三营的记载。

③ 宝音德力根：《往流和往流四万户》。

我着（兀者）三部住地命名，分设泰宁、朵颜、福余三卫（又称泰宁三卫、兀良哈三卫），封阿札失里为都督金事，仍旧统治三卫。不久，三卫背叛明朝，从此名存实亡。直至达延汗统治时期，往流、兀良哈、兀者三部仍受斡赤斤后裔辽王统治。但到16世纪初，兀良哈（朵颜卫）首领花当因与达延汗结亲，其势力不断壮大，随之逐渐取代辽王直属往流地位，成为山阳万户最高统治者。后来，花当子革尔孛罗之孙影克率众归降土默特俺答汗之弟喀喇沁首领昆都伦汗巴雅斯哈勒。从此，兀良哈多数人众成为喀喇沁土默特属民，另一部分则成为察哈尔属民。往流、兀者二部之众则被岭南喀尔喀和嫩科尔沁所控制。① 总之，斡赤斤后裔统治下的部众最初是独立的万户—兀鲁思，但后来被察哈尔、喀尔喀、土默特、嫩科尔沁所吞并。他们的历史发展轨迹较为清晰，所以不能与哈赤温后裔统治下的部众相混淆。

　　清代成书的蒙古文文献，如答里麻·固什的《金轮千辐》和拉喜彭斯克的《水晶珠》都较详细地记载了哈赤温后裔世系。其中从哈赤温至第八世巴拜的世系是根据《元史·宗室世系表》而添加的。当然，答里麻·固什误读了《宗室世系表》的不少人名，世系也有错乱之处。② 而从第九世庆巴图兀嫩之后的世系，则是答里麻之后的某人根据哈赤温后裔所藏家谱而续写的。③ 同样的家谱也被拉喜彭斯克所发现，他在书中说自己查阅了曾任翁牛特左翼旗协理台吉的衮卜策布丹（Gümbü čebden）的家谱。

　　1984年，清代翁牛特右翼旗郡王孙杜棱后裔鲍洪举将其祖传

---

① 参见宝音德力根《往流和往流四万户》。

② 如记载哈赤温之子按赤带（Alčidai）时，受《元史》之误写"按只吉歹"的影响，误作 Aljigedai，将忽剌出（Qulaču）误写成 Quluču，将也只里（Ejil 或 Edil）误写成 jergi，将木喃子（Munamsi）误写成 Munači，将朵列捏（Durana）误写成 Duru，将泼皮（Bopi）误写成 Babai，又将察忽剌（Čaqula）之弟列虎儿（Qulaqur）误会成是察忽剌之子等。

③ 参见乔吉校注《金轮千辐》，第302页，注59。

家谱汉译并题名为《翁牛特右旗王爵统系暨历代袭爵年月功绩表传》，刊登在《赤峰市郊区文史资料选集》第一辑中（下面我们简称其为《家谱》）。魏昌友先生利用该家谱，对翁牛特统治家族进行过研究。① 可惜的是，我们未能见到家谱的蒙古文原文。其汉译家谱云：

"一世，元太祖之弟嘎楚嘎额珍；二世，阿拉其汰诺彦；三世，阿拉齐巴嘎诺彦；四世，棋倍斯格诺彦；五世，噶吉嘎布拉诺彦；六世，赛音郭尔布拉呼诺彦；七世，孟古希立诺彦；八世，阿拉木图们阿都图阿拉嘎诺彦；九世，赛音敖其立诺彦；十世，白音诺彦；十一世，阿拉珠诺彦；十二世，宝洛珠诺彦；十三世，孟河铁穆尔诺彦；十四世，扣克铁穆尔洪台吉；十五世，巴牙斯洪台吉；十六世，图梅洪台吉；十七世，图们洪台吉；十八世，特古斯洪台吉；十九世，孟河宝洛德察甘诺彦；二十世，巴彦岱洪古立；二十一世，额三宝洛德洪台吉；二十二世，多罗杜稜罕。"

"元太祖之弟嘎楚嘎额珍"指的是元太祖成吉思汗之弟哈赤温。"阿拉其汰诺彦"则指的是哈赤温之子按赤带。下面我们把鲍洪举的家谱与《金轮千辐》有关记载进行比较。《金轮千辐》所记哈赤温后裔世系为：一世哈齐古（Qačiγu），二世阿勒济格台（Aljigetai），三世哈丹（Qadan），四世忽罗出（Quluču）和察忽哩（Čaquli），五世哲尔吉（Jergi）和忽列虎儿（Quluγur），六世墨纳齐（Munači），七世多罗（Duru），八世巴拜（Babai），九世庆巴秃兀嫩（Čing batu ünen），十世哈齐库鲁克（Qači külüg）十一世赛因博勒格秃（Sayin belgetü），十二世蒙克锡喇（Möngke šira），十三世阿拉克诺颜（Alaγ noyan），十四世赛因敖其尔（Sayin očir），十五世拜颜孔果尔（Bayan qongγur），十六世伊剌楚诺颜（Ilaču noyan），十七世宝延图（Boyantu），十八世孟和

---

① 魏昌友：《对翁牛特部几个历史问题的探讨》，载《内蒙古社会科学》，1997年第6期。

铁穆尔（Möngke temür），十九世巴雅斯琥（Bayasqu），二十世秃密多克昕济尔嘎朗图（Tümi doɣšin jirɣalangtu），二十一世蒙克察罕（Möngke čaɣan），二十二世巴延迪岱洪果尔（Bayanditai qongɣur），二十三世额森博罗德（Esen boluda），二十四世图兰杜稜汗（Tulan dügüreng qaɣan）。①

先看孙杜稜之前的十几世。《家谱》所记七世孟古希立诺彦、九世赛音敖其立诺彦、十三世孟河铁穆尔诺彦、十五世巴牙斯洪台吉、二十一世额三宝洛德洪台吉、二十二世多罗杜稜罕分别与《金轮千辐》所载十二世蒙克锡喇、十四世赛因敖其尔、十八世孟和铁穆尔、十九世巴雅斯琥、二十三世额森博罗德、二十四世图兰杜稜汗相符。五世噶吉嘎布拉诺彦与十世哈齐库鲁克（噶吉为哈齐的误读）相对应，六世赛音郭尔布拉呼诺彦与十一世赛因博勒格秃相对应，八世阿拉木（"木"应是"本"字的误排）图们阿都图阿拉嘎诺彦（意为拥有十万匹马的阿拉嘎诺彦）与十三世阿拉克诺颜相对应，十世白音诺彦与十五世拜颜孔果尔相对应，十六世图梅洪台吉与二十世秃密多克昕济尔嘎朗图相对应，十九世孟河宝洛德察甘诺彦与二十一世蒙克察罕相对应，二十世巴彦岱洪古立与二十二世巴延迪岱洪果尔相对应，十一世阿拉珠诺彦是十八世伊刺楚诺颜的误写。

据《家谱》，从哈赤温至孙杜稜共为22世。但《金轮千辐》的记载为24世，如加上遗漏的扣克铁穆尔台吉、图们洪台吉、特古斯洪台吉等三世，共27世。我们知道，与孙杜稜生活于同一时代的成吉思汗后裔林丹汗是成吉思汗的21世孙，因此，我们认为《家谱》的记载更为可信。想必是《金轮千辐》移录《元史·宗室世系表》所记哈赤温后裔世系之后，随意加上了《家谱》类的内容，所以出现了从哈赤温至孙杜稜这种冗长、不可信的27世。

---

① 《金轮千辐》，第312—313页。

更重要的是我们将《家谱》《金轮千辐》《水晶珠》所载巴延岱洪果尔至孙杜棱或其以后的世系与《王公表传》的相关内容进行比较后得知，他们的记载几乎完全一致。见表2：

表2

《家谱》	《金轮千辐》	《水晶珠》	《王公表传·翁牛特部总传》
巴彦岱洪古立	巴延迪岱洪果尔	巴延岱洪台吉	巴延岱洪果尔诺颜
额三宝洛德洪台吉	额森博罗德	额森巴拉珲	（缺载）
多罗杜棱罕	图兰杜棱汗	图兰汗	图兰杜棱汗
逊杜棱	孙杜棱	阿齐格（应是阿济格，孙杜棱之本名）	逊杜棱

《王公表传》的相关内容应来源于翁牛特旗扎萨克向清朝理藩院呈送的《家谱》（当时称作 qariyatu teüke）等蒙古文报告。[①]既然都利用了同一内容的家谱，那么，《王公表传》为何将巴延岱、孙杜棱等人的先祖误为斡赤斤呢？

众所周知，成吉思汗铁木真有合撒儿、别克帖儿、别里古台、哈赤温、斡赤斤等五个弟弟。其中别克帖儿、别里古台为成吉思汗异母所生，成吉思汗年少时杀死别克帖儿，因此只留下兄弟五人。关于成吉思汗及其诸弟的次序，文献中有两种不同记载。《元朝秘史》、罗桑丹津《黄金史》《黄史》《蒙古源流》等蒙古人自己的文献中，一般以年龄大小排列，依次为成吉思汗铁木真、合撒儿、别里古台、哈赤温、斡赤斤。[②]这一记载代表了成吉思汗黄金家族的看法。《元史》卷一一七《别里古台传》称别里古台为成吉思汗第五弟，这是因为把他排列在成吉思汗诸弟末尾的缘

---

① 参见包文汉《蒙古回部王公表传的编纂与研究》，《蒙古回部王公表传》第一辑，1998年。

② 罗桑丹津：《黄金史》，第 128（a）、173（b）页；《黄史》，第 173 页；《蒙古源流》，第 162、218—219 页。

故。《元史·宗室世系表》也将别里古台列在成吉思汗诸弟最后。同样，拉施特《史集》叙述成吉思汗诸弟时也将别里古台事迹叙述在最后，说别里古台是也速该第五子。① 《元史》和《史集》关于成吉思汗诸弟次序的记载，代表了忽必烈统治时期在汉族文化影响之下形成的观念。② 这一观念就是特别强调嫡庶之分，因别里古台是也速该庶妻所生，所以很自然地将他排在其弟哈赤温、斡赤斤之后。诚然，按蒙古族封建传统，兄弟也分嫡庶，但是这种区别主要在财产分配方面。身为庶子的别里古台及其后裔之所以拥有与合撒儿等人平等地位的封国—兀鲁思，主要是因为与成吉思汗共同缔造蒙古帝国时的功绩，而非一般的财产分配原则。成吉思汗、别里古台之父也速该在世时虽然有众多属民和财产，但在其死后，众叛亲离，没有真正给自己的子孙留下太多财产。

《王公表传》在编纂过程中混淆了关于成吉思汗诸弟排序的不同惯例与记载，以《元史》等所载成吉思汗、合撒儿、哈赤温、斡赤斤、别里古台的次序来记录按蒙古惯例称为成吉思汗四弟的哈赤温，这样就很自然地将斡赤斤与哈赤温混淆了。

将翁牛特王公的祖先说成是斡赤斤的记载始于《王公表传》，而《王公表传》《藩部要略》《蒙古游牧记》有同源关系。《王公表传》成书于乾隆五十四年，祁韵士为主要编纂者之一。在编纂《王公表传》时，祁韵士曾利用国史馆和理藩院的档案、世谱编有资料长编，称为"底册"。后来这些"底册"留存在祁韵士手中，成为今本《藩部要略》的原形。张穆在复审《藩部要略》过程中，

---

① 《史集》第一卷第二分册，第73页。

② 拉施特之《史集》最基本的史料来源《金册》，是忽必烈汗时期编纂的《圣武亲征录》的蒙古文译本。而《圣武亲征录》是蒙元时期成吉思汗、窝阔台、贵由、蒙哥等汗实录的史料来源。《元史》正好利用了这些实录（参见亦邻真《莫那察山与金册》，载《丰碑——献给海希西教授80寿辰》，海拉尔，内蒙古文化出版社，1993年）。

熟悉了外藩蒙古的历史地理,在此基础上撰写了《蒙古游牧记》。①
由上可知,《王公表传》的记载是清代汉文文献对翁牛特统治家
族祖先误记的根源。

关于翁牛特、喀喇车里克统治者世系的几个问题 《王公表
传》所记翁牛特、喀喇车里克统治者世系为:

> 元太祖弟鄂楚因,称乌真诺颜……其裔蒙克察罕诺颜,
> 有子二:长巴延岱洪果尔诺颜,号所部曰翁牛特,次巴泰车
> 臣诺颜,别号喀喇齐哩克部,皆称阿噜蒙古。巴延岱洪果尔
> 诺颜再传至图兰,号杜稜汗。子七:长逊杜稜,次阿巴噶图
> 珲台吉,次栋岱青,次班第卫征,次达拉海诺木齐,次萨扬
> 墨尔根,次本巴楚琥尔。巴泰车臣诺颜三传至努绥,子二:
> 长噶尔玛,次诺密泰岱青。②

最为详细记载巴延岱洪果尔之后的翁牛特王公世系的是拉喜
彭斯克的《水晶珠》。如前所述,拉喜彭斯克所根据的是哈赤温
后裔、时任翁牛特右旗协理台吉的衮卜策布丹家谱,所以这些记
载具有很高的价值:

> Bayantai qung tayiji. tegünü köbegün Eske qalčaɣu. Esen
> balqun. Bao sečen čökür. Sami otgen dörbegüle boyu. Eske
> qalčaɣu-yin ür-e Boruyid-un noyad boi. qoyaduɣar köbegün Esen
> bolqun-ača Berke. Begeji. Tülün qan ɣurbaɣula. Berke Begeji
> qoyar ür-e ügei. Tülün qan-ača Ačige. Abayitu. Oyijing. Dalai.
> Nomči. Sereng. Čökür. Dung doluɣan köbegün boi-ača aqamad
> köbegün Ačige-eče Gümüsgi tegünü köbegün Ongniɣud-un
> baraɣun qušiɣun-u jasaɣ-un Dügüreng jiyün wang Butuɣ-a. ③

---

① 参见宝日吉根、宝音图《〈皇朝藩部要略〉张穆改定稿本评价》,载《蒙古史研
究》第四辑。
② 《王公表传》卷三十一,《翁牛特部总传》。
③ 《水晶珠》,第930页。

汉译：

　　巴延岱洪台吉，其子额斯克哈拉察胡、额森博罗特、巴乌彻辰楚琥尔、萨密鄂拖欢四人。额斯克哈拉察胡之子成为博瑞特之诺颜。次子额森博罗特之子为博日克、博克吉、图兰汗三人。博日克、博克吉俩人无子。图兰汗之子为阿齐格、阿拜图、卫征、达赖、诺木齐、色棱、楚琥尔、栋七人。阿齐格长子固木斯乞，其子为翁牛特右翼旗郡王博多和。

《水晶珠》以外的其他蒙古文文献，如《金轮千辐》的记载为：“蒙克察罕—巴延迪岱洪果尔、班迪车臣—额森博罗特—图兰杜稜汗，有七子。”[1] 从蒙古文文献的上述记载我们可知，《王公表传》所省略的巴延岱洪果尔之子、图兰杜稜之父为额森博罗德。关于图兰汗七子之名，《水晶珠》记载与《王公表传》基本对应，只有孙杜稜名《水晶珠》作阿济格，其子衮布扎布作“固木斯乞”。[2] 另外，翁牛特左翼旗首任扎萨克栋岱青为孙杜稜之弟，而不是孙杜稜叔父。[3]

《旧满洲档》及清代官方史书多次混淆喀喇车里克和伊苏特的诺颜，记载噶尔玛和阿喇纳时，有时说是伊苏特的，有时说是喀喇车里克的。胡日查考证出了噶尔玛和阿喇纳同属于喀喇车里克部的历史事实。[4] 但他进一步认为噶尔玛之弟诺密泰岱青就是阿喇纳诺木齐。[5] 在《满文老档》中，诺密泰岱青之名多次与噶尔玛之名同时出现，有时诺密泰岱青之名又与阿喇纳诺木齐之名

---

① 　《金轮千辐》，第313页。
② 　据《王公表传》卷三十一《孙杜稜列传》，顺治二年，孙杜稜卒，其长子衮布扎布先卒，其长孙博多和袭爵。可知固木斯乞即衮布扎布，阿济格即孙杜稜。
③ 　《王公表传》卷三十一，《翁牛特部总传》记载栋岱青是图兰汗第三子，而《金轮千辐》记载栋岱青是图兰汗次子，《旧满洲档》中也说栋岱青是孙杜稜之弟。《蒙古游牧记》作者张穆及［日］和田清、贾敬颜、胡日查等学者都认为栋岱青是孙杜稜的叔父。
④ 　《科尔沁蒙古史略》，第141页。
⑤ 　《科尔沁蒙古史略》，第140、141页。

同时出现。① 最典型的例子是崇德元年（1636 年），清朝在喀喇车里克编制牛录（苏木）时，"喀喇车里克噶尔玛之一百五十家，编为三牛录，章京姓名：德格图、劳萨、多西。诺米岱之七十家，章京姓名：拜都。阿喇纳之一百六十七家，编为三牛录……"②。可见诺密泰岱青和阿喇纳不是同一人。

四、阿巴噶、阿巴哈纳尔统治家族及其世系

16 世纪上半叶，别里古台后裔所统"也可土蛮"已经发展成阿巴噶、阿巴哈纳尔二部。"阿巴噶 Abaɣa"意为"叔父"，"阿巴哈纳尔 Abaqanar"是"阿巴噶"的复数形式，意为"叔父们"。广义上，阿巴噶与"往流—翁牛特"同义，是成吉思汗四个弟弟合撒儿、别里古台、哈赤温、斡赤斤后裔所属部众的另一个统称。这是因为成吉思汗的几个弟弟对于成吉思汗的儿子来说属父辈，是叔父。大元—大蒙古国皇帝都是成吉思汗后裔，故称其叔父的属民为"阿巴噶"，作为部落或万户—兀鲁思名称，它表示"叔父们的百姓"或"叔父们的属民"之意（Abaɣa-yin，词尾属格助词 yin 被省略）。作为成吉思汗四个弟弟后裔部众统称的"阿巴噶"一名，后来作为别里古台后裔统治下的一个部落的名称被保留了下来（另一个统称"往流—翁牛特"则作为哈赤温后裔部众的名称被保留下来）。③

在蒙古国中心地区土谢图汗部形成的《黄史》中记有别里古台后裔的世袭：

Činggis qaɣan-u nige degüü anu Manggilun qatun-ača törügsen Böke belgetei -yin üre-yin üre. Böke belgeten-in yeke

---

① 《旧满洲档》，第 3415、3416 页。

② 汉译《满文老档》（下册），第 1669 页。

③ 参见宝音德力根《往流、阿巴噶、阿鲁蒙古》及《十五世纪前后蒙古政局、部落诸问题研究》，第 113—119 页。

köbegün Mendü. tegün-ü yeke köbegün Šiki. tegün-ü köbegün
Nomuqan boru. tegün-ü köbegün Möngke tegüs. tegün-ü
köbegün Engke tegüs. tegün-ü köbegün Aγuu γaljaγuu. tegün-ü
köbegün Nabčin boru. tegün-ü köbegün Qolu. tegün-ü köbegün
Namanaγča. tegün-ü köbegün Jošimu. tegün-ü köbegün Debir.
tegün-ü köbegün Möngke. tegün-ü köbegün Mooliqai baγatur
ong. tegün-ü köbegün Očarqui jasaγtu. tegün-ü köbegün Bayan
noyan. tegün-ü köbegün Bayasqu börgöd noyan. tegün-ü köbegün
Nom. Darni. Nomtu. Buyantu.[①]

译文：

> 成吉思汗之一弟为忙格伦哈屯所生之布克别里古台。布
> 克别里古台子孙为：布克别里古台长子满都，其长子什吉，
> 其子诺木欢博罗，其子蒙克特古思，其子恩克特古思，其子
> 阿古噶勒札固，其子纳布沁博罗，其子豁鲁忽，其子纳玛纳
> 克察，其子卓什木，其子塔必尔，其子蒙克，其子毛里孩巴
> 图鲁王，其子斡赤来扎萨克图，其子巴延诺颜，其子巴雅斯
> 瑚布尔古特诺颜，其子诺密、塔尔尼、诺木图、布颜图。

这里记载的毛里孩之后的世系是正确的，但毛里孩以前的别
里古台后裔世系是蒙古史学家们根据其回忆编写，有很多不是他
们的真名，而是称号，无法与《元史·宗室表》等书的相关记载勘同。

据《王公表传》，别里古台十七世孙巴雅思虎布尔古特次子
诺密特默克图，称所部为阿巴哈纳尔，长子塔尔尼库同称所部为
阿巴噶。[②] 但是在《黄史》等蒙古文史书中，诺密（即诺密特默克图）
为长子，塔尔尼（即塔尔尼库同）为次子。《金轮千辐》《恒河之流》
等蒙古文史书甚至误记诺密特默克图为塔尔尼库同次子。[③] 明末

---

① 《黄史》，第 156 页。
② 《王公表传》卷三十七，《阿巴噶部总传》。
③ 《金轮千辐》第 311 页；乔吉校注：《恒河之流》，第 163 页。

成书的《筹边纂议》中有如下记载："所管部落火儿慎官儿兄弟二人：兄那密台吉，弟他儿你台吉。"[①] 正如胡日查所指出，这里的那密是诺密，他儿你是塔尔尼库同，虽然把诺密和塔尔尼库同的所属部落误以为是火儿慎（即科尔沁），但正确地记述了二人的兄弟关系。[②]

诺密和塔尔尼兄弟大约生活在蒙古大汗不地（1504—1547年）、打来孙（1520—1557年）时代，所谓二人分别号所部为阿巴噶、阿巴哈纳尔之事说明：自达延汗在东蒙古分封子孙后，成吉思汗诸弟后裔们也效仿达延汗，在自己的万户—兀鲁思分封子孙。这与科尔沁分裂为阿鲁科尔沁和嫩〔江〕科尔沁，哈赤温后裔部众察罕土蛮分裂为翁牛特、喀喇车里克、伊苏特的情况大体相似。

第二节　阿鲁诸部与察哈尔关系

阿鲁诸部的前身是成吉思汗诸弟即元代东道诸王所属部众。他们的领地在蒙古本土，属民多为蒙古人，因而与蒙古大汗关系密切。1260年，在忽必烈与阿里不哥争夺蒙古汗位的斗争中，东道诸王支持忽必烈，从而进一步加强了忽必烈及其后裔元朝—蒙古大汗与东道诸王后裔部众的关系。元朝失去对中原的统治后，北元汗廷迁往蒙古本土，依靠东道诸王势力与明朝抗衡，更使双方命运休戚与共、紧密相连。因此，在此后的两个多世纪，东道诸王以及后来形成的阿鲁诸部长期受蒙古大汗统治，成为东蒙古组成部分。但是，到了17世纪初，由于爱新国的介入，这种局面逐渐开始发生变化。

---

① 《抄本筹边纂议》。
② 参见《科尔沁蒙古史略》，第143页。

一、阿巴噶、阿巴哈纳尔与察哈尔关系

"昭之战"中的"阿巴哈纳尔"根据清朝官方史书记载，天聪元年（1627 年）年底，在土默特之"赵城"地方（归化城—可可和屯，今呼和浩特旧城区），林丹汗所属察哈尔部与喀喇沁、土默特、鄂尔多斯、永谢布、阿速特、阿巴噶、喀尔喀联军进行了一次战役，喀喇沁等部联军大败察哈尔军，杀察哈尔兵四万，史称"赵城之战"。[①] 据乌云毕力格考证，所谓"赵城之战"（准确的称谓应作"昭之战"）中喀喇沁等部打败察哈尔部、杀其四万之说是个谣言，喀喇沁部编造这个谣言的目的是让爱新国出兵察哈尔，为其复仇。他进而指出，这次战争中只有喀喇沁汗与洪台吉的八百人马和土默特俄木布的主力及阿巴哈纳尔部的某些鄂托克参加。[②] 笔者此前曾考订其所根据的《十七世纪蒙古文文书档案》第 49 份文书中的阿巴哈纳尔(abaqanar)应理解为"abaqa[i]nar"（公主、格格们），指塔布囊们的夫人们，她们是喀喇沁黄金家族首领们的女儿。[③]

此外，学界还有阿巴噶曾参加过"昭之战"，合撒儿、别里古台、哈赤温后裔所统之部落又被称为"baraγun γurban Abaγ-a 右三阿巴噶"的观点。这是由于误断《十七世纪蒙古文文书档案》第 8 份和第 49 份蒙古文文书的有关字句产生的，是把应读为"右[翼]三[万户]、阿巴噶"一句连读为"右三阿巴噶"所致。第

---

① 汉译《满文老档》（下册），第 877 页；《清太宗实录》天聪二年二月癸巳。

② 参见乌云毕力格论文《从十七世纪初蒙古文和满文"遗留性"史料看内蒙古历史的若干问题（一）"昭之战"》，载《内蒙古大学学报》（蒙古文），1999 年第 3 期。

③ 笔者硕士学位论文《别里古台兀鲁思暨阿巴噶、阿巴哈纳尔部历史变迁》，内蒙古大学，2003 年。当时导师宝音德力根教授指出：abaqanar 应读 abaqa[i]nar，指黄金家族成年女性，是塔布囊的夫人们。后来看到达力扎布先生的论文，亦主张此说。

8 份文书是天聪汗致蒙古某部首领①的文书的草稿或底稿，其中 a 面第七、八行援引喀喇沁塔布囊的话说："mani qaɣan. qung tayiji. Bošuɣtu qaɣan. Ordus-in jinong tai Yüngšiyebü. Asud Abaɣ-a Qalq-a eden ireji gegen qaɣan-i jao-du saɣuɣsan dörben tümen čerig-in i čabčiji ɣarɣaji bayinam（我汗、洪台吉、博硕克图汗、鄂尔多斯济农同永谢布、阿速特、阿巴噶、喀尔喀诸部前来，剿杀着驻格根汗之昭庙地方的察哈尔四万兵）。"同一内容的文字在同一文书的 b 面第二、三行作 "baraɣun ɣurban. Bošuɣtu qaɣan. Qaračin-i(u) qaɣan. Boyan aqai. Abaɣ-a. Qalq-a. Ordus-in jinong. Yüngšiyebü（右三、博硕克图汗、喀喇沁汗、布颜阿海、阿巴噶、喀尔喀、鄂尔多斯济农、永谢布）"。此外，第 9 份文书也是天聪汗致蒙古同一首领的相同内容的文书的底稿（而且比前一份文书底稿工整得多，应是前一稿的修改稿），其中与前一份文书底稿相同的内容直接写为 "baraɣun ɣurban tümen. Bošuɣtu qaɣan. Qaračin-i(u) qaɣan. Qalq-a. Abaɣ-a（右翼三万户 [的] 博硕克图汗、喀喇沁汗、喀尔喀、阿巴噶）"。由此可见，第 8 份文书 a 面第十一行的 "baraɣun ɣurban Abaɣ-a Qalq-a" 应断读为 "baraɣun ɣurban、Abaɣ-a、Qalq-a"，分别指 baraɣun ɣurban（右三）和阿巴噶、喀尔喀，而 baraɣun ɣurban（右三）是 baraɣun ɣurban tümen（右翼三万户）的省略，指漠南蒙古右翼鄂尔多斯、土默特、喀喇沁（永谢布）三万户。

更为重要的是第 49 份文书，这是科尔沁首领奥巴向天聪汗报告"昭之战"真实情况的重要文件。其中提到，林丹汗从喀喇沁部洪台吉卜言阿海家搜出的一份文书中，得知天聪汗、嫩阿巴噶、阿鲁阿巴噶、喀尔喀、右翼三万户约定日期，要前来攻打察哈尔，非常焦急。原文作 "Boyan aqai-yin ger-deče abuɣsan

① 据宝音德力根研究，这是天聪汗致巴林首领塞特尔（号达尔汉土谢图）和扎鲁特首领喀巴海（号卫征）的文书，参见其《一份 1628 年满蒙贵族婚约文书》，载《蒙古学问题与争论》（《QMD》）第二辑，日本国际蒙古文化研究协会，2006 年。

bičig-tü uridu Sečen qaɣan Naɣun-u Abaɣ-a. qoyitu Abaɣ-a. Qalq-a. Baraɣun ɣurban edür sara boljiju morday-a gesen bičig-i üjejü kejiye geji mendü amur ügei geji yabunam genem（从卜言阿海家拿到的文书中有嫩阿巴噶、阿鲁阿巴噶、喀尔喀、右[翼]三[万户]约定日期要出征，看了这个文书，不知何时来攻，天天担心、害怕）"。这里的"嫩阿巴噶"指嫩科尔沁，而与嫩科尔沁对应的"阿鲁阿巴噶"应指阿鲁科尔沁。即便是泛指合撒儿、别里古台、哈赤温后裔所属阿鲁科尔沁、阿巴噶、翁牛特等部，也不能证明他们真的来到"昭城"参战。合撒儿、别里古台、哈赤温后裔诸部驻牧于兴安岭以北，又被称为"左翼阿鲁诸部阿巴噶三部"。[①]他们自蒙古帝国和元代就被称作东道诸王，后来与察哈尔、喀尔喀同属蒙古左翼，因此才叫"左翼阿鲁诸部阿巴噶三部"，不可能称作"右[翼]三阿巴噶"。[②]

如前所述，别里古台后裔所统之阿巴噶、阿巴哈纳尔并未参加过"昭之战"。那么清代文献所记参加"昭之战"的"阿巴噶"到底是指哪个部落呢？为解决该问题，我们首先看一下乌云毕力格所引用并注释过的明代档案的有关记载。

《兵部档案》崇祯二年（1629年）七月档中说：

又据抚夷参游守备庞永禄等禀称，"初十日申时有大赵、二赵、民安大、黄举因、送插酋宴赏回进口说称，见得王子营盘捉马，甚是慌惧。有守备甄祥问守口夷人，密说：东边有奴首、趺儿半口肯、李罗蒿儿沁、汪路古儿半那不哈、老歹青永邵卜各酋聚兵同来，声言要犯抢插汉等情。王子着实慌张，随起帐上马，望来踪，迎堵去。讫仍留营尾头目解生一名，帐房俱各安扎在边，其逐日应有互市买卖，俱照旧规遵行，并无阻滞。上西路参将王慎德、张家口守备刘惠禀报相

---

① 《旧满洲档》，第2798页；汉译《满文老档》（下册），第877页；《清太宗实录》天聪二年二月癸巳朔。
② 参见宝音德力根《往流和往流四万户》。

同节禀到。职案查插酋祭天开市日期已经塘报外,今又赴口领宴交易,俱遵照旧规举行。偶因东奴等酋举兵相加,率众迎堵,水火之势已见,胜负之分在即"。①

"奴酋"指的是女真—满洲人,这里确切指天聪汗。"跌儿半口肯",蒙古语 Dörben keüken,意为"四子",这里指的是四子部落。"孛罗蒿儿沁"指的是嫩科尔沁,"汪路"为蒙古语 ongliγud 的汉译,指翁牛特部。"古儿半那不哈",蒙古语 γurban abaγ-a,意为"三个叔父",指成吉思汗三个弟弟合撒儿、别里古台、哈赤温后裔属部②,而这里指的是四子、嫩科尔沁、翁牛特三部。也就是说,这里出现的三阿巴噶是上述三部的概括,并不包括别里古台后裔属部。"老歹青永邵卜"可能指永邵卜首领"大成台吉"及其所属永邵卜和阿速。由此可知,天聪三年(1629年),四子(包括其兄弟部落阿鲁科尔沁)、翁牛特部对察哈尔持有敌对态度。虽然这只是传报,但反映了当时的局势。又据《十七世纪蒙古文文书档案》第 42 份文书即绰克图太后(翁牛特部济农孙杜棱之母,详见后文)的奏折,翁牛特部与爱新国的交往较早,因此喀喇沁方面所谎称参加了"昭之战"的"阿巴噶"很有可能是指四子、翁牛特等部。而第 49 份文书中出现的"阿鲁阿巴噶"正好是四子、翁牛特等部的统称。

"挨不哈之战"中的"阿巴噶" 天聪二年(1628年)八月,在今达尔罕茂明安联合旗境内的艾不盖河流域,察哈尔大胜永谢布、土默特联军,这是林丹汗对右翼蒙古的决定性胜利,史称"挨不哈之战"。③李保文整理的《十七世纪蒙古文文书档案》中的第

---

① 中央研究院历史语言研究所编《明清史料》乙编第一本,商务印书馆,1936年,第 61 页。

② 参见乌云毕力格《明朝兵部档案中有关林丹汗与察哈尔的史料》。

③ 参见王雄《察哈尔西迁的有关问题》,载《内蒙古大学学报》1989 年第 1 期;达力扎布:《明代漠南蒙古历史研究》,第 301—303 页。

22份、36份、37份文书不但反映了挨不哈之战的具体情况和战后的情形，同时也可以帮助我们进一步了解阿巴噶与察哈尔间的关系。

第22份文书内容为：

§oom suwasdi šiddam. (2)Qolači baγatur noyan-i(u) üren-i(ni) (3)Sečen dayičing. bičig ilegebe. (4) Sečen qaγan mendü biyu. jirγuγan (5) yeke ulus engke saγutala čola-yin (6)ejen qaγan yeke nere törü-yi ebdebe Sečen qaγan-i geji iretele (7) Asud tümen-i (8) Abaγ-a tosču irejü. (9) dobtulju abuba. ulaγan jalaγatu (10)Mongγol ulus-tu üri öšiy-e (11) ügei bile ken boruγu kiküle tere (12) degere bayiqu bila. Mongγol ulus olan-i (13) ebderebeči ülegsen-i(ni) nigetji boruγu-tu (13) kümün-i jalaqaqula yamar Sečen qaγan (15)ekilen nige tümen engke bayinam geji iretele dayisun-i(u) (16) mör-tü daγariγdaγsan-du beleg jokis (17) ügei bolba. bičig-ün beleg temege (18) bai (19)Sečen dayičing aq-a degü doluγula (20)bila. čuγ iretele Abaγ-a (20) tabun noyan-i. abaγ-a dobtulju (21)abuba qoyar-ni irebe.

背面：karacin-i holoci baturi beilei bithe

译文：

愿吉祥安康①，火落赤把都儿②之车臣岱青致书。天聪汗③安否？六大兀鲁思和平相处之时名誉之主④破坏了名声

---

① 原文为梵语借词，是当时蒙古公文开头的套语，反映了16世纪末以来在藏传佛教影响下蒙古大小封建主的信仰、势力和心态，后来女真爱新国的公文也沿用了这个套语（参见乌云毕力格《17世纪20—30年代喀喇沁部的台吉和塔布囊》，载《蒙古史研究》第六辑）。

② 据和田清考证，火落赤把都儿是察哈尔土蛮汗右翼三执政之一的"阿速特之诺木达喇古拉奇诺颜"（[日]和田清《东亚史研究·蒙古篇》第679页）；萧大亨在《北虏世系》中把火落赤把都儿台吉列入永谢布的世系里。

③ 是爱新国第二代汗（皇太极）在1627—1635年间的年号。

④ 指察哈尔林丹汗（1604—1634年在位）。

与国政。[我们] 阿速特万户要来投奔天聪汗之时，阿巴噶来到截击收服了 [我们]。红缨蒙古兀鲁思之间从来没有冤仇，谁若有错就应 [一起] 讨伐他。蒙古兀鲁思的多数虽然已经破灭，剩下的一起惩罚有错之人① 如何？ [我们] 因天聪汗为首的一万户安康而前来投奔时，因遭到了敌人的攻击，礼物轻了。致书的礼物有骆驼。车臣岱青兄弟七个，一起来时阿巴噶掠去了五个诺颜，两个来了。

背面：喀喇沁的火落赤把都儿贝勒之书。

第 36 份文书内容为：

(1)§qaɣan-i(u) gegen-dü Tobaska Sečen dayičing qoyar bičig örgün (2)bariba aruda Asud-in Qolača baɣatur noyan-i(u) doluɣan (3)tayiji bila. albatu ulus-i(ni) ölgüde doluɣan qušiyu (4) bila qorutu qaɣan-i mör-tü učaralduji. naɣaɣši (5) Sečen qaɣan-i tüšiyeged yeke ulus-iyan geji joriji qoyar tayiji (6)irebe. tabun tayiji tende abtaba. mani tere ɣajar-ača (7)inggiji jobaji jirɣaji irebe. albatu ulus biden-i (8)duratai-i(ni) uɣtuji alba tataly-a ögbe dur-a ügei-i(ni) (9)mandu yaɣuma ögkü biši eyimü-yin tulata bičig-iyer (10) qaɣan-i (ni) gegen-dü ayilatqaba .

karacin-i secen daicing

译文：

图巴思喀、车臣岱青致书：在山阴，阿速特火落赤把都儿诺颜有七个台吉。在山阳②，其阿剌巴图兀鲁思（属民）也有七个旗。遭到了恶毒的汗③ 的攻击，为了要投靠天聪汗，

---

① "有错之人"指林丹汗。

② 山阳，原文 ölgüde。笔者在硕士学位论文《别里古台兀鲁思暨阿巴噶、阿巴哈纳尔部的变迁》中未能读解这个词。乌云毕力格正确理解为 ölgede，即山阳，并说"阿速虽然在山阴游牧，但在山阳有其朵颜卫属民七和硕"。参见其《喀喇沁万户研究》，第 126 页，内蒙古人民出版社，2005 年。

③ 指林丹汗。

向大兀鲁思① 这边来了两个台吉。五个台吉在那里被害。从我们那里，就这样受苦受累来到。阿剌巴图兀鲁思当中，愿意的迎接我们给了贡赋，不愿意的不会给我们东西，所以致书天聪汗 [求讨]。

喀喇沁之车辰岱青

第 37 份文书内容为：

(1)§erke küčün ken-dür tegüsügsen bügesü tegün-ü köl- (2) dür sögedümü. (3)§Sečen qaγan-u gegen-dü bičig örgün bariba. (4) Asud-in Badm-a qung tayiji-yin qatun. (5)Sereng jayisang noyan tümen-i qaγan törüi-yi (6)ebdejü törügsen-iyen baraqu-du. aldar yeke (7)ner-e qas yeke törüi-yi činü tüšiy-e (8)gejü irele. šine kürjü irejü (9)§qaγan-u gegen-dü jolγan ese čidaba.

背面：karacin-i jaisang taiji elcin-i gajiha bithe jakūn biyade.

译文：

谁有权势就匍匐于他的脚下。阿速特的巴德玛洪台吉② 的哈屯、色棱宰桑③ 致书天聪汗：当万众之汗毁坏国政、灭杀亲族时，为了投靠您的威名和坚固如玉的政权而来到。因为刚刚来到，未能见到汗的尊容。

背面：于八月，喀喇沁寨桑台吉使者所致书。

从上述三份文书尤其是第 36 份和 37 份文书内容看，参加挨不哈之战的永谢布其实是阿速特，它是永谢布的兄弟部落，而真正的永谢布早在几十年前就被俺答汗派往青海，并在那里定居了，因此不可能参战。我们关心的阿巴噶却站在察哈尔部一边（而不

---

① 指已投靠爱新国的喀喇沁部。阿速特是喀喇沁的属部，所以称喀喇沁本部为大兀鲁思。参见乌云毕力格《喀喇沁万户研究》，第 126 页。

② 这个巴德玛也是火落赤的儿子。从拥有洪台吉称号来看，他应是整个阿速特万户的最高首领，可能就是汉籍中的唐兀台吉。他自身已被阿巴噶掳去。

③ 此人身世不明。

是喀喇沁属部阿速特及其土默特一边），大败阿速特部，捕获了五个台吉及其部众。由此可知，至少在 1628 年前，阿巴噶是站在察哈尔一边的，是察哈尔的属部。所以不可能像清代官方史书所说的那样，在此前 1627 年底的"赵城之战"中，阿巴噶就作为喀喇沁（永谢布）、土默特、鄂尔多斯的同盟军攻打察哈尔。

今蒙古国东方省有很多阿速特人和永谢布人。罗桑丹津的《黄金史》就是在车臣汗部的一位"永谢布氏"台吉家发现的，这个"永谢布氏"台吉应是原永谢布台吉（当然是孛儿只斤氏）。这些阿速特和永谢布人的先人应是当年挨不哈战役后被阿巴噶收服的人。后来阿巴噶南下，他们则留在了车臣汗部。

关于阿巴噶、阿巴哈纳尔徙牧瀚海北之说　　清代史籍和有些著作中有阿巴噶、阿巴哈纳尔部因受林丹汗之虐而徙牧瀚海北的说法。如《王公表传》说："阿巴噶部……初称阿噜蒙古，服属于察哈尔，以林丹汗不道，徙牧瀚海北克噜伦河界，依喀尔喀车臣汗硕垒。"[1] "阿巴哈纳尔部……初称阿噜蒙古，依喀尔喀车臣汗硕垒，驻牧克噜伦河界，其地在瀚海北。"[2]《蒙古游牧记》与《王公表传》的记载一致。而《皇朝藩部要略》则说阿巴噶、阿巴哈纳尔部"初皆服属于察哈尔，后为林丹汗所虐，徙牧瀚海北，依喀尔喀车臣汗硕垒"[3]。和田清也说"阿巴噶、阿巴哈纳尔两部和其他呼伦贝尔蒙古不同，可能是直接从克鲁伦河北边故地渡漠南下的，后来受到察哈尔部的林丹汗的压迫，忽又避往漠北，依附喀尔喀。它所以游牧在克鲁伦河界上，原因之一就在此"。[4]《蒙古民族通史》说："17 世纪前二十几年里漠南蒙古诸部针对林丹汗的统一政策，采取了多种多样的行动。其中有一部分部落，如苏

---

① 　《王公表传》卷三十七，《阿巴噶部总传》。

② 　《王公表传》卷三十八，《阿巴哈纳尔部总传》。

③ 　《皇朝藩部要略》卷一，《内蒙古要略一》。

④ 　[日]和田清：《东亚史研究·蒙古篇》，第 483—484 页。

尼特、乌珠穆沁、浩齐特、阿巴噶、阿巴哈纳尔、巴尔琥等纷纷逃离漠南，越瀚海投靠了阿敏都喇勒孙硕垒，硕垒势力大增。"①

我们认为这些说法有不少问题。阿巴噶、阿巴哈纳尔部本来就驻牧于斡难、克鲁伦河流域，在归附清朝以前从来没有南迁过。而乌珠穆沁、浩齐特、苏尼特的牧地最初在阿巴噶、阿巴哈纳尔之南，与之为邻，这一地带属漠北而不是漠南。后来，他们遭林丹汗打击，进一步北迁至喀尔喀车臣汗领地。乌珠穆沁、浩齐特和苏尼特从喀尔喀迁到现今漠南地区（今锡林郭勒盟北部地区）是在崇德二年和四年（1637、1639 年），一同来的还有阿巴噶。康熙四年和六年（1665、1667 年），阿巴哈纳尔的一部分也从喀尔喀来归，清廷将他们安排在其亲族阿巴噶部的附近。阿巴哈纳尔是喀尔喀的属部，与察哈尔的关系不大。

二、1630 年林丹汗出征阿鲁诸部

战事起因——爱新国与阿鲁诸部的会盟　到了 17 世纪 20 年代末，漠南嫩科尔沁、巴林、扎鲁特、敖汉、奈曼、喀喇沁、东土默特等部已经被爱新国控制，其劲敌蒙古大汗林丹汗也率察哈尔部西迁到今天的内蒙古中西部地区。这时，与嫩科尔沁部隔大兴安岭相望的阿鲁蒙古各部就成为爱新国施略的主要对象。

据《清太宗实录》载，爱新国与阿鲁诸部的最初往来是在天聪三年（1629 年）九月："昂坤杜稜以事往阿禄部落，阿禄杜思噶尔济农遣使偕来通好，献马十。阿禄通好自此始。"② 昂坤杜稜本为察哈尔部"管旗台吉"，天聪元年归附爱新国。③ 昂坤杜稜此

---

① 《蒙古民族通史》（第四卷），内蒙古大学出版社，1993 年，第 38 页。

② 《清太宗实录》天聪三年九月丙戌。

③ 《清太宗实录》天聪元年十一月庚午。爱新国授他以三等梅勒章京，编入满洲八旗正黄旗（《八旗通志初集》第三册，东北师范大学出版社点校本，1985 年，第 1661 页；《清初内国史院满文档案译编》，上册，第 417 页。

次赴阿禄（鲁）部落的使命非常明确，就是拉拢阿鲁诸部，挑拨其与林丹汗关系。《清太宗实录》讳言此事，将昂坤杜稜赴阿鲁诸部的缘由与目的用"以事"两字含混处理。昂坤杜稜显然出色地完成了使命，他返回时，就有"阿禄杜思噶尔济农遣使偕来通好"。这位第一个遣使爱新国"通好"的阿鲁诸部首领"杜思噶尔济农"是阿巴噶首领，是成吉思汗异母弟别里古台后裔。

昂坤杜稜阿鲁蒙古之行的积极效果不断显现，天聪四年（1630年）三月一日，阿鲁诸部使臣正式回访爱新国，并在辽河岸边拜见皇太极。[1] 又，同年三月二十日，皇太极率诸贝勒偕阿鲁四部贝勒使者升殿，"以议和好，奠酒盟诸天地毕，宰八羊举宴"[2]。

《旧满洲档》记载了这次会盟的双方誓词：

sure han-i duici aniya arui monggoi emgi gashuha bithe:

monggo-de unggihe bithe:

(1) sure han-i duici aniya: ilan biyai orin-de: (2) aisin gurun-i han: ilan amba beile: jakūn gosai taijise (3) arui duin mukūn-i beise: jinong: sun dureng: dalai (4) cukegur: amba asahan beise: doro acabi sain banjimbi seme (5) abka na-de akdulame gashumbi: ere acaha sain doro-be (6) aisin gurun neneme efuleme caharai faksi arga sain ulin-de (7) dosibi arui baru huwaliyaci (8) abka membe wakalabi se jalgan-de isiburakū aldasi bucebu (9) arui beise neneme efuleme caharai faksi arga sain (10) ulin-de dosibi meni baru huwaliyaci (11) abka aru-i duin mukūn-i beise-be wakalabi se jalgan-de (12) isiburaku aldasi bucebu:meni juwe gurun yay-a gashuha (13) gisun-de isibume tondo sain-i banjici (14) abka gosibi se jalgan golmin juse goro (15) aniya goidame

① 汉译《满文老档》（下册），第 1004 页。
② 汉译《满文老档》（下册），第 1010 页。

banjibu.①

译文：

> 天聪四年三月二十日，金国汗②、三大贝勒③、八旗台吉
> 等与阿鲁四部落诸贝勒④，济农孙杜稜、达赖楚呼尔及大小贝
> 勒结盟修好，誓告天地。今既结盟修好，若金国先逾盟，与
> 察哈尔结好，陷其奸计，贪其财物，背弃阿鲁，则听天罚我，
> 无克永年，必致夭折。阿鲁诸部贝勒若先逾盟，与察哈尔结好，
> 贪其财物，陷其奸计，背弃我等，亦听天罚。阿鲁四部落贝勒，
> 夺其寿算，无克永年，为致夭折。我两国同践盟言，尽忠相好，
> 则蒙天眷佑，俾克永寿，子孙世享太平。⑤

很显然，阿鲁诸部和爱新国建立的联盟仍然以反察哈尔为目的，仅从誓词内容看，双方关系似乎平等，与天命九年嫩科尔沁同爱新国建立的反察哈尔联盟性质相近。但是，此时的爱新国不可能像努尔哈赤对待嫩科尔沁那样对待阿鲁诸部了。

对参加会盟的"阿鲁四部"，学界持不同意见。有的学者认为这阿鲁四部是指翁牛特、阿鲁科尔沁、阿巴噶、阿巴哈纳尔部。诚然，如果把誓文中出现的"济农孙杜稜"断为"济农、孙杜稜"，那么前者就很容易使人联想到阿鲁诸部中第一个遣使爱新国的阿巴噶部都思噶尔济农。但是，阿巴噶部虽然与爱新国交往最早，但由于受到察哈尔部的阻拦，直到崇德三年还未能实现与爱新国"政体合一"之约定。据《旧满洲档》载，崇德元年（1636年），

---

① 《旧满洲档》，第3217—3221页。

② 即天聪汗皇太极。

③ 指大贝勒代善（1583—1648年），为努尔哈赤次子。二贝勒阿敏（1585—1640年），为努尔哈赤之弟舒尔哈赤次子。三贝勒莽古尔泰（1587—1633年），为努尔哈赤第五子。他们与四贝勒皇太极一起被称为爱新国的"四大贝勒"。

④ 满语的beise一词，刚开始是beile（贝勒）词的复数词，后来逐渐演变成清朝的官职。

⑤ 译文参见齐木德道尔吉《四子部落迁徙考》，载《蒙古史研究》第七辑。

天聪汗在致扎萨克图济农（都思噶尔）的文书①中说："……我们
为政体合一而往来的是真。你违背自己所说，与喀尔喀相合了。"
就是说阿巴噶与爱新国早就有"政体合一"的约定，但其南下之
路被察哈尔部截断，只好投靠了喀尔喀部。又据《清内秘书院档案》
载，崇德三年（1638 年），皇太极致书都思噶尔说：

(1)§aγuda örüšiyegči nayiramdaγu (2) boγda qaγan-u jarliγ.
Tüsger jinong. Irnamjal jaqan dügüreng qoyar-tu bičig ilegekü-
yin (3) učir. urida ta nada luγ-a törü niketüy-e geji bile. tere
jabsar-tur (4) ta Čaqar-i daγuriyaju. yeke duran bariγad. arikin-
du tašiγuraju yabuγsaγar mal-iyan (5) abtaba. abtaji biši ulus
nige jebe qariγulaγsan-ügei bayitala. tan-i Čaqar luγ-a jolγaldaju
(6) esergü qarilčin darulčaγsan-i {sonusču} bide ende yekede
sayišiyaji. bila tegün-ü qoyin-a ta (7) aq-a degü öber jaγur-a-ban
ey-e ügei boruγu negüji yabuγsaγar börilbe ta……②

译文：

宽温仁圣博格达汗③之旨：致都思噶尔济农、伊尔纳木
扎剌扎罕杜稜④二人以书之缘故：以前，尔欲与我政体合一。
其间，尔仿效察哈尔，妄自尊大，沉溺于酗酒而牲畜被掠。[牲
畜] 被掠，他国未还一箭，却闻尔等与察哈尔相遇，相互厮杀，
我等在此甚为赞赏。之后，尔兄弟不和，反向迁移，而颓废
了……

皇太极的这些话亦可证明，阿巴噶部虽欲与爱新国政体合一，
但直至崇德三年仍未实现。所以我们认为，天聪四年三月与爱新

---

① 《旧满洲档》，第 4638 页。

② 《清内秘书院蒙古文档案汇编》第一辑，第 258 页。

③ 天聪十年四月，蒙古各部诸台吉聚集盛京，奉皇太极以"博格达彻辰汗"号，"宽
温仁圣汗"为皇太极之汉意汗号。

④ 即都思噶尔之弟纳木扎罕洪台吉（《黄史》，第 157 页）。

国会盟的"济农孙杜稜"不应断开，而应连读，他就是翁牛特最高首领。此外，阿巴哈纳尔是喀尔喀的属部，直到康熙年间才与清朝有了来往，所以阿巴哈纳尔更不可能参加天聪四年的会盟。那么"阿鲁四部"中，除翁牛特、阿鲁科尔沁外，其他两部到底是哪个？

据《清实录》记载，天聪四年（1630年）八月，林丹汗征讨阿鲁诸部之前，伊苏特部的古英和硕齐（名寨桑）就出使爱新国，"为两国往来议和"。后来，因遭察哈尔袭击，率其族属投归爱新国。[1] 可知，伊苏特部与爱新国往来较早，极有可能参加了这次会盟。喀喇车里克部首领噶尔玛伊尔登于天聪四年十一月与伊苏特寨桑古英和硕齐一同归附爱新国，因此有可能参加了会盟。此外，四子部虽然与阿鲁科尔沁同牧，但以僧格和硕齐为首的"四子"是阿鲁科尔沁首领达赖的堂兄弟，早就与达赖分家，独立于阿鲁科尔沁[2]，而且于天聪四年十一月归附爱新国。学界往往误"四子"为达赖之侄，又因其与阿鲁科尔沁同牧，视其为阿鲁科尔沁的属部或附庸，从而否定其独立性。[3] 因此，四子部也有可能是参加会盟的四部之一。但是，考虑到伊苏特、喀喇车里克与翁牛特分离得更早，我们认为四部中应有它们的位置，另一个就只能是阿鲁科尔沁，其兄弟部落四子部可能未被算在"阿鲁四部"内。

战事经过　会盟后不几天，爱新国又派精通蒙古语的巴克什希福率每旗兵十五人，偕阿鲁诸部使臣出使阿鲁诸部。[4] 六月十六日，阿鲁诸部使臣再次来到爱新国。[5] 阿鲁诸部与爱新国频

---

① 《清太宗实录》天聪八年三月丁亥。
② 据汉译《满文老档》(第1666—1667页)，崇德元年十一月，在蒙古各部编制牛录时，四子部"四子"达尔汉卓里克图（鄂木布）、鄂尔古都儿（僧格和硕齐子）、索诺木、依尔扎木（伊尔扎木）以各自属民分别编制牛录。
③ ［日］和田清：《东亚史研究·蒙古篇》，第482页。
④ 汉译《满文老档》（下册），第1011页。
⑤ 汉译《满文老档》（下册），第1064页。

繁的交往以及与爱新国结成反察哈尔联盟一事，很快被林丹汗发觉。1630 年八月，林丹汗率领大军征讨阿鲁诸部，扫荡了大兴安岭北麓。对于这样的重大事件，清代官方史书几乎没有记载①，《旧满洲档》《满文老档》也不知什么原因，漏记了这一事件。李保文整理的《十七世纪蒙古文文书档案》第 60、41、20、61 份文书正是嫩科尔沁首领向爱新国天聪汗通报林丹汗出征阿鲁诸部以及行军动向等重要情报的文书，给我们提供了很多重要信息。

先看第 60 份文书：

(1)§oom suwasdi siddam.(2) Čaqar-un qaγan-ača. (3) Oyijang-in Qoba-yin köbegün Tungγaγ-a bosču irebe. (4) nutuγ-inu Del quyas-du kürčü irebe genem. (5) Angγaγai neretü kümün qoyar jaγun turšiγul inaγši (6) mordaba genem. čerig-iyen urid mordaju ger-iyen (7) qoyina-ača negüjü ijaγur-un nutuγ-tan oruy-a geji (8) yabunam genem. jirγuγan qušiγun-i Qatun-i(u) γool-un (9) teretege. Qaγan-u ger-eče nayiman edür nayiman söni (10) güyilgejü kürkü genem. tere jirγuγan qušiγun-i(ni) inaγši (11) γarqula. čaγan sar-a-yin uridu sara-du γarqu. tere γool (12) γaγča {tere} sara-du kürkü genem. inatu jirγuγan qušiγun-i (13) aγta-inu jud turaqan-dur üküjü. ayan-du (14) mordaqula jirγuγan qušiγunai jirγuγan mingγan čerig (15) mordaju yabunam genem. nutuγ-inu inaγši ireji bayinam yaγakiqui (16) qaγan-u gegen-e medekü bayinam

---

① 只是在《清太宗实录》中有这样两条线索，天聪四年十一月壬寅条载："阿禄伊苏忒部落贝勒为察哈尔汗兵所败，闻上善养人民，随我国使臣察汉喇嘛来归，留所部于西拉木轮河，先来朝见，上命诸贝勒至五里外迎之。"天聪八年三月丁亥条载："阿禄伊苏忒部落古英和硕齐先为两国往来议和，后阿禄济农为察哈尔所侵，率族属来归。"

译文：

愿吉祥！卫征①之虎巴②之子通哈从察哈尔汗处逃至。闻 [察哈尔汗] 之牧地已至德勒·胡雅斯③，派出名为昂噶海④的人 [率] 二百哨探前来 [我处]。据称 [察哈尔汗] 先发兵，家属随后迁移，声言欲进入原牧地。⑤有六和硕在哈屯河之彼岸⑥，[距离是] 从汗之家跑八天八夜 [的路程]。若彼六和硕向此处进发，必在正月之前月出发。那个河只有那个月才能冻。此边六和硕之骟马死于雪灾，若出征，[只有] 六和硕之六千骑。其牧地正往此处迁徙，如何 [应对]，请汗明鉴。

扎鲁特喀巴海部下虎巴之子通哈从察哈尔处逃来嫩科尔沁，向奥巴报告了林丹汗发兵前来攻打阿鲁诸部和嫩科尔沁的消息。奥巴迅速将这一消息传报皇太极，并请皇太极明示应对办法。从逃人处得到的消息有 :（1）林丹汗声称此行是收复旧牧地，即回到西拉木伦河以北地区。（2）林丹汗军队只有六和硕之六千人，其余六和硕之兵在黄河彼岸，且只有等到腊月黄河封冻时才能渡河东行。

下面看第 41 份文书 :

(1) §oom suwasdi siddam.(2) Sečen qaγan-u gegen-e bičig örgün bariba.(3) Čaqar-un qaγan-ača körengge-čü bayan Ungγai-

---

① 扎鲁特首领喀巴海，1628 年四月与巴林首领塞特尔从嫩科尔沁来归附爱新国，八月因功受卫征号。参见《清太宗实录》天聪二年四月丙辰、八月乙未条。据《金轮千辐》（第 217—218 页），其世系为虎喇哈赤—乌巴什卫征—巴颜达尔（伯言达儿）—济农卫征—喀巴海卫征。看来喀巴海早已有了卫征称号，爱新国只是重新认定他在蒙古的旧号。

② 应是喀巴海部下，子名为通哈。

③ 又名德勒·克库勒（Del kekül），见第 41 份文书。"德勒"全名"德勒包日"，在今阿巴嘎旗南境洪格尔苏木。胡雅斯全称"哈斯胡雅斯"，《蒙古游牧记》（卷四）作哈斯胡雅斯坡，在清代阿巴噶右翼旗扎萨克住地南八十五里，当离德勒不远。

④ 林丹汗派出的前哨。

⑤ 察哈尔部林丹汗的"原来的牧地"在西拉木伦河以北地区，以今阿鲁科尔沁旗北部为中心，北至西乌珠穆沁旗，东至扎鲁特，西至克什克腾旗。

⑥ 哈屯河是黄河的蒙古名（元代蒙古旧名为哈喇木伦），其"彼岸"指鄂尔多斯地区。

yin {töröl} doluγan saγadaγ-tu kümün jiran aγta-bar bosun (4) nayiman qonoju kürjü irebe. tere bosqaqul-in üge. Čaqar-un qaγan inaγši negüjü nutuγ-ni. (5) Del gegül-dü oruba. čaγatu baraγun tümen-iyen. qatun-u γool-ača inaγši γarγaju. (6) čerig-inü abun. ger-inü negülgen. čerig-ni ene sara-yin šin-e-yin jirγuγan-a Qaγan-u (7)ger deger-e kürčü irebe. Qaγan jarlaju arban γurbatu-ača degegši. dalan γurbatu-ača doγuγši geji. (8) ene sara-yin arban nayiman edür. aru Kingγ-a-bar šiqaju. {nigen sara-yin künesün abču} mani Aru-yin ulus-tu mordaba. (9) ger-tegen talbiγsan čerig-inü nigen mingγan čerig talbiba. ger-inü čerig-ün qoyina-ača negükü bile genem. (10) nutuγ-inu oyir-a kürjü iren bayinam. ger-inü negüjü Olqui-yin Injaγan-du oruqu bayinam. (11) dörben abaγ-a {ekilen} bögöde. nigül-tü qaγan-i töröl törüben ülü taniju yabuqu-du. (12) Sečen qaγan-i šitüjü bile. Aru-bar mordaγsan čerig Aru-yin ulus-i abqula mandu qota šibege ügei bišiu. (13) Čaqar-un nutuγ dotur-a oruqu-yin urida γal-un oyir-a ki(ni) qalaju dayisun-u oyir-a ki(ni) üküji gele. (14) qaγan ekilen Aru šiqaju qayidaγlan čerig mordaqula yambar. bide uriddaju morday-a la. (15) qaγan-u gegen-e medekü bayinam. (16) Tuba jinong qušiγu-bar bosču. Qalq-a-du ečibe genem. tegün-ü bosuγsan qoyin-a. (17) Sangγarjai jinong-iyan alaju bayinam.

信背面用老满文写：Korcin-i Tusiye-tu han-i unggihe bithe. jakūn biyai u[rin] jakūn-de gajiha.

译文：

愿吉祥！致书天聪汗。

富有的翁盖 ① 之亲属，带箭筒的七人 ②，携六十匹马，从

---

① 嫩科尔沁的人。

② 意为男丁七人。

察哈尔汗处驰行八天逃至 [我处]。那逃人说：察哈尔汗正往此边迁徙，其牧地已至德勒·克库勒。① 将彼岸之右翼万户迁过哈屯河，携其兵，迁其家属，其兵已于本月初六来到汗之家。汗下令，十三岁以上，七十三岁以下 [均出征]，本月十八日沿兴安 [岭] 北麓，带一个月的干粮，出征我阿鲁部众。[汗] 留在家的兵有一千人，据闻，汗之家属将随大军迁徙。其牧地已临近 [我们] 了，其家将迁入乌鲁灰之音札哈。② 因歹毒的汗无视亲族，以四阿巴嘎为首，都投靠了天聪汗。③ 出征山阴的 [敌] 军若进攻 [我] 阿鲁部众，我们不是没有城垒吗？在 [我等] 被并入察哈尔牧地之前，[俗话说] 近火者灼，近敌者死，以汗为首沿山阴以轻骑 [迅速] 出征如何？[无论如何] 我们先出征，请汗明鉴。

据闻图巴济农④ 领其 [整] 旗逃入了喀尔喀⑤，在其逃走之后，桑噶尔寨⑥ 正在 [追] 杀自己的济农。

---

① "德勒"当指第 60 份文书中出现的德勒，克库勒当在德勒附近。

② 乌鲁灰指乌拉盖湖，在东乌珠穆沁旗境。音札哈河(彦吉嘎河)流入乌拉盖湖的河流，在今西乌珠穆沁旗境。张穆《蒙古游牧记》(卷四)说"音札哈河，源出阿噜科尔沁西北二百三十里之库尔默特山，东北流入 [乌珠穆沁] 境，经左翼东南百五十里，西北流入丁沙"。今西乌珠穆沁旗罕乌拉苏木有彦吉嘎庙遗址，庙以河得名。

③ 是指天聪四年三月，阿鲁四部与爱新国结盟之事。

④ 据《黄史》记载 (第 121 页)，林丹汗祖父布延彻辰汗之弟名桑噶尔寨，称杜稜济农。这个察哈尔图巴势力很大且拥有"济农"号，他可能是桑噶尔寨杜稜济农之后裔。关于图巴济农叛逃事，明兵部档案也有记载，说他要投靠兀儿汉 (即喀尔喀，指阿鲁喀尔喀)，有图巴济农侄子率三千人投靠前已投靠嫩科尔沁的林丹汗亲叔父毛圪塔黄台吉 (参见乌云毕力格《明朝兵部档案中有关林丹汗与察哈尔的史料》，载《ResearchingArchival Documents on Mongolian History:Observations on the Present and Plans for the Future》，东京外国语大学大学院研究丛刊，2004 年)。天聪八年六月，土巴济农归附爱新国，可能从喀尔喀来归 (见《清初内国史院满文档案译编》上册，第 90、92 页)。

⑤ 指阿鲁喀尔喀。

⑥ 即林丹汗弟弟 (《黄史》第 121 页)。在林丹汗出征阿鲁诸部之际，图巴济农叛逃。林丹汗弟桑噶尔寨率部追杀图巴济农。

信之背面：科尔沁土谢图汗之书，八月二十八日送至。

这份文书的成书时间略晚于前一份，于天聪四年八月二十八日送达盛京。达力扎布认为这份文书是天聪五年的。[①]但是，从文书内容可知，这是奥巴听到林丹汗已经出征阿鲁诸部的消息之后急忙写给皇太极的文书。天聪五年，阿鲁诸部已经归附爱新国并南下大兴安岭住牧，不可能有文书内容提到的在大兴安岭山阴遭林丹汗攻击等事。天聪四年这个年份至关重要，让我们从明代汉文档案及爱新国《逃人档》中来找佐证。明兵部档案崇祯三年（1630年）九月的记载中说：

> 兵部崇祯三年九月三日题行，据宣府巡抚杨塘报："探问得，在边住牧夷人密说，插汉儿王子聚兵一处，传令各夷预备二十余日盘缠，要往西北征剿哈力哈、卜罗合儿气等酋。本月二十六日，又据侦探通官李应元等进边报称：探得，察酋将本边住□□马及精壮真察酋部夷俱各调去。讫止各酋哈喇慎、卜石兔、威兀慎降夷在边住牧等情到路禀到卑职。"[②]

此提行稿所言正是察哈尔攻打阿鲁诸部的事件。不过明朝方面将察哈尔要往东北征剿阿鲁诸部、阿鲁喀尔喀、嫩科尔沁的事件误听为察哈尔"要往西北征剿哈力哈（喀尔喀，指阿鲁喀尔喀）、卜罗合儿气（嫩科尔沁）等酋"。

《逃人档》记载的时间更为准确：庚午年十月"十三日，阿鲁诸部济农所属蒙古人十名骑马十匹逃至，言察哈尔发兵侵扰阿鲁诸部"。同月"十八日，阿鲁诸部济农下卓博依哲陈巴克希、拜虎墨尔根虾共率十人，携马七匹、骡四头、牛一头来归"[③]。庚

---

① 达力扎布：《蒙古文档案研究——有关科尔沁部档案译释》，载《明清蒙古史论稿》，民族出版社，2003年。

② 《明清史料》丁编，第四本，第318页。

③ 《逃人档》，载中国第一历史档案馆编《清代档案史料丛编》第十四辑，中华书局，1990年。

午年为天聪四年（1630），阿鲁济农则指翁牛特部首领孙杜稜。

至此我们可以肯定，察哈尔征讨阿鲁诸部的时间是天聪四年八月。

再看第 20 份文书：

(1)§ oom suwasdi siddam.(2) Sečen qaɣan-u gegen-e ayilatqamoi.(3)jinong-in Baqadai oyijang daɣurisqu ɣurban jaɣun kümün Čaqar-tu (4) turšiɣul ečigsen. Čaqar-un čerig mordaɣsan qoyiɣur Alaɣčirud-i dobtulju (5) Alaɣčiɣud deger-e saɣuɣsan Qaɣan-i(u) qatun-i bariju em-e köbegün-i čabčiju. (6) ger mal-inu tüyimerdejü qaɣan-i qatun-i abuɣad. Baqadai oyijang daɣurisqu. (7) Čaɣajai mergen kiy-a-yi qostai yaɣaraɣulju. Čaqar čerig manai jüg mordaba. (8) ser-e gejü jaruɣsan tere kele-yi sonusuɣad. čerig-iyen uɣtuju ɣaruɣad. (9) ger-iyen berke ɣajar oruɣulju. Qalq-a tai tululčaju Qalq-a-yin Buyaqu güyang (10) ireji kelelčejü. Qalq-a jinong tai čerig-iyen uɣtuju ɣarba genem. (11) manai elči. jinong-in elči tai qostai yaɣaraju jaruɣsan toɣuriju yabuji (12) qori qonoju irebe. manai dotur-a oruɣsan aq-a degü-yin nutuɣ-iyar (13) Čaqar-un turšiɣul demei yabuju bayinam. Čaqar-un čerig qamiɣ-a (14) tuluɣsan-i medekü biši. (15) Qalq-a-yin Buyuɣai qušiɣuči ɣurban jaɣun kümün turšiɣul. Čaqar-un (16) jaq-a-yi dobtulju ɣarqui. Kiy-a tayiji-yin degü Ondu qaraɣul (17) ɣaruɣsan učiraju alalduju. Ondu-yi. Buyuɣai qušiɣuči (18) jidalaju alaba genem. (19) edüge öbül-ün ekin sara-du tan-du mordaqula bide ger tüni morday-a. (20) man-du mordaqula. ta ger-tüni morda geji bayinam. (21) jinong-in elči-yin üge tere. Baqadai qušiɣuči Čaqar-un čerig-ün (22) mör-inü jegün eteged šiyitqaju. ger-inü Quraqan-u qay-a-yi önggerejü irebe genem. (23) manai ɣolumta-yin dotur-a oruɣsan. ɣaɣča Maɣu mingɣan-ača bosu. (24) Sün dügüreng ekilen bögöde oruju irebe.

morin aniya uyun biyade Korcin tusiyetu han-i unggihe bithe.

译文：

愿吉祥！上奏天聪汗：

济农①之巴哈岱卫征达古力斯库②向察哈尔派出了三百名侦探。趁察哈尔之军出征之际，袭击阿喇克绰特③，俘获居住在阿喇克绰特的汗之哈屯，砍杀妇孺，焚烧其家帐牲畜，携汗之哈屯[而还，途中]，巴哈岱卫征达古力斯库遣察哈寨墨尔根恰携从马一匹兼程奏报[济农]：察哈尔之军已向我处出发，当心。[济农]闻彼语，率兵出迎，将家属移入险地，与喀尔喀互为犄角，喀尔喀之布雅虎古英④来商议，喀尔喀与济农[一起]率兵迎敌去了。我们的使臣与济农之使臣携从马一匹兼程前来，[因]绕行走了二十天[才]到来。在归附我们的兄弟们牧地内，有很多察哈尔侦探在行走。不知察哈尔军之所至。据闻喀尔喀之博古盖和硕齐⑤[为首]三百名侦探，袭击了察哈尔之边境，遇恰台吉⑥之弟温都出哨，相互厮杀，博古盖和硕齐将温都刺死了。今冬之首月，[察哈尔]

① 阿巴噶部都思噶尔济农，考证见下文。

② 都思噶尔济农部下。从有卫征号推测，应是都思噶尔亲族。

③ 蒙古大汗不地之弟名也密力，其长子挨大笔失，挨大笔失长子那木大黄台吉、幼子拱兔分别统治大兴安岭南阿喇克绰特、多罗特两部。也密力幼子贝玛的长子秃丈都喇儿、幼子委正则分别统治敖汉、奈曼两部。他们是岭南察哈尔四大部。其中嫡系那木大黄台吉是土蛮汗五大执政（扎萨克）之一。1628年二月，爱新国乘林丹汗西迁，发兵攻打牧地在敖木伦（大凌河）的多罗特部。邻近的阿喇克绰特看来北逃，加入林丹汗阵营。这次，阿喇克绰特遭到阿鲁诸部的袭击，损失惨重。

④ 阿鲁喀尔喀所属阿巴哈纳尔贵族。考证见下文。

⑤ 阿鲁喀尔喀车臣汗硕垒部下。据《清初内国史院满文档案译编》（上册，第212页）天聪九年十二月初七条记载，硕垒（硕罗）部下博霍乃同布雅虎古英向天聪汗献马。博霍乃（Buqunai）是博古盖的误读。

⑥ 察哈尔部台吉，世系不明。其弟温都有两解，一指亲弟，二指其亲信。

若出征你们，我们要出征其家。若出征我们，你们要出征其家。济农之使臣的话是这些。巴哈岱和硕齐①说：察哈尔军之行迹一直向东，其家已过胡喇汗之哈雅②。除茂明安以外，以孙杜稜为首都加入了我们的行列。

　　信背面：马年之九月，科尔沁土谢图汗来信。

　　这份文书提到的济农和布雅虎古英非常重要。阿鲁诸部首领中拥有济农称号的有两人，一为翁牛特部首领孙杜稜，号"阿鲁济农"，有时称"杜稜济农"；另一个就是阿巴噶部首领都思噶尔济农，一般称"阿巴噶之济农"或"扎萨克图济农"。此处的济农应指都思噶尔。理由如下：（1）同一文书的末尾提到了孙杜稜的名字，显然与文首的济农不可等同。（2）根据本文书内容，孙杜稜当时已经进入了科尔沁的行列，就是说，已越过大兴安岭投靠了嫩科尔沁。（3）据前引《清内秘书院档案》崇德三年皇太极在致都思噶尔书中提到林丹汗出征阿鲁诸部时，只有都思噶尔与林丹汗相互厮杀而"他国未还一箭"。就是说，孙杜稜根本没有与察哈尔林丹汗对阵，因此，与林丹汗征战的这位济农肯定是都思噶尔。

　　再看，喀尔喀的布雅虎古英。《旧满洲档》和《满文老档》有两条关于喀尔喀布雅虎古英的记载，分别是天聪九年（1635年）十二月七日和天聪十年二月二日。③当时阿巴噶及阿鲁喀尔喀遣使爱新国，天聪汗以阿鲁喀尔喀车臣汗第一次遣使，赏赐喀尔喀、

① 即巴哈岱卫征达古力斯库。
② 这个地名多次出现在《旧满洲档》和《满文老档》，明朝兵部档案中也曾出现。天聪六年爱新国出征察哈尔时，于五月三日抵达这里，离果果斯泰河（今阿巴嘎旗高格斯台河）河口一日之程（汉译《满文老档》下册，第1278页）。据乌云毕力格考证，胡喇汗是山，哈雅是湖，胡喇汗在哈雅湖西北约一百二十里处、今阿巴嘎旗巴彦查干苏木境内，哈雅湖在今阿嘎旗查干淖尔苏木东部与巴彦德力格尔苏木接壤处（参见其《明朝兵部档案中有关林丹汗与察哈尔的史料》）。胡喇汗之哈雅与第60、41份文书所见德勒等地只有一两天的路程。
③ 日译《旧满洲档》（天聪九年），第342—345页；汉译《满文老档》（下册），第1378—1380页。

阿巴噶等部首领，其中就有布雅虎古英。在《满文老档》中，他以喀尔喀首领受赏，而《旧满洲档》则将他列为阿巴噶首领。崇德元年十一月，前往车臣汗处议和的清朝使臣携车臣汗来朝议和之使臣及商队还，车臣汗、阿巴噶、乌珠穆沁等首领献马。车臣汗硕垒部下有一位布雅胡达尔汉诺颜之属西达布哈岱，贡马二。①这个布雅胡达尔汉诺颜应即布雅虎古英。从他与阿巴噶都思噶尔济农一同遣使并拥有"达尔汉"称号的情况看，他是一位具有较高地位和名望的人。据《内国史院档》记载，崇德四年（1639年）十二月十五日，阿鲁喀尔喀车臣汗及阿巴噶都思噶尔使臣贡马，布雅虎古英以阿巴噶都思噶尔部下出现。②从第20份文书内容看，先锋巴哈岱急遣使报告主人都思噶尔：察哈尔来攻，当心！于是都思噶尔与喀尔喀的布雅虎古英"互为犄角"（而不是相互厮杀！），布雅虎古英前来与都思噶尔商议，一同前往应敌。这个既是"喀尔喀"又是"阿巴噶"的布雅虎古英应是附属于喀尔喀车臣汗的阿巴哈纳尔首领，是都思噶尔的同族，他与都思噶尔商议的正是向北投靠车臣汗之事。据《黄史》，附属于车臣汗的阿巴哈纳尔贵族中，阿巴哈纳尔始祖诺密幼子乞塔特后裔拥有"古英"称号。③因此，布雅虎古英极有可能是乞塔特后代。布雅虎古英身份的确定，能够证明第20份文书中出现的济农是都思噶尔。

前引明兵部档案崇祯三年（1630年）九月三日记载中说察哈尔"要往西北征剿哈力哈、卜罗合儿气等酋"。这里的"西北"是东北之误。但所说征讨哈力哈之事并不虚妄，正是指第20份文书中所反映的林丹汗与喀尔喀属部阿巴哈纳尔作战之事。

战事影响　1630年林丹汗北征阿鲁诸部一事是17世纪蒙古历史上的重大事件，影响深远。战争中林丹汗调动了自己的直属

---

① 汉译《满文老档》（下册），第1693—1696页。
② 《清初内国史院满文档案译编》（上），第445页。
③ 《黄史》，第156、157页。

部众以及右翼蒙古各万户（至少包括鄂尔多斯、土默特万户）的军队，兵力并不像最初传说的只有六千人。所征讨的对象是翁牛特、喀喇车里克、伊苏特部、阿鲁科尔沁诸部以及阿巴噶、阿鲁喀尔喀等部。其中只有阿巴噶和阿鲁喀尔喀与林丹汗交锋，而翁牛特、喀喇车里克、伊苏特部以及阿鲁科尔沁、四子等部则望风而逃，南下投奔嫩科尔沁和爱新国。据《清太宗实录》，这年十一月，南下的阿鲁科尔沁、四子以及翁牛特、喀喇车里克、伊苏特部首领陆续来到爱新国觐见天聪汗。[①] 阿巴噶及其近邻、察哈尔右翼乌珠穆沁、苏尼特、浩齐特等部则北奔喀尔喀达赖济农硕垒，使其势力猛增。于是，硕垒便在阿巴噶、察哈尔右翼诸部首领的簇拥下称"车臣汗"。[②] 至此，喀尔喀左翼除土谢图汗部以外，又有了一个车臣汗部。

　　出征时，林丹汗声称要进驻旧牧地。从军队与家属大规模东进的情况看，这并不是谎言。自1627年冬林丹汗西征以来，在对右翼蒙古战争中所向披靡。他以鄂尔多斯为根据地，控制着今内蒙古中西部广大地区。此时，腐朽的明朝仍在玩弄"以夷制夷"的老把戏，不时给林丹汗大量赏赐。所有这些都大大增强了林丹汗的信心，随之就有了收复故土的决心。

　　结合第三章第六节所引用和注释的《十七世纪蒙古文文书档案》第61份文书的记载可知，林丹汗这次对阿鲁诸部的征讨还引发了嫩科尔沁从嫩江流域南迁之重大事件。当奥巴从阿巴噶济农都思噶尔那里得到林丹汗要于十月出征嫩科尔沁的消息后非常恐惧，便急忙派使臣向皇太极求援并要求皇太极亲自率轻骑沿大兴安岭北麓急速出征（原文为 qaγan ekilen aru šiqaju qayidaγlan čerig mordaqula yambar，"qayidaγlan"意为"不带从马"）。但是，

---

① 　《清太宗实录》天聪四年十一月甲午、丙申、壬寅、癸卯等条。

② 　参见宝音德力根《从阿巴岱汗与俺答汗的关系看早期喀尔喀历史的几个问题》，载《内蒙古大学学报》（蒙古文），1999年第1期。

皇太极畏惧林丹汗，没有同意奥巴的请求，转而命令奥巴南迁到嫩江与西拉木伦河之间的高地，即今兴安盟、通辽市西拉木伦河（辽河）以北地区以及邻近的吉林省西部地区，这些地区从此成为嫩科尔沁的新牧地。

林丹汗出征阿鲁诸部并与喀尔喀所属阿巴哈纳尔部作战之事很快通过喀尔喀右翼传到遥远的俄罗斯。喀尔喀右翼扎萨克图汗的亲族辉特部首领硕垒乌巴什洪台吉、俄木布额尔德尼父子先后拥有阿勒坦汗号，他们很早就与俄罗斯有联系，俄罗斯沙皇曾多次拉拢阿勒坦汗，欲使阿勒坦汗成为其附庸，但是阿勒坦汗始终不肯。1633 年，阿勒坦汗俄木布额尔德尼遣使至俄罗斯托木斯克当局，向沙皇声明：阿勒坦汗及其所属愿纳贡、臣服，如有必要，可领三万兵，奉沙皇之命出征 ① 的同时愿立誓臣服于俄罗斯沙皇，以求保护。但是，1635 年，当俄罗斯沙皇的使者亚科夫和德鲁日纳为接受阿勒坦汗臣服而兴高采烈地来到阿勒坦汗斡耳朵时，俄木布额尔德尼的态度已发生很大转变，他对沙皇使臣言："我从未给过指示说我可以亲自为我自己和全部落进行宣誓。再说杜沁汗现已为乌尔图斯（鄂尔多斯）汗杀死。" ②（意即臣属俄罗斯的理由已经不存在了——引者）

俄罗斯方面在记载喀尔喀与其他蒙古部落的关系时，总提到"察哈尔汗"及"都沁汗"。"察哈尔汗""都沁汗"均指林丹汗。林丹汗是蒙古大汗，并直接统治察哈尔万户。与林丹汗敌对的蒙古诸部不愿承认其蒙古大汗的地位，甚至蔑称其为"察哈尔汗"。"都沁汗"意为"四十万（蒙古）之汗"，蒙古人将蒙古大汗所辖

---

① ［英］约·弗·巴德利著，吴持哲、吴有刚译：《俄国、蒙古、中国》下篇，第二册，商务印书馆，1981 年，第 1079 页。

② ［英］约·弗·巴德利著，吴持哲、吴有刚译《俄国、蒙古、中国》下篇，第二册，第 1085 页。林丹汗是在迁往青海的途中于 šira tala（今甘肃省天祝县）病逝的。这里所说林丹汗被鄂尔多斯洪台吉杀害之事为喀尔喀方面得到的谬传。况且鄂尔多斯最高首领为济农（当时为额琳沁济农），并非洪台吉。

六万户称为"四十万蒙古",将西蒙古卫拉特称为"四万卫拉特"。
林丹汗的"都沁汗"称号,表示他是全体蒙古之汗。更为重要的是,
1627年冬,林丹汗离开旧牧地西拉木伦河以北,西征蒙古右翼,
在不到一年的时间里先后征服喀喇沁、土默特、鄂尔多斯三万户。
1630年,林丹汗又出征阿鲁诸部,与喀尔喀车臣汗所属阿巴哈纳
尔作战。对于这些震撼全蒙古的事件,喀尔喀扎萨克图汗、阿勒
坦汗心知肚明,因此他们随时留意林丹汗的动向,唯恐遭其征讨。

　　1631年三月,皇太极组织了第二次对察哈尔远征。但是,因
归附蒙古各部马匹瘦弱不堪用且来兵甚少,在与奥巴商议后,终止
了这次远征。大约在同时,林丹汗的使臣到明朝谢罪请赏,林丹汗
自身则从胡喇户(即胡喇汗)率兵南下,来到三间房(今多伦县境)
一带其夫人处住下,派出三千骑,分别探哈喇哈(喀尔喀,即阿鲁
喀尔喀)和哈巴哈(阿巴噶,指阿鲁诸部)两家。五月,有嫩科尔
沁千余户叛离爱新国,归附林丹汗。[1] 十一月,林丹汗的军队在西
拉木伦河北袭击了阿鲁科尔沁色棱阿巴海部众,大掠而去。[2]

　　1632年,爱新国天聪汗皇太极组织满洲八旗及所辖科尔沁、
喀喇沁、敖汉、奈曼、巴林、扎鲁特等部兵马出征林丹汗,林丹
汗闻讯从今阿巴嘎旗查干淖尔一带西迁,进入黄河河套鄂尔多斯
地区。俄罗斯使臣图哈切夫斯基等后来了解到,林丹汗曾杀死喀
尔喀扎萨克图汗、阿勒坦汗等为打探林丹汗西征的原因而派去的
使者[3]。也许是这一原因,向来敌视林丹汗的阿勒坦汗等判断林丹
汗不久就出征喀尔喀,从而向俄罗斯沙皇派去使臣,以求得到保
护。但后来的事实与阿勒坦汗的判断不符。俄罗斯使臣了解到的

---

[1]　详见乌云毕力格《明朝兵部档案中有关林丹汗与察哈尔的史料》。

[2]　《清太宗实录》天聪五年十一月庚寅。

[3]　[英]约·弗·巴德利著,吴持哲、吴有刚译:《俄国、蒙古、中国》下篇,第二册,
第1092页。这里将扎萨克图汗记载为Ulqunud汗。Ulqunud为扎萨克图汗直属鄂
托克,故ulqunud汗是指扎萨克图汗。

是"都沁汗未出征阿勒坦汗、扎萨克图汗及达赖汗"①。因此，国内有些著作中所记1633年林丹汗出征喀尔喀扎萨克图汗的说法是毫无根据的。

第三节 阿鲁诸部与阿鲁喀尔喀关系

达延汗最初分封子孙到蒙古大汗直属六万户时，庶幼子格列山只被分封到喀尔喀万户的右翼，牧地只限于哈拉哈河一带。16世纪30—40年代，达延汗子孙瓜分肯特山一带的兀良哈万户，格列山只所统喀尔喀万户右翼因此占据了兀良哈万户的大量人口和牧地，到1548年格列山只去世时，喀尔喀右翼的牧地已经延伸到克鲁伦河地区。②1546年，喀尔喀万户的左翼随不地汗长子打来孙南下大兴安岭住牧，右翼因而获得了更大的发展空间。随着喀尔喀右翼的强大，特别是在1580年喀尔喀汗国建立后，牧地位于斡难、克鲁伦河流域的毛里孩后裔所属部众逐渐被卷入喀尔喀势力范围。同时，与阿鲁喀尔喀贵族保持联姻关系的合撒儿家族的汗王家茂明安、塔崩等部也被阿鲁喀尔喀控制。

一、阿巴噶、阿巴哈纳尔部与阿鲁喀尔喀

阿巴哈纳尔附属阿鲁喀尔喀 《清内阁蒙古堂档》有一份喀尔喀车臣汗之翁牛特③额尔克木古英台吉（Erkim güyang tayiji）

---

① [英]约·弗·巴德利著，吴持哲、吴有刚译：《俄国、蒙古、中国》下篇，第二册，第1092页。车臣汗硕垒最初有达赖车臣济农或达赖济农之称，后来有了车臣汗称号。这里的"达赖汗"定指车臣汗。

② 参见[日]冈田英弘《乌巴森札洪台吉传》，载《从蒙古帝国到大清帝国》，东京，藤原书房，2010年。

③ 翁牛特是成吉思汗四个弟弟所属部的统称，这里指的是别里古台后裔属部阿巴哈纳尔部。因阿巴哈纳尔在车臣汗部的管辖之内，所以称为"喀尔喀车臣汗之翁牛特"。

奏折，反映了 16 至 17 世纪喀尔喀与阿巴哈纳尔复杂的关系：

（1）Manjuširi degedü yeke čaɣrawardi qaɣan qotala törölkiten-i üre metü örüšiyejü asaraqui-bar Qalq-a jaɣura-yin temečel-i amuɣulqu-yin tula（2）qamuɣ ilɣuɣsad-un belge bilig-ün mön činar boɣda Dalai blama bajir der-e-yin gegen-e duratqal jokiyaju Ɣaldan širegetü erdeni dalai qotuɣtu-yi（3）jalaraɣulun öber-ün yeke tüšimel Arani aliqa amban ekilen sayid qaraqan basa-bar Rjibčun damba qutuɣtu-yi tusalalčiduɣai kemen jokiyalɣaɣsan-iyar（4）Doluɣan qošiɣu ɣal bars jil-ün namur-un dumdadu sar-a-yin kören（köreng）belčer-tür čiɣullaɣsan čaɣ-tur baraɣun-u Jasaɣtu qaɣan jegün-ü qaɣan qoyaɣula Ongniɣud-i（5）boliyalduɣsan-dur Tüšiye-tü sayin qaɣan Erke dayičing noyan ekilen basa ügelebei tenggin aqui-dur Ongniɣud-un üge Jasaɣtu qaɣan mani（man-i）（6）nekeji(nekejü) bayinam qoyar qaɣan či(čü) bolba güjirkeji(güjirkejü) bayinam eden-i inggiji(inggijü) bayiqu-du manai(man-u) üge Jalayir tayiji yeke qatun tai（7）taolai jil-dü Altan gegen qaɣan-u nutuɣ Boru niruɣun-du aqu čaɣ-tu očiju baraɣalqaji(baraɣalqaju) qaɣan-u Sayin jula neretü（8）keöken-i yisün nasutai abči(abču) ireji(irejü) öber-ün doluɣan köbegün-iyen degüü bolɣan ösgejü Temegetü qaɣan-du öggügsen tere Ayuši abaqai gegči bile Ayuši（9）abaqai-yin ɣurban kürgen-i Wačirai sayin qaɣan Ötekei ildüči baɣatur Torčaɣai tekürgegči ɣurban kürgen yabuqu čaɣ-du Ötekei ildüči baɣatur（10）man-u nutuɣ aɣlaɣ aɣuu bayinam ende ireji(irejü) neyile gejü elči ilegegsen-dü Ayuši abaqai ken ken-i（ü）tani（tan-i）či(čü) bolba ilɣal ügei（11）törköm ilɣal ügei kürgen mini bayinam qamiyaši（qamiɣaši）yaɣu geji(gejü) negüji(negüjü) yabum bide jaqa-yin ulus di（ud un)qabi jai čilüge erijü yabuqu biden-ü（12）bayinam

geji oyir-a-yin ulus luγ-a yabuγsan biden-i (ü) ter-e bile bide jun-
i(ni) irebe mön ter-e namur-i(ni) Tümetei jasaγtu Böke noyan
(13) ekilen Abaγ-a-yin noyad nutuγ-iyar irejü biden-tei čuγ
qamtu yabuγad Sayin qaγan Köbkür–tü (14) Oyirad-i dayilaju
talaγsan-u qoyitu Quluγan-a jil-dü Jasaγtu ekilen Abaγ-a-yin
noyad (15) γajar daγan negüji(negüjü) očiqudu (očiqu-du) bide
ende saγuγsaγar edüge boltula(boltala) yabuγsan-u učir biden-
i(ü) (16) ter-e bile bide ken ken-dü tanai (tan-u) γabiyatai bileü
Doluγan qošiγun-i(u) alu-yin yeke baγ (baγ-a)-du oruju (17)
yabuqu baiya yerü bide jud-tu jüdereji(jüderejü) botaraji(botaraju)
irelü(irele-yü) dayin-du daruγdaji(daruγdaju) bosniji (bosniju)
(18)irelü dayilaji(dayilaju) oruγulji(oruγulju) yabulau(yabula-
yu) ta tan-du mani(man-i) boliyalduqu učir yaγu bila γal noqai
jil (19) kürtele jiran tabun jil bolba tegünü qoyina Jasaγtu qan
Erdeni qung tayiji qoyaγula Jürčid-tü (20) mordaji(mordaju)
ireged jam daγan šoγlaγsan tegüber ingginemü ta basa biši učir
bayu(boi-yu) tan-du biden-ü (21) Qalq-a-du neyileji(neyilejü)
yabuγsan-ača ene γal b[ars] jil kürtele jaγun tabun jil boluγ-a
bišiu tenggitele (22) ken-dü jiγalduγsan boi jarγu-yi ken-dü
öggügsen boi Ötekei ildüči baγatur tegün-i ači (23) Layiqur qaγan
qoyar üy-e önggeretele daγu ügei yabuγsan učir tanai(tan-u)
yaγu aγsan bila (24) qoyina Jasaγtu qaγan mani(man-i) quriyaqu
daγan ken-dü jöb gegdegsen boi jüderejü ireji(irejü) (25)
oruγsan Abaγ-a-yin noyad-i jüg büri tesgüji(tesgüjü) ejelegsen-iyer
adalitqaji(adalitqaju) keduyini neyileji (26)yabuγsan biden-i
oljarqaji(oljarqaju) jüg büri boliyalduqu tani (tan-u) yaγu bila
yerü kürged-i(ni) qadum (qadam)ud-iyan (27) medekü čaγaja
tai biyu basa či (čü) yeren nige-tü bičin jil–dü Doluγan qošiγu-

bar (28) Taran-i(Tarani) γool-du čiγulγan kigsen-dü mani (man-i) tusaγar noyad tulata törü-yin yeke tüšimel-dür (29) Unaqai jayaγači Töküküi qoyar tüšimel-i talbiγsan tere čaγaja-i(čaγaja-yin) bičig-tü ügei biyu (30) gejüü eyimü üge ügülegsen-dür kedün boliyalduγčid qariγulan(qariγulun) ese čidaγsan-u tulata böged (31) edüged-ün medekü čaγ-ača inaγši ču öber-ün joriγ-iyan(iyar iyan) bayiγsan-i(ni) ünen tulata (32) esergü desergü uruγ ba sayin-u šiltaγan kiged nutuγ-un oyira(oyir-a)-bar tüšigsen-eče öbere（ögere）(33) dayilaju abuγsan-ba kümün bariju öggügsen yadaju tüšigsen ed mal-iyar kömüjigülkü (34) terigüten ken-dü ču tatallaγan-u šiltaγan ügei tulata Ongniγud-un üge-yi (35) jöb-tür toγtaγabai jabsar-tur nutuγ nam nige yabuγsan- iyar Sečen qaγan-u eteged-eče jokis (36) ügei üyile šiltaγan ese üyiledbesü nutuγ nam erten-ü yosoγar boluγad Qalqai-yin (37) noyad-un alta-bar qanilan atuγai kemen kejiye-de batu gereči bičig-i baraγun (38) jegün-ü tangγariγ-tu jiran ilegü sayid luγ-a jöbšiyen teden-ü ene ünen jöb (39) gegsen-iyer qamsaγalan mön jil-ün ebül-ün ekin sara-yin sayin šine-dür Rjibčun damba (40) qutuγ tu-yin talbiγsan bičig tamaγ-a.[①]

译文：

满珠习礼大恰克剌瓦尔迪汗[②]，恩养众生如自己的子孙，为平息喀尔喀之间的纷争，在向众佛的象征和智能之本质圣达赖喇嘛瓦只剌答喇倡议，使派遣噶尔丹席勒图额尔德尼达

---

① 中国第一历史档案馆、内蒙古大学蒙古学学院:《清内阁蒙古堂档》第六卷，内蒙古人民出版社，2006 年，第 49—53 页。
② 对康熙皇帝的尊称。

赖呼图克图 ①，并派遣自己的大臣阿剌尼 ②，还让哲布尊丹巴
呼图克图 ③ 相助，为此，七旗 ④ 于火虎年之八月在库伦伯勒
齐尔地方会盟 ⑤ 之际，右翼之扎萨克图汗 ⑥ 与左翼之汗 ⑦ 争
夺翁牛特，土谢图赛音汗 ⑧、额尔克岱青诺颜 ⑨ 也说话了。这
时 [我们] 翁牛特：扎萨克图汗在追索我们，两个汗 ⑩ 也在
冤枉 [我们]，为此我们 [才说了下面] 的话：扎赉尔台吉 ⑪
与大哈屯于兔年 ⑫ 当俺答格根汗的牧地在博罗尼鲁温 ⑬ 时前
去拜会。将名为赛音珠喇的九岁女儿带来，当作自己七个儿
子之妹妹而抚养，[她就] 是后来嫁给特默克图汗 ⑭ 的阿玉什
阿巴海 ⑮。阿玉什阿巴海的三个女婿为斡齐赖赛因汗 ⑯、斡特

---

① 甘丹寺第四十四锡埒图（1682—1685 年）阿旺洛卓嘉措。1685 年，受五世达赖
派遣（实际上五世达赖于 1682 年圆寂，因秘不发丧，故实际派遣者为第巴桑结嘉措）
赴喀尔喀，动身前受额尔德尼达赖锡埒图呼图克图称号（参见若松宽《噶勒丹锡埒
图呼图克图考——清代驻京呼图克图研究》，载若松宽著、马大正等编译《清代蒙
古的历史与宗教》，黑龙江教育出版社，1994 年）。
② 八旗蒙古人，时任清朝理藩院尚书。
③ 第一世哲布尊丹巴呼图克图，名罗不藏丹毕扎拉森，又称温都尔格根，土谢图汗
衮布多尔济次子。
④ 喀尔喀七旗，又称喀尔喀七鄂托克，格列山只七子分家，形成七鄂托克。
⑤ 1686 年，喀尔喀左右翼为了调节内讧，在库伦伯勒齐尔地方举行的会盟。
⑥ 指第七代扎萨克图汗沙喇，1686 年继承汗位。
⑦ 指第三代车臣汗诺尔布，1683—1687 年在位。
⑧ 指土谢图汗察珲多尔济，1655—1699 年在位。
⑨ 指善巴扎萨克。他是阿巴岱汗第四弟图蒙肯赛音诺颜的第三子丹津喇嘛之孙，
1667 年获额尔克岱青称号，喀尔喀最初的八大扎萨克之一。
⑩ 土谢图汗察珲多尔济，车臣汗诺尔布。
⑪ 指格列山只，扎赉尔台吉意为驻扎赉尔土蛮的台吉。
⑫ 1543 年。参见宝音德力根《从阿巴岱汗与俺答汗的关系看早期喀尔喀历史的几
个问题》。
⑬ 当指今阴山山脉的某一段。
⑭ 阿巴哈纳尔部首领诺密特默克图。
⑮ 俺答汗之女，被格列山只领养。
⑯ 阿巴岱汗（1554—1588 年），格列山只第三子诺诺和卫征的长子，1580 年称汗，
成为众喀尔喀霸主，1586 年亲至归化城拜见三世达赖，获"瓦齐尔巴尼合汗"称号。

克伊勒都齐巴图鲁①、绰尔察海都固尔格齐②。当时，斡特克伊勒都齐巴图鲁派使臣 [来到我处] 说："我们的牧地偏远辽阔，来这里与我们会合吧。"阿玉什阿巴海答曰："无论你们哪一位都没有差别，都是我的娘家，都是我的女婿，我们没有理由迁往哪一处。[如果可以] 在你们边民附近找一些空地 [为好]。"于是就与 [你们的] 边民一起游牧了。我们夏天来到，同年秋，以图扣台扎萨克图③、布克诺颜④为首的阿巴噶的诺颜们，来到 [我们的] 牧地，与我们一同游牧。直到赛音合罕在库布克尔⑤战胜和瓜分卫拉特的那一年之后的鼠年⑥，以扎萨克图汗为首的阿巴噶的诺颜们迁回自己的 [原] 牧地。我们则直至今天仍留在那里。我们对你们每一位都有功劳。……（此句文意不明）我们难道是遭雪灾疲惫、溃散而来？ [还是] 战败而逃来的？ [或是] 被你们征服来的？你们有什么理由争夺我们。[此后] 到火狗年已过了六十五年。⑦难道是因为在此后扎萨克图汗、额尔德尼洪台吉⑧二人出征女真⑨，回来的路上相互掠夺而这样对待我们吗？还是有别的原因？自我们与喀尔喀同牧起到此火虎年⑩不是已有一百〇五年了吗？期间 [你们] 向谁人控诉过？向谁人递过诉状？

---

① 格列山只长子阿什海洪台吉幼子。

② 格列山只第四子阿敏都喇勒长子。

③ 塔尔尼子素僧格之子。

④ 素僧格之弟，图扣台扎萨克图的叔叔，又名扬古岱卓哩克图。

⑤ 今蒙古国杭爱山阳的地名。

⑥ 1588 年（参见宝音德力根《从阿巴岱汗与俺答汗的关系看早期喀尔喀历史的几个问题》）。

⑦ 火狗年指丙戌年，清顺治三年（1646 年），此前的六十五年当指明万历十年（1582年）。可知阿巴哈纳尔迁到喀尔喀右翼是在 1582 年。

⑧ 扎萨克图汗部右翼首领，名俄木布，又称阿剌坦汗。

⑨ 指顺治六年（1649 年）扎萨克图汗素巴第和俄木布额尔德尼出征归化城一事。

⑩ 指举行库伦伯勒齐尔会盟的丙寅年，清康熙二十五年（1686 年）。

历经斡特克伊勒都齐巴图鲁和其侄赛瑚尔汗①两代为何没有作声？后来，扎萨克图汗收服我们时，谁人说过他做得对？为何把早就与你们一同游牧的我们视同疲惫来归的阿巴噶诺颜们，当作俘虏随意瓜分？难道有女婿管理岳父家的法规？还有，在九十一年前的猴年②塔尔尼会盟③上，因我们是独立的诺颜，国家大臣里委派了 [我们的] 斡纳海扎雅噶齐、土虎辉两个大臣④，[此事] 难道不记载于那个法令文书中吗？对 [我们] 所说的上述话语，几个争夺者未能回答，而且从今天所知道的时代直至现在，[我们] 始终是自由自在地 [生活]，这是事实。除相互的婚姻关系和友好的原因和相邻而牧以外，并无被征服、被别人抓到送来、疲惫来投靠、以孳畜抚养等被任何人争夺的缘由。因此，将 [我们] 翁牛特的话肯定了。期间，在左右翼会盟时 [我们] 与六十余大臣商定，立下了证明文书：因为 [原] 牧地和亲族一直 [与车臣汗] 在一起的缘故，如果车臣汗方面不做非理之事，[原] 牧地和亲族依旧按过去那样，与喀尔喀诺颜友好相处。哲布尊丹巴呼图克图也认为他们（指六十余大臣）的话正确，便于本年十月初吉祥之日在文书上按上了印信。

宝音德力根对这份文书进行过释读和研究⑤，根据这份奏折提供的信息，结合宝音德力根研究结果可知：阿巴哈纳尔部始祖诺密特默克图汗的一位哈屯是著名的土默特部首领俺答的女儿，原名赛音珠喇。1543 年，阿鲁喀尔喀首领格列山只前往俺答牧地拜见刚刚称汗的俺答（格列山只本是俺答汗的叔父，叔父"拜见"

---

① 格列山只长子阿什海洪台吉长孙，是扎萨克图汗素巴第之父。
② 丙寅年前的第九十一年是乙未年，明万历二十三年（1595 年）。
③ 1596 年，喀尔喀七旗在塔尔尼河流域会盟，推举素巴第为汗。
④ 此二人的身世待考。
⑤ 详见宝音德力根《从阿巴岱汗与俺答汗的关系看早期喀尔喀历史的几个问题》一文。

侄子，足以说明右翼蒙古新汗俺答在当时蒙古各部中的地位），领养了俺答汗这位女儿，更名阿玉什阿巴海，成年后嫁给了别里古台后裔诺密特默克图汗。据《黄史》，诺密特默克图汗有两个哈屯，长满都失（Manduši），生五子，幼即这位阿玉什阿巴海，她生有巴克图（Baγtu）、乞塔特（Kitad）二子。①1582 年，阿巴哈纳尔部首领诺密特默克图汗可能已经死去，其小哈屯阿玉什阿巴海便带领自己的儿子和属民同阿巴噶部的图扪台扎萨克、布和诺颜一起迁徙到其婿——喀尔喀右翼扎萨克图汗部斡特克亦勒都齐等人的牧地。1588 年，阿巴噶部返回自己的旧牧地，而阿巴哈纳尔部的这一支却留在了喀尔喀右翼。斡特克亦勒都齐和赉瑚尔汗死后，这部分阿巴哈纳尔人被扎萨克图汗素巴第（1596—1650 年在位）吞并。1662 年，喀尔喀右翼发生内乱，这部分阿巴哈纳尔人乘机返回了邻近车臣汗部的斡难河一带的旧牧地。在 1686 年库伦伯勒齐尔会盟中，阿巴哈纳尔成了扎萨克图汗沙喇和车臣汗诺尔布以及土谢图汗等所争夺的对象。文书的主人额尔克木古英台吉应是诺密特默克图汗小哈屯阿玉什阿巴海所生巴克图、乞塔特二人中某一位的后代。②

这份奏折还为我们提供了有关阿巴噶、阿巴哈纳尔的历史以及与喀尔喀关系的重要信息。首先，阿巴哈纳尔最初是独立的部落集团，他们有自己的汗，还有自己的领地和属民。其中一部分虽迁往喀尔喀右翼附近驻牧，但仍旧保持着独立地位（至少在阿巴哈纳尔贵族看来如此）。后来，他们被扎萨克图汗吞并，而这一事实没有被喀尔喀土谢图汗等认可。就是说，随着喀尔喀势力的不断渗透，阿巴哈纳尔渐渐失去了其独立性。同样的事情在喀尔喀左翼也发生过：留居斡难河一带旧牧地的阿巴哈纳尔部主体

---

① 《黄史》，第 156 页。

② 根据《黄史》（第 156—157 页）有关记载，乞塔特后代多拥有"古英"称号，因此，额尔克木古英更有可能是乞塔特后代。

也被车臣汗等吞并，于是才有了自认为阿巴哈纳尔宗主的扎萨克图汗和车臣汗在 1686 年会盟上对阿巴哈纳尔部的争夺。其次，1587 年，阿巴哈纳尔的一部分跟随喀尔喀汗阿巴岱参加库布克尔·克哩叶之战，在大败卫拉特之后便留驻于喀尔喀右翼，而阿巴噶部则在战后次年返回旧牧地。这说明阿巴噶、阿巴哈纳尔实际上已经分裂，形成分别附属于察哈尔、喀尔喀的两大集团，这也是阿巴噶直到 17 世纪初还保持着其独立性的原因。那么，一直驻牧于斡难河一带故土的阿巴哈纳尔部的另一支，即诺密特默克图汗大哈屯所生诸子及其属民境况如何？我们再看《清内秘书院蒙古文档案汇编》中的记载：

(1)degedü jarliγ-iyar γadaγadu mongγol-un törü-yi jasaγči yabudal-un yamun-ača tungqalabai (2) čoγ-i aldaršiγulqu yeke čerig-ün ejen jasaγ-un erdem-tü Erke čin wang (3)Tüšiyetü čin wang Joriγtu čin wang terigülen Tenggis Tenggitei-yi nekejü (4) oduγad namur-un terigün sar-a-yin arban γurban-a Jaγuči ündür Jaji (5)neretü bulaγ-tur kürbesü Qalq-a-yin Tüšiyetü qaγan-u qoyar köbegün olan tayijinar (6)terigülen qoyar tümen čerig abču iregsen-i manu yeke čerig-i jasaju bayilγad (7)qadqulduju darun γučin ilegü γajar-a kürtel-e kögejü olan alaγad qoyar jaγun dalan (8)doluγan temege nigen mingγan nige jaγun morin oljilaba qoyitu edür inü oljaban (9)toγačin atal-a Qalq-a-yin Šoloi qaγan-i dörben köbegün Bumba baγatur tayiji (10)Baba tayiji Tangγud tayiji Norbu tayiji terigülen öber-ün qariγ-a-tu(11) Abaqanar Barγu Qadakin Urangqan ede dörben ayimaγ-un qorin tümen čerig-i(12)abun iregsen-i mani čerig jasaju bayilaγad qadquldun daruju qorin γajar-a (13)kürtel-e kögejü olan alaγad qoyar jaγun arban qoyar temege doluγan jaγun (14) jiran nigen morin oljalaba bariγsan kümün-eče asaγbasu Tüšiyetü qaγan Šoloi (15)qaγan-i

negüdel urida-ača dutaγaju Selengge-dür kürbe kemen ügülegsen-
dür (16) tendeče mani čerig qoyinaγši egebe namur-un dumdadu
sara-yin qorin-a aišilaqu hafan Γoltu-du ögbe.[①]

译文：

理藩院奉旨宣示，扬威大将军和硕德豫亲王[②]、土谢图
亲王[③]、卓礼克图亲王[④]为首，追击腾机思、腾机特[⑤]，于秋
首月十三日抵达扎古齐温都尔[⑥]查济泉[⑦]时，喀尔喀土谢图
汗两子[⑧]及众台吉率兵两万前来。我大军列阵厮杀，击败
之，追逐至三十余里，斩杀甚多，获骆驼二百七十七只、马
一千一百多匹。次日，正当清点所获时，喀尔喀硕垒汗之四

---

① 《清内秘书院蒙古文档案汇编》，第二辑，第 140—142 页。
② 豫亲王多铎（1614—1649 年），努尔哈赤第十五子，其母乌拉纳拉氏，与阿济格、
多尔衮为同母兄弟。天聪二年（1628 年）赐号"额尔克楚虎尔"，崇德元年（1636
年）封为豫亲王，崇德四年（1639 年）因微过而被褫职，降为贝勒，崇德七年（1642
年）被封为郡王。当多尔衮统军攻入北京之时，多铎再次被封为亲王，授定国大将
军衔，顺治二年（1645 年）晋封德豫亲王。
③ 科尔沁部土谢图汗奥巴长子巴达礼，天聪七年（1633 年）袭土谢图济农；崇德
元年（1636 年），清廷封他为扎萨克和硕土谢图亲王；康熙四年（1665 年）故。
④ 科尔沁左翼中旗第一任扎萨克乌克善。
⑤ 腾机思、腾机特兄弟为达延汗六世孙，苏尼特东路首领塔巴海达尔汉和硕齐之子。
崇德四年（1639 年），腾机思兄弟率部众自喀尔喀南来降附清朝。次年，清廷授
以和硕额驸。崇德六年（1641 年），又封腾机思为扎萨克多罗郡王，封腾机特为
多罗贝勒。顺治三年（1646 年），因与摄政王多尔衮不和，腾机思奔附车臣汗硕垒。
清廷派豫亲王多铎等率兵追击腾机思，历时五个多月平息了腾机思事件。顺治五年
（1648 年），腾机思被迫遣使归降，不久病故。清廷免其罪，并让其弟腾机特承
袭郡王之爵。
⑥ 山名，在土剌河的上游（参见宝音德力根《"喀尔喀巴儿虎"的起源》，载《明
清档案与蒙古史研究》第二辑）。
⑦ 扎古齐温都尔旁边的湖。
⑧ 土谢图汗衮布的两个儿子。

个儿子本霸巴图鲁台吉①、巴巴台吉②、汤兀忒台吉③、诺尔布台吉④ 为首，率领其所属阿巴哈纳尔、巴尔虎⑤、合答斤⑥、乌梁罕⑦ 等四部二十万兵到达。我军列阵迎战，击败之，追杀二十多里，斩杀甚众，获骆驼二百一十二只、马七百六十一匹。问所俘，言土谢图汗、硕垒汗之行营提前逃遁，已达色楞格河，由此，我军班师。秋之中月二十日交付员外郎郭尔图。⑧

从该档可知，阿巴哈纳尔部作为车臣汗部的最大属部参加了这次抗清战争。可以肯定，这部分阿巴哈纳尔是诺密特默克图汗大哈屯所生诸子及其属民，至此已经成为喀尔喀车臣汗的附庸，也丧失了独立性。

① 据巴·巴根校注《阿萨剌齐史》（第140页），车臣汗硕垒有十一子，本巴图鲁台吉为硕垒汗第五子达尔罕洪台吉；《黄史》（第171页）中则记为硕垒汗第八子本巴。
② 据《阿萨剌齐史》（第140页），车臣汗第四子为巴巴车臣汗；《黄史》（第171页）中为第七子巴巴彻辰楚胡尔。
③ 据《阿萨剌齐史》（第140页），车臣汗第八子为唐兀特额尔德尼洪台吉。
④ 据《阿萨剌齐史》和《黄史》，车臣汗硕垒没有名为诺尔布的儿子。车臣汗之子巴巴车臣汗之子诺尔布车臣汗，这里把硕垒之孙误为其子。
⑤ 巴尔虎起源于贝加尔湖畔的巴儿浑人。蒙元时代他们受阿里不哥家族统治，是阿里不哥属民。15世纪初，原阿里不哥属民形成瓦剌四万户，巴尔虎是其中巴图特万户为首鄂托克，其首领阿剌知院是整个巴图特万户的最高统治者。1454年，阿剌杀死也先，埋下两家族仇恨之种，阿剌之子率部投奔东蒙古，归属应绍不万户。阿剌孙女为达延汗妾，生五八山只称台吉。达延汗分封诸子，称台吉占据其母家巴尔虎鄂托克，并与达延汗另一儿子、喀尔喀万户统治家族的祖先格列山只一同游牧于漠北。后来，格列山只后裔强盛，吞并了称台吉部众，巴尔虎便以喀尔喀车臣汗属部出现于清初蒙古文档案之中（参见宝音德力根《"喀尔喀·巴儿虎"的起源》）。
⑥ 据《阿萨剌齐史》和《黄史》，格列山只死后，其大哈屯把家产分给了七个儿子，第五子塔尔尼分得了客烈亦惕、合达斤。后来，因塔尔尼无子，居民被阿敏都喇勒吞并。
⑦ 是蒙古大汗直属六万户之一的兀良哈。他们是成吉思汗功臣兀良罕氏哲勒篾和速不台的后裔部众。16世纪30年代，以不地汗为首的达延后裔多次攻打兀良哈万户，将其瓜分，大部分牧地和一部分人口成为车臣汗家族的遗产。参见宝音德力根《"喀尔喀·巴儿虎"的起源》。
⑧ 译文参见齐木德道尔吉《腾机思事件》，载《明清档案与蒙古史研究》第二辑，内蒙古人民出版社，2002年。

　　《黄史》有关记载也反映了阿巴哈纳尔从属喀尔喀的事实：诺密特默克图汗两个哈屯所生的七子是阿巴海、巴巴海、塔尔尼、达赉逊、布里雅台、巴克图、乞塔特。阿巴海之子中有的从属于扎萨克图汗部，有的从属于土谢图汗部；巴巴海之子有两个从属于后来成为赛音诺颜部统治者祖先的诺门额真丹津喇嘛；布里雅台之五子全部从属于土谢图汗部。① 而巴克图、乞塔特的后代及其属民如上所述，在1662年以后也附属于车臣汗，尽管额尔克木古英台吉在给康熙皇帝的奏折中一再强调自己的独立地位。除此之外，从第二份文书可知车臣汗部还有大量的阿巴哈纳尔人，他们应是《黄史》没有明确指出从属于喀尔喀哪一部的诺密特默克图汗其他子孙。总之，从17世纪中叶情况看，阿巴哈纳尔贵族大部分附属于喀尔喀车臣汗，还有一部分从属于土谢图汗和扎萨克图汗部，原有独立的政治地位已不复存在了。

　　《黄史》还记载了阿巴噶、阿巴哈纳尔部贵族与喀尔喀土谢图汗部、扎萨克图汗部、车臣汗部统治者之间的联姻关系：

---

① 　《黄史》(第156—157页)中有诺密特默克图子孙的记载，即"诺密特默克图汗之子：满都失哈屯生阿巴海、巴巴海、塔尔尼、达赉逊、布里雅台，阿玉什阿巴海生巴克图、乞塔特二人。阿巴海之后裔：于赛音诺颜处之纳木臣车臣卓里克图，于扎萨克图汗处之车臣必力克图。巴巴海之后裔：于诺门额真处之车臣陀音、伊勒登土谢图等。塔尔尼之后裔为哈哈忽卫征，其子哲别、哲克思图等。达赉逊之后裔为额齐根班巴齐、巴特玛、库腾卓里克图、嚣吉尔必力克图、布克海古英宰桑、布克彻海伊勒登乌巴什。布克海之子钦达木尼陀音等。布里雅台之后裔：于赛音处之图鲁克森车臣台吉、多尔济格尔、布惠、塔塔忽卫征、卓尔虎勒台吉等。巴克图诺颜之后裔为敦多楚鲁木固什，其子额尔克岱青、素楚克图二人。额尔克岱青之子布克台吉。岱青和硕齐素楚克图之子扎木素额尔克朝克图。乞塔特诺颜之子：额别岱阿拜生格日勒图乌巴什、博勒古岱额尔德尼、多尔济伊勒登，玛齐克格日勒乌巴什之子彻密济尔古英、阿剌达尔乌巴什泰平卫征、罗布桑乌巴什、额尔德尼诺木齐。博勒古岱额尔德尼之子泰平额尔德尼，其子班迪岱青。多尔济伊勒登之子色棱墨尔根台吉、索诺木古英宰桑、阿剌纳额尔德尼、巴特玛古英宰桑"。这里出现的赛音汗是指土谢图汗，诺门真是指阿巴岱汗的弟弟图蒙肯赛音诺颜之子丹津喇嘛，这时属土谢图汗部，后来，他的后代在清廷的有意扶持下独立为赛音诺颜汗部。

Noγonuqu oyijang noyan-u qatun inu······ Ečengken joriγ-tu qatun-ača törügsen Ebidei abai-yi Nom-un köbegün Baγtu-du öggülüge······[Noγonuqu oyijang–in] baγ-a qatun-inu mön Joriγtu qatun-u ači Altai qatun-ača törügsen čaγaγajin abai-yi Nom-in köbegün Buriyatai-du ögbe Tünggi abai-yi Ongnid-un Tümen jasaγ-tu-dur öggülüge······Toloi abai-yi Jasaγ-tu-yin Abaγ-a Böke-dür öggülüge Amin-u qatun-inu Qorčin-u Dara-yin ökin Babuqai qatun-ača törügsen Dünggeljin abai-yi Jasaγ-tu-yin abaγ-a Böke-tai(dü) öggülüge······Darai-yin qatun-inu Ongnid-un Bayasqu-yin ökin Tonal bülüge ······Ütgei ildüči-yin qatun-inu Nom-i yin ökin Samčaγan-ača törügsen Sobaqai abai-yi Jalayir-un Qongqu-dur öggülüge······Töbed qadun baγatur-un qatun-inu Ongnid-un Següsenggei-yin ökin Moltai qatun-ača törügsen Qongqui erdeni······[···]abai-yi Ongnid-un Babaqai-yin köbegün Töbed-tür öggülüge Braši abai-yi Ongnid-un Darayisun-u köbegün Bügüküi-dür öggülüge······Bümbüi abai-yi Baγtu-yin köbegün Tontu-du öggülüge······Bodisug otγun-u Mongγojin qatun-ača törügsen Badmančil abai-yi Ongnid-un Sonum-dur öggülüge Čamusčid abai-yi Ongnid-un Šaγdur-dur öggülüge Lamosang abai-yi Ongnid-un Töbed-ün köbegün Čerin erke erdeni üi jayisang-dur öggülüge ······(Bodisug otγun-u qatun) Ongnid-un Buriyadai-yin ökin Kögörei qatun-ača Rčayaγ ······ Baqarai qošiγuči baγatur-un qatun-inu Ongnid-un Berke-yin ökin Tayiqu qatun ······Jontu dayičing baγatur-un qatun-inu Ongnid-un Boyan-tu-yin ökin qatun .[①]

译文：

诺诺和卫征诺颜之哈屯……额青根卓里克图哈屯所生之
额必岱阿拜，嫁给诺密之子巴克图……（诺诺和卫征之）小
哈屯即卓里克图哈屯之侄女阿勒泰哈屯所生之察噶哈津阿
拜，嫁给诺密之子布里雅台，统格阿拜嫁给翁牛特图扣扎萨
克图。托雷阿拜嫁给扎萨克图之阿巴噶的布克。阿敏之哈屯
即科尔沁部达剌之女巴布海哈屯所生之统格勒津阿拜嫁给扎
萨克图之阿巴噶的布克。塔尔尼之哈屯即翁牛特部巴雅斯瑚
之女图纳勒是也。斡特克伊勒都齐之哈屯即诺密之女萨木察
罕所生之素巴海阿拜，嫁给扎赉尔部空奎……土伯特哈坦巴
图鲁之哈屯即翁牛特部素僧克之女穆勒岱哈屯所生之宏奎额
尔德尼……[某] 阿拜嫁给翁牛特部巴巴海之子土伯特，毕剌
什阿拜嫁给翁牛特部达赉逊之子布库奎……本贝阿拜嫁给巴
克图之子屯多……博迪松鄂特欢之蒙郭勒津哈屯所生之巴特
玛楚阿拜嫁给翁牛特部索诺木，查木素其特阿拜嫁给翁牛特
部沙格达尔。剌木桑阿拜嫁给翁牛特部土伯特之子策凌额尔
和额尔德尼宰桑……（博迪松鄂特欢之妻）翁牛特部布里雅
台之女库库赉哈屯所生之济雅克……巴喀来和硕齐巴图鲁之
哈屯即翁牛特部伯尔克之女太后哈屯……钟图岱青巴图鲁之
哈屯即翁牛特部布延图之女儿哈屯。①

---

① 即格列山只第三子诺诺和卫征之女儿分别嫁给了阿巴哈纳尔部诺密之子巴克图和
布里雅台、阿巴噶部塔尔尼库同之子布和。格列山只第四子阿敏之女也嫁给了布和。
格列山只第五子塔尔尼之妻是巴雅思瑚布尔古特之女。格列山只长子阿什海第三子
斡特克伊勒都齐之妻是诺密之女。格列山只次子诺颜泰子土伯特哈坦巴图鲁之妻是
阿巴噶塔尔尼之子素僧克之女。诺诺和卫征次子阿布瑚墨尔根诺颜之女嫁给了诺密
之孙土伯特，另一女儿嫁给了诺密之孙布库别。诺诺和之第三子乞塔特伊勒登（Kitad
yeldeng）之女给了诺密特默克图之孙敦多。诺诺和第六子博迪松鄂特欢之女分
别嫁给了诺密之孙索诺木和翁牛特的沙格达尔（世系不详），诺密之孙土伯特之子
策凌额尔和额尔德尼宰桑。博迪松鄂特欢之妻是诺密之子布里雅台之女。诺诺和第
五子巴喀来和硕齐之妻是翁牛特伯尔克（世系不详）之女。格列山只第七子萨木贝
玛之子钟图岱青巴图鲁之妻是诺密之弟布延图之女。

这里出现的诺密是阿巴哈纳尔始祖，"翁牛特图扪扎萨克图"是阿巴噶始祖塔尔尼长孙，"翁牛特"是成吉思汗诸弟部众的泛称，《黄史》中的翁牛特均指别里古台后裔。可知，喀尔喀左、右翼贵族与别里古台后裔阿巴哈纳尔、阿巴噶部贵族之间保持着长期稳定的联姻关系，这种政治联姻也是阿巴哈纳尔失去其独立性，成为喀尔喀附庸的主要原因。16 世纪末和 17 世纪时阿巴哈纳尔与喀尔喀的关系与当时的兀良哈（明朝所谓的朵颜卫）与喀喇沁本部的关系非常相似。

正因为阿巴哈纳尔已经成为喀尔喀的附庸，《清实录》在记载阿巴哈纳尔部诺密特默克图从孙"都西希雅布"（栋伊思喇布）和"色冷墨尔根"（色棱默尔根）时前面都冠有"喀尔喀台吉"之称。①

康熙六年（1667 年），阿巴哈纳尔部贵族色棱默尔根领一千三百余众归附清朝，康熙七年（1668 年）被编为一旗，称作阿巴哈纳尔右旗，色棱默尔根受封扎萨克多罗贝勒。康熙四年（1665 年），色棱默尔根弟栋伊思喇布偕众二千余归附②，翌年，其属被编为一旗③，即后来的阿巴哈纳尔左旗。栋伊思喇布受封扎萨克固山贝子。色棱默尔根、栋伊思喇布兄弟正是车臣汗所属阿巴哈纳尔台吉，他们的世系是：诺密特默克图汗之子乞塔特，乞塔特三子多尔济伊勒登（Dorji yeldeng），多尔济伊勒登长子即色棱默尔根，次子即栋伊思喇布。

归附清朝的阿巴哈纳尔人只是少数，更多的阿巴哈纳尔人则留在了喀尔喀。据《喀尔喀史纲》载，仅留在车臣汗的阿巴哈纳尔人就多达一千多户④，每户平均按四五口人来计算，也有五千多

---

① 《清圣祖实录》康熙四年十月癸丑和康熙六年正月乙巳,中华书局影印本,1985年。

② 《清圣祖实录》康熙四年十月癸丑和康熙六年正月乙巳;《王公表传》卷三十八,《阿巴哈纳尔部总传》。

③ 乌云毕力格:《康熙初年清朝对归降喀尔喀人的设旗编佐》,载《清史研究》,2016年4期。

④ [蒙古国]共果尔:《喀尔喀史纲》,民族出版社,1991年,第382页。

人。因此，清代喀尔喀贵族中既有"孛儿只斤台吉"，还有"翁牛特台吉"。翁牛特台吉就是阿巴噶台吉，是附属于喀尔喀的阿巴哈纳尔贵族。[①] 又，《清理藩部则例》记载为："图什业图汗（土谢图汗）、车臣汗二部落四十三旗台吉内由青吉斯汗（成吉思汗）子孙衍派者为族中台吉，由青吉斯（成吉思）汗之弟布戈柏勒格特依（别里古台）等之子孙衍派者为所属台吉……"[②] 即喀尔喀把台吉们根据其宗族分为"族中台吉（Türül tayiji）"和"所属台吉（Qariyatü tayiji）"两种，"族中台吉"为成吉思汗后裔，"所属台吉"是别里古台后裔。[③] "乾隆年间，车臣汗部贝勒旺吉勒（Wangjil）之旗的管旗章京毛古哈带（Maɣuqadai）等几人上诉，称自己是别里古台后裔，而所属扎萨克破坏他们的台吉等级，归入了苏木。为此上告理藩院，理藩院查实，毛古哈带等人都是阿巴噶台吉，于是地方扎萨克受到了理藩院的指责。关于这些翁牛特台吉，一份上书理藩院的奏折中说'喀尔喀四部中这种所属台吉很多。他们中的一些人成为喀尔喀台吉们的阿勒巴图（属民），还有一些归入并服役于普通的苏木'。可以看出这时的阿巴噶—翁牛特台吉似乎与阿勒巴图一样了。"[④] 总之，留在喀尔喀的别里古台后裔阿巴噶、阿巴哈纳尔完全失去了原来的政治地位，沦落为喀尔喀台吉们的臣仆。

阿巴噶部归附阿鲁喀尔喀车臣汗　如前文所述，阿巴噶在库布克尔·克哩叶之战后不久，即 1588 年从喀尔喀右翼返回到斡难河一带的旧牧地。后来，他们长期保持着独立地位，这一点与阿巴哈纳尔部的情况不同。15 世纪 50—70 年代，毛里孩、斡赤来父子统治下的别里古台后裔部众势力非常强大。斡赤来长孙巴

---

① ［蒙古国］那楚克道尔吉：《喀尔喀史》，内蒙古教育出版社，1997 年，第 374 页。
② 《清理藩部则例》卷三，袭职上，蒙藏委员会印行，1942 年。
③ 《喀尔喀史》，第 373、374 页。
④ 《喀尔喀史》，第 374 页；《科尔沁蒙古史略》，第 148 页。

雅思瑚布尔古特长子诺密特默克图，次子塔尔尼库同。① 他们各分得父亲的一部分属民，分别号所部为阿巴哈纳尔、阿巴噶。巴雅思瑚布尔古特应是蒙古大汗不地（1504—1547 年在世）时代的人，由此我们可以推断，他是效仿达延汗，在自己的兀鲁思内进行分封。巴雅思瑚布尔古特长子诺密特默克图拥有汗号，可知他是两部共同的汗。诺密死后，阿巴哈纳尔被喀尔喀瓜分而丧失独立性，其子孙自然失去了汗号。阿巴噶始祖塔尔尼库同的长孙图扪台扎萨克图，本名"额尔德尼图扪，号扎萨克图诺颜"。② "扎萨克图"源于"扎萨克"，是掌握万户—兀鲁思行政、司法大权者的称号，犹如土蛮汗所设五大扎萨克（执政）。图扪台扎萨克图长子本名布达什哩，号扎萨克图车臣济农③，他在继承祖先扎萨克图称号的同时，还拥有了只有黄金家族后裔才能够获得的济农（来源于元代的"晋王"，地位仅次于皇帝—可汗和燕王皇太子—洪台吉④）称号。布达什哩长子都思噶尔，号巴图尔车臣济农⑤，蒙古文文书和清代汉文文献称他为"jasaγtu jinong"（扎萨克图济农）或"Abaγ-a-yin jinong"（阿巴噶济农），有时径直称"济农"，足见其在整个阿鲁诸部中的地位。

由于阿巴噶贵族牧地与喀尔喀为邻，与阿巴哈纳尔一样，其统治者也与喀尔喀贵族保持着长期稳定的联姻关系。如前所述，格列山只第三子诺诺和卫征之女儿嫁给了塔尔尼之子布和，格列山只次子诺颜泰之子土伯特哈坦巴图鲁之妻是塔尔尼之子素僧克之女等。

---

① 《黄史》（156 页）记为巴雅思瑚布尔古特有四子，分别是诺密、塔尔尼、诺木图、布颜图。

② 《王公表传》卷三十七，《阿巴噶部总传》；《黄史》，第 157 页。

③ 《黄史》，第 157 页；《王公表传》卷三十七，《扎萨克图多罗郡王都思噶尔列传》说"布达什哩，号车臣扎萨克图"，有意删除了蒙古黄金家族拥有的高级尊号济农。

④ 参见宝音德力根《从阿巴岱与俺答汗的关系看早期喀尔喀历史的几个问题》。

⑤ 《黄史》，第157页；《王公表传》卷三十七，《扎萨克图多罗郡王都思噶尔列传》。

　　同时，阿巴噶部贵族与察哈尔贵族也保持着密切的姻戚关系，林丹汗的正宫大哈屯囊囊太后就是阿巴噶部人。林丹是蒙古大汗，至少在名义上是阿鲁喀尔喀和阿巴噶部的共主。

　　但是，1630 年林丹汗出征阿鲁诸部，打败阿巴噶部，致使其转投喀尔喀达赖济农硕垒。阿巴噶部与一同前来投靠的察哈尔右翼乌珠穆沁等部贵族共同推举硕垒为"车臣汗"，从此阿鲁喀尔喀便有了三位汗王。① 至此，阿巴噶与同族阿巴哈纳尔一样，成为喀尔喀属部，丧失了原来的独立地位。

　　为弄清阿巴噶投靠车臣汗部的时间和历史背景，我们再看一下《旧满洲档》中的两份文书。

　　第一份文书是天聪六年（1632 年）一月三日皇太极致茂明安、乌喇特部诸诺颜的文书，该文书内容为：

　　(1) §qaγan-i jarliγ bičig. Jalayid Γorlus Eljige-yin keküked. nige morin-i(u) üneber tan-ača dörbe tabu mori (2) abqu-yin tula tan-du qudal-iyar ayilγaju öber-tü büü oruduγai kenem bišiü. teden-ü (3) ügen-dü büü oru. Čaqar-in qaγan Abaγ-a-yin jinong-du čerig mordaγsan učir-tu. (4) bide Čaqar-ača kele bariju iregeji ilegejü bile. ter-e ilegegsen-i medejü jinong-i šimdaju (5) nekel ügei ger jüg yaγaraju qariji gele. mani-yi Kitad-tu mordaγsan-i Čaqar medejü (6) Dalai-yi dobtuluγad. mani čerig baγuγsan-i sonusju. nekenem gejü emiyeji yaγaraju qariji (7) bayinam. Dalai-yin ulus-ača. tan-i keltegei saγuγsan-i Čaqar medejü. oda tan-du (8) mordaqula tani ken emüglekü bui yaγaral ügei yabuju mör tü tan-i oruju ülü abqu boyu (9) ulus mal-iyan abtaγsan qoyina mani jüg orubači kereg boyu. mandu neyileküle tan-du

① 参见宝音德力根《从阿巴岱与俺答汗的关系看早期喀尔喀历史的几个问题》。

(10) amur bišiü. ①

译文：

汗之诏书：扎赉特、郭尔罗斯、额勒济格诸子以一马之价，换取你们的四五匹马，[因此] 以谎言恐吓你们，要你们不要进入山阳。不要听信他们的话。察哈尔之汗出兵阿巴噶济农时，我们派 [人] 前去察哈尔捉活口，[察哈尔汗] 知道这个 [消息] 后，没有紧追济农，就急忙返回家了。察哈尔知道我们出兵明朝之后，袭击了达赉，而闻我军返回后 [因] 怕 [我们] 追赶而急忙返回。若 [察哈尔] 知道 [你们] 远离达赉之部众驻牧而进攻你们，谁来援助你们。难道不会从容地跟踪你们，[进行] 掠夺？人畜被夺之后，来我处有何用。若与我们会合对你们也安全，不是吗？

这里出现的"阿巴噶之济农"即都思噶尔。所谓"察哈尔之汗出兵阿巴噶之济农"，是指 1630 年林丹汗与阿巴噶征战之事。而"袭击了达赉"则指 1631 年十一月林丹汗在西拉木伦河北攻掠阿鲁科尔沁达赉属下色棱阿巴海之事，前文对这些都有详细考证。从这份文书还可得知，1630 年，当阿巴噶济农向北投靠喀尔喀后，林丹汗并没有紧追，而是撤兵了。原因并不是这份文书所说因惧怕爱新国派出的探哨，而是因为阿巴噶得到了阿鲁喀尔喀的保护。我们可以推测，阿巴噶以及乌珠穆沁、浩齐特、苏尼特等部投靠阿鲁喀尔喀硕垒的准确时间应是 1630 年秋末冬初，而

---

① 《旧满洲档》，第 3909、3910 页。遣使对象为"乌喇特国汗、太后、固木洪巴图鲁、绰克图布克诺颜、图巴额尔克台吉、哈布内齐诺颜、图门达尔汉台吉、木寨杜喇尔诺颜、堆哈丹巴图鲁"。乌喇特没有汗和太后，据胡日查考证，绰克图布克诺颜、图巴额尔克台吉、哈布内齐诺颜、图门达尔汉台吉、木寨杜喇尔诺颜、堆哈丹巴图鲁为乌喇特部诺颜，而汗指茂明安车根汗，太后是其母，古木洪巴图鲁为车根之叔父（参见《科尔沁蒙古史略》，第 164 页）。《满文老档》中没有该内容。李保文把这份文书误以为是天聪汗给扎赉特、郭尔罗斯、额勒济格之子们的文书 [李保文、南快：《写于 17 世纪初叶的 43 份蒙古文书信》，载《内蒙古社会科学》（蒙古文），1996 年第 2 期]。

他们共同拥立硕垒为车臣汗的时间应是此后不久。

第二份文书是崇德元年（1636 年）二月二日天聪汗致扎萨克图济农的文书：

(1) §Sečen qaγan-u jarliγ bičig. Jasaγtu jinong-du ilegebe ilegegsen bičig-i činü üjebe. (2) čaγaja nigetdüy-e gejü kelelčejü yabulčaγsan biden-i ünen. ta üge-ben ebdejü Qalq-a-dur (3) neyilebe. bide ebdegsen ügei. edüge bi yaγu kelem.①

译文：

> 天聪汗的圣旨，致扎萨克图济农。看了你的来书，我们为政体合一而往来是真。你违背了自己所说的话，与喀尔喀相合了。我们没有违背诺言。现在我说什么呢。

这份文书的口气强硬，充满责怪与威胁。"扎萨克图济农"就是都思噶尔。看来，很早以前阿巴噶的都思噶尔与爱新国就有"政体合一"的约定，因遭察哈尔的袭击，都思噶尔等不得已投靠阿鲁喀尔喀。

二、茂明安、塔崩与阿鲁喀尔喀

佚名《黄史》记有科尔沁贵族与阿鲁喀尔喀统治者之间的早期姻戚关系：

Noyantai-yin qatun Kerüd-ün Bayasqu čingči-yin ökin Bandai bayan qatun-ača törügsen Dalai abai-yi Qorčin-u Joriγtu-de öggülüge……Amin-u qatun-inu Qorčin-u Dara-yin ökin Babuqai qatun-ača törügsen Dünggeljin abai-yi Jasaγ-tu-yin abaγ-a Böke-tei(dü) öggülüge……Bodisug otγun-u qatun-inu Qorčin törü-yin ökin Alaγdai qatun-ača törügsen Küküši abai-yi Buriyada-yin köbegün Tataqu-dur öggülüge.②

①　《旧满洲档》，第 4638 页。
②　《黄史》，第 162—163、166—167 页。

译文：

诺颜泰之哈屯克鲁特［部］巴雅斯瑚青齐之女班岱巴延哈屯所生之达赖阿拜，嫁给科尔沁之卓里克图。……阿敏之哈屯科尔沁［部］达剌之女巴布海哈屯所生之统格勒津阿拜嫁给扎萨克图之叔布克。……博迪松鄂特浑之哈屯科尔沁国之女阿剌克台哈屯所生之库库锡阿拜嫁给布哩雅塔之子塔塔忽。

达剌为阿儿脱歹四子达赉赛因哈剌（Darai sayin qara）。[1] 他们是茂明安汗王子孙。卓里克图为阿儿脱歹曾孙哈木克卓里克图诺颜（Qamuγ joriγ-tu noyan），其父为诺嫩卫征，祖为达赉赛因哈剌。这一联姻关系表明，由于茂明安部牧地邻近阿鲁喀尔喀，其统治者也同阿巴噶、阿巴哈纳尔部贵族一样与阿鲁喀尔喀统治者保持着长期稳定的联姻关系。这种联姻关系最终使很多茂明安人融入阿鲁喀尔喀，成为其属民。

《黄史》还详细记载了茂明安部统治家族中阿儿脱歹三子、四子家族的世系：

Urtuqai-yin köbegün Yelden toγtu bolqu. Darai sayin qara. Yelden toγtu bolqu-yin köbegün Boči. tegünü köbegün Bartuqai. tegünü köbegün Bayisγal. tegün-ü köbegün Ketü. Kerekü böke. Ketü-yin köbegün Ubadai čulum. Abuu baγatur. Abuu-yin köbegün Saran daši. Kerekü-yin köbegün Ubadan. Darai sayin qara-yin köbegün Lang tayiji. Nunun oyijang noyan Nunun oyijang noyan-u köbegün Tabutai sečen čükükür. Nomuqun noyan. Qamuγ joriγ-tu noyan. Čürükü noyan. Baγabai sečen. Tulba čing. Bamba oyijang ökin-inü Bayiqan jula-ača Dalai blam-a Yundan rkimacu qobiluγsan. Tulba čing tayiji-yin köbegün

---

[1] 《黄史》，第155页。

Wačir-tu. Ombu. Buquldai güyan. Darm-a čuyan. Ombu-yin köbegün Jamsü. Buquldai-yin köbegün Kümede. Darm-a-yin köbegün Nemengge čuyan. Nemengge čuyan-u köbegün Damba čuyan tayiji.[1]

译文：

鄂尔图鼐之子伊勒登托克托博勒忽、达赉赛因哈剌。伊勒登托克托博勒忽之子布齐，其子巴尔图海，其子巴雅斯哈勒，其子克图、克勒忽布克。克图之子乌巴岱楚鲁木、阿布巴图鲁。阿布之子色棱达什。克勒忽之子乌巴达。达赉赛因哈剌之子郎台吉、诺嫩卫征诺颜。诺嫩卫征诺颜之子塔布台彻辰楚呼尔、诺木欢诺颜、哈木克卓里克图诺颜、楚鲁忽诺颜、巴噶拜彻辰、都勒巴青台吉、班巴卫征，其女儿拜罕珠拉化生达赖喇嘛云丹嘉措。都勒巴青台吉之子鄂齐尔图、俄木布、布古勒岱古英、达尔玛知院。俄木布之子札木素。布古勒岱之子忽莫德。达尔玛之子讷蒙克知院。讷蒙克知院之子丹巴知院台吉。

这里的伊勒登托克托博勒忽和达赉赛因哈剌就是梅日更葛根《黄金史》中的鄂尔图鼐（阿儿脱歹）三子脱忽脱博罗忽和四子赛因哈剌。胡日查认为，《黄史》中不记鄂尔图鼐（阿儿脱歹）嫡系茂明安的汗家，而只记伊勒登和达赉这两个儿子的世系，是因为这二人及其后裔的牧地与喀尔喀牧地邻近。[2] 这一说法有一定的道理，如更明确些，是因为他们早已附属了阿鲁喀尔喀万户。

此外，阿儿脱歹后代所属还有塔崩等部，是茂明安的兄弟部落。《金轮千辐》说，阿儿脱歹王占据科尔沁塔崩、茂明安两鄂托克。据《黄金史纲》记载，达延汗出征蒙古右翼亦不剌太师时，科尔沁阿儿脱歹王领着儿子卜儿亥王率科尔沁诸鄂托克前来助

---

① 《黄史》，第155—156 页。
② 《科尔沁蒙古史略》，第 173 页。

阵，其中有塔崩（Tabun）、茂明安、塔塔噶勒沁、克烈、阿剌塔沁等鄂托克。此役，卜儿亥王及塔崩鄂托克之首领赛因彻克彻勇士等五人充当先锋，卜儿亥王及赛因彻克彻战死。[①] 作为部族名，塔本又见于明代岷峨山人所著《译语》："东北曰把儿威，曰塔崩，曰祖希，曰莽晦，尚未纳款，各去塞数千里，生齿数十万，务稼穑，不事剽掠，尚与大虏略同。但塔崩、祖希行则以桦皮为楼车。"[②] 塔崩，蒙古文史书又称之为"新明安塔崩（šin mingyan tabun）"[③]，意为新归附的"塔崩"。"塔崩"其实是蒙古语五部——五爱马（Tabun aimaγ，元代又称五投下，明代汉译"塔卜乃麻"）的省称。众所周知，喀尔喀万户的主体是元代五投下，即札剌亦儿、弘吉剌、亦乞列思、兀鲁、忙兀后裔属民，因此，上述五部名有不少演变为喀尔喀各鄂托克之名，如阿鲁喀尔喀始祖格列山只被直接称作札剌亦儿洪台吉，早期十一鄂托克中有札剌亦儿、斡罗忽纳惕、合答斤、燕只斤、郭尔罗斯（以上四部在 13 世纪初属弘吉剌分支），山阳或岭南喀尔喀五部有弘吉剌。[④]

科尔沁所属五爱马也可能与早期的喀尔喀万户有关。如本书第二章第二节所述，在天顺（1457—1464 年）、成化（1465—1487 年）前期，齐王孛罗乃所统科尔沁万户十分强大，孛罗乃自成化四年起，一度独掌东蒙古朝政。孛罗乃继承者兀捏孛罗王（孛罗乃弟，曾在孛罗乃前继齐王位，后让位于其兄孛罗乃，孛罗乃死后再度

---

① 佚名《黄金史纲》，第 198—199 页。

② 岷峨山人：《译语》，《纪录汇编》本。"把儿威"即巴尔虎，当时属达延汗十子五八山只统治，并与阿鲁喀尔喀始祖、达延汗十一子格列山只一同游牧。后来，五八山只所属巴尔虎人被格列山只后代吞并，因而被称作喀尔喀·巴尔虎（参见宝音德力根《喀尔喀·巴尔虎的起源》）；"莽晦"为人名，哈赤温后裔满惠王；"祖希"则不知所指。

③ 《金轮千辐》，第 345 页。

④ 参见 [日] 森川哲雄《喀尔喀万户及其形成》，载《东洋学报》55-2，1972 年；宝音德力根博士学位论文《十五世纪前后蒙古政局、部落诸问题研究》，第 79 页；宝音德力根：《应绍不万户的变迁》。

为齐王）还曾觊觎蒙古大汗之位。强大的科尔沁极有可能吞并了其南邻喀尔喀万户的一部分，并命名为新附五爱马——塔崩。

据巴德利记载，1675 年，有乌达河（色楞格河之流）三千塔卜努特人曾经抗拒沙皇的赋役。[①] 塔卜努特即塔崩的复数形式，他们无疑是茂明安的兄弟部落塔崩，受喀尔喀控制，1633 年茂明安南下后，他们仍留居故土，至此与东进的沙皇势力发生冲突。最终，他们还是与布里亚特、豁里等蒙古人一同被沙皇俄国征服了。此外，现代人类学调查证明，今蒙古国东方省有很多科尔沁人[②]，他们都是留居故土的阿鲁科尔沁人后裔。

第四节 阿鲁诸部归附爱新国／清朝及其牧地变迁

17 世纪 30—40 年代，由于爱新国拉拢以及林丹汗的征讨等原因，翁牛特、阿鲁科尔沁、四子、乌喇特、茂明安、阿巴噶等部陆续归附爱新国／清朝。之后，17 世纪 60 年代，阿巴哈纳尔部又离开喀尔喀投奔清朝。在归附爱新国／清朝的过程中，由于南迁以及爱新国／清朝为其划定牧地等原因，导致阿鲁诸部以及原漠南蒙古各部牧地多次变迁。这些变化，打破了数百年来蒙古各部牧地相对稳定的局面，也为清代外藩扎萨克蒙古各盟旗牧地的最终形成打下了基础。

一、翁牛特、阿鲁科尔沁南迁及其归附爱新国

翁牛特、阿鲁科尔沁南迁及其归附爱新国 早在 1627 年"昭之战"时，喀喇沁方面谣传"左翼阿鲁诸部三阿巴噶"，即翁牛

---

① ［英］约·弗·巴德利著，吴持哲、吴有刚译：《俄国、蒙古、中国》下篇，第二册，第 1373 页。胡日查、长命：《科尔沁蒙古史略》，第 72、89—91 页。

② 参见《蒙古人民共和国部族学》（一），内蒙古人民出版社，1990 年，第 79 页。

特、阿鲁科尔沁、阿巴噶三家要联合右翼蒙古三万户和爱新国攻打察哈尔。事实上，当时阿鲁诸部还没有走上与林丹汗对立的道路，特别是阿巴噶还作为林丹汗同盟军参加了次年的挨合哈之战。但是，林丹汗对蒙古右翼的征讨及其对黄金家族同族的残杀，使与林丹汗血缘关系更远的阿鲁诸部贵族深感不安，开始有了裂痕。而林丹汗强化大汗权威的种种强硬措施，则是失去阿鲁诸部贵族信任和尊敬的根本原因。

如本章第二节所述，1629年（天聪三年）九月，爱新国派昂坤杜棱出使阿鲁诸部，1630年三月，阿鲁诸部与爱新国盟誓，缔结反察哈尔联盟。此事很快被林丹汗发觉，八月，林丹汗由胡喇汗之哈雅（今阿巴嘎旗察汗诺尔一带）出兵，沿大兴安岭北麓征讨阿鲁诸部。翁牛特三部、阿鲁科尔沁诸部闻讯，急忙越兴安岭南下，投奔爱新国。阿巴噶和阿鲁喀尔喀左翼与林丹汗之军交锋，但兵败北逃。据《清太宗实录》，这年十一月九日，就有阿鲁蒙古四子部诸台吉来到盛京：“阿禄四子部落诸贝勒来归。诸贝勒俱留我边境，令台吉宜尔札木、苏黑墨尔根、毕礼克、翁惠、布桑先至。命诸贝勒出城五里迎之，宴毕入城。”[1] 来朝的宜尔札木是四子中的幼子。同月十七日，伊苏特台吉也来到盛京：“阿禄伊苏忒部落贝勒为察哈尔兵所败，闻上善养人民，随我国使臣察汉喇嘛来归，留所部于西拉木轮河，先来朝见，上命诸贝勒至五里外迎之。”[2] 次日，“阿禄班首寨桑达尔汉、噶尔马伊尔登、摆沁伊尔登三贝勒率小台吉五十六人”拜见皇太极。[3] 寨桑达尔汉为伊苏特部首领，噶尔马伊尔登为喀喇车里克部首领。可见，此次来投靠爱新国的除伊苏特部之外还有喀喇车里克部。

由于成吉思汗弟弟合撒儿、哈赤温后裔所属上述部众的来归，

---

① 《清太宗实录》天聪四年十一月甲午。
② 《清太宗实录》天聪四年十一月壬寅。
③ 《清太宗实录》天聪四年十一月癸卯。

令天聪汗甚是高兴，所以在次年正月致朝鲜的国书中声称："去年秋，成吉思汗四弟之后裔，举所部来归。"① 这里的"四弟"意为"四个弟弟"，而非成吉思汗第四弟。②

天聪五年四月初六日，伊苏特、喀喇车里克等部的宗长，翁牛特首领孙杜稜以及四子部的兄弟部落阿鲁科尔沁首领达赖楚呼尔随嫩科尔沁各部首领一同拜见天聪汗。可以肯定，他们也是在前一年与四子、伊苏特一起南下的。③《满文老档》所记当时的会见情景为：

> 初六日，孙杜稜、达拉海、德叻克依、纳玛西奇、土谢图额驸兄之子拉巴希喜、孔果尔老人之子穆寨、达赖楚呼尔、达赖楚呼尔兄之子达西、海萨台吉、古穆、布木布楚呼尔、古鲁、哈坦巴图鲁等诸蒙古贝勒，及我汗、诸贝勒拜天，行三跪九叩头礼。于是，汗与贝勒入黄幄落座，孙杜稜、达拉海、纳玛西奇、德叻克依摇拜一次。孙杜稜复近前跪时，汗起立受之。第三次跪时，汗亦迎面跪拜，行抱见礼。又以见汗之礼，拜见两大贝勒。当达拉海、纳玛西奇、德叻克依见时，汗与诸贝勒坐而受之，并行抱见礼。次达赖楚呼尔、达西、海萨台吉、古穆、布木布楚呼尔、古鲁等见汗时，遥拜一次。达赖楚呼尔近前，照孙杜稜之礼拜见。再次，哈坦巴图鲁、拉巴希喜及孔果尔老人之子穆寨三人见时，汗与诸贝勒坐而受并行抱见礼。……礼毕，命孙杜稜陪坐于汗之左侧，达赖楚呼尔陪坐于大贝勒之右侧，命哈坦巴图鲁陪莽古尔泰贝勒而坐。④

---

① 《清太宗实录》天聪五年正月壬寅。
② 参见宝音德力根《往流和往流四万户》。
③ 根据前引李保文《十七世纪蒙古文文书档案》第20份文书，奥巴在天聪四年九月致皇太极的文书中就已经声称"以孙杜稜为首都加入了我们的行列"。由此，我们推断孙杜稜南下大兴安岭可能在九月，比同族伊苏特略早。
④ 汉译《满文老档》（下册），第1110—1111页。

　　从外藩蒙古诸台吉拜见皇太极的礼仪及他们的座位排列次序来看，孙杜稜的地位和威望明显比达赖楚呼尔要高。这是因为孙杜稜之父图兰有杜稜汗之号，孙杜稜本人也有济农号，他是哈赤温后裔势力的代表。合撒儿后裔诸部统治者中冠有汗号的只有茂明安部。后来随着嫩科尔沁部势力的强盛，奥巴在努尔哈赤怂恿下称巴图鲁汗，后又受爱新国土谢图汗之号。而达赖只有楚呼尔之称，他不能代表整个合撒儿后裔势力。

　　次日，皇太极同土谢图额驸奥巴、孙杜稜、达赖楚呼尔、僧格和硕齐等盟誓天地。

　　誓词曰：

　　(1) Sečen qaγan ekilen. qoyar yeke noyan. Tüšiy-e-tü qaγan. Sün dügüreng. Dalai čükegür. Sengge qošiγuči. čaγan qonin jilün jun-u (2) ekin sar-a-yin šin-e-yin doluγan-a. čaγaja kelelčejü aman aldaba. aru-ača öber-tür oruju iregsen noyad-i. Tüšiy-e-tü (3) qaγan-u čaγajan-dur adali ese yabuγulqula. ulus mal-i tan-i küčü-ber abqula. (4) tngri γajar boruγušiyaju man-dur maγu nigül kürdügei. aru-yin noyad kelelčegsen üge-yi ebdejü. man-ača qaγačaju jišiyan-i nutuγ-ača (5) öber-e qola γarqula. (6) tngri γajar boruγušiyaju. aru-yin noyad-tu maγu nigül kürdügei. ene kelelčegsen čaγaja-yi ebdeküle bide aru-yin noyad-i (7) dayisun kikü boi. kelelčegsen ügen-degen. ken kürčü yabuqula. (8) tngri γajar örüšiyeju. amin nasun urtu boluγad. ači üre-inü mingγan γalab-tur kürtele engke amuγulang boltuγai. nutuγ-un (9) jišiy-a. baraγun jaq-a Γaqai Sar Mončuγ Altan. Dongqur. Ügiljin. Ujiyer. jegün jaq-a Tur-in γool-in moquγ-a.[①]

　　译文：

──────────
① 《旧满洲档》，第 3417、3418 页。

以天聪汗为首，两大贝勒①、土谢图汗、孙杜稜、达赖楚呼尔、僧格和硕齐，于辛未年四月初七日立法盟誓。由山阴进入山阳的诺颜等，若对他们不依土谢图汗之律一视同仁，恃强夺取尔等人畜，则天必厌之谴之，殃及我等；阿鲁诸部众诺颜若逾誓言，擅离我等，弃所指驻牧地，远出异地，天地亦厌之谴之，殃及阿鲁众诺颜。若负此盟誓，我等将以阿鲁诸部诸诺颜为敌。若谁能践盟言，则天地眷佑，延年益寿，子孙千世，永享太平。所指驻牧地西界为噶海、萨尔、门绰克、阿勒坦、冬豁尔、谔奇尔津、乌济叶尔；东界至洮尔河尽头。②

爱新国欲以实行于嫩科尔沁之律令来约束阿鲁诸部，同时给他们划定驻牧地，不得擅自离开。很显然，这次盟誓是翁牛特、阿鲁科尔沁和四子等部正式归附爱新国的标志。盟誓中还有嫩科尔沁首领奥巴参加，这是因为达赖、孙杜稜等在南下之初直接投靠了奥巴，这时由奥巴引见给皇太极。

几天后，即在四月十二日，皇太极又同土谢图汗奥巴、孙杜稜、达赖楚呼尔、僧格和硕齐等诸台吉商议，制定了更为具体的法律条文，详细规定蒙古诸部在征伐察哈尔及明朝时所承担的义务、责任，同时还制定了针对使者、逃人、偷窃的各项条文③。通过这些法律条文，皇太极成功地掌握了对阿鲁诸部的支配权和制裁权。

翁牛特绰克图太后考　在爱新国与阿鲁诸部联络以及阿鲁诸部南下过程中，有位重要人物——"绰克图太后"较为活跃，她给爱新国皇帝皇太极的一份文书现藏于中国第一历史档案馆17

---

① 指济尔哈朗和萨哈廉。济尔哈朗（1599—1655年），努尔哈赤弟舒尔哈赤第六子，爱新国八和硕贝勒之一，崇德元年（1636年）受封和硕郑亲王。萨哈廉（1603—1636年），努尔哈赤次子代善第三子。

② 汉译《满文老档》中，该段内容多有错误，胡日查、齐木德道尔吉已纠正（胡日查：《科尔沁蒙古史略》，第136、137页。齐木德道尔吉：《四子部落迁徙考》）。

③ 《旧满洲档》，第3420—3423页。

世纪初孤本文书中，其拉丁文转写与汉译如下：

(1) §oom suwasdi šiddam.(2) Sečen qaɣan-du Čoɣtu tayiqu
(3) yin bičig bariqui učir. (4) arusa üge sonusqu bolusa (5) bide
kele-ye öber-tü üge (6) bolusa. Sečen qaɣan jarliɣ bol. (7) öber aru
qoyar-tu sonus (8) daqu nere aldar-tu elči (9) büü tasuray-a qoyar
elči (10) qoyar küčitei bai. elči-yin i (11) üdter ilege.[①]

愿吉祥！绰克图太后致书天聪汗之事由：若在山阴有所
闻，我们就告诉[你们]。若在山阳有所闻，请天聪汗降旨。
为在山阳和山阴传诵的名声，[相互的]使臣不要断了。[派
去了]两名使臣和两名力士，请速遣返使臣。

从文书内容可知，文书主人绰克图太后是阿鲁部人，文书是
在大兴安岭山阴（阿鲁）时写成。根据爱新国最初遣使阿鲁诸部
的时间——天聪三年九月以及天聪五年绰克图太后所部已经与岭
南敖汉部比邻而居的情况（详见后文）推测，文书写作时间应在
天聪三年九月至次年八九月阿鲁诸部南越大兴安岭之时。那么，
这位拥有"太后"尊称的绰克图是何许人？所幸，她的名字和一
些事迹又见于《旧满洲档》天聪五年七月的记事中，其拉丁文转
写与汉译如下：

(1) §qaɣan-i jarliɣ. Čoɣ-tu tayiqu-du ilegebe Kitad-ača
Aoqan-i Dara eke-dü iregsen bosqul (2)-i-yin jiruɣuɣan mori.
qoyar olbuɣ qoyar nomu-tai-ni abči genem čaɣaja (3) nige-tü ulus
bayital-a yaɣun-du abubam(abunam). tere abuɣsan-i qariɣulju
öggültei bišiü. [②]

汗谕绰克图太后，闻[尔等]夺取了由明朝逃往敖汉达
喇额克处之逃人的六马匹、鞍屉二、弓二等。律令既为一，
何故夺之？宜将所夺诸物返还！

---

① 李保文：《十七世纪蒙古文文书档案》，第 42 份文书。
② 《旧满洲档》，第 3441—3442 页。

这是天聪五年七月九日皇太极致绰克图太后的文书。从文书可知，当时绰克图太后所部已经南下驻牧并与敖汉部为邻，故有侵夺前来投奔敖汉部的明朝逃人鞍马之事。从阿鲁诸部南下分布情况，我们首先想到绰克图太后是长期与敖汉、奈曼为邻的翁牛特部首领。"太后"是蒙古汗王母亲才能拥有的尊号，而在阿鲁诸部统治者中，只有阿巴哈纳尔、茂明安和翁牛特部最高首领拥有汗号。其中，阿巴哈纳尔部在其统治者诺密特墨克图汗死后，因附属阿鲁喀尔喀而失去汗号，而且此时还未与爱新国交往。茂明安部则驻牧于阿鲁诸部之最北，与爱新国的接触也较晚，直到天聪七年（1633年）才南下归附爱新国。因此可以肯定，这位阿鲁部的太后只能是翁牛特部人，她应是翁牛特首领孙杜稜之母。孙杜稜父称"图兰杜稜汗"，他的妻子自然是皇后。而在图兰杜稜汗死后，子孙杜稜自然尊称其母为太后了。天聪五年，翁牛特部刚刚归附爱新国一年，虽然与爱新国以及敖汉、奈曼等"统一了律令"，但还是出现了抢掠由明朝逃入敖汉的逃人之事。

绰克图太后的文书及其事迹让我们了解了爱新国与翁牛特部交往的历史，这说明翁牛特也是较早遣使爱新国、与之联络的阿鲁诸部之一。[1]

孙都稜叛逃事件　翁牛特部绰克图太后积极与爱新国联络，与其子孙杜稜当时的处境密切相关，换言之，是因为孙杜稜与林丹汗的矛盾。众所周知，林丹汗于1603年"冲龄践祚"（即位时只有13岁），继承了其祖父不言彻辰汗的大汗位。自16世纪初林丹汗祖先达延汗分封子孙、在东蒙古建立黄金家族直接统治后，分封制度陷入"有限的人口与土地被无限地分封"的恶性循环，

---

[1]　《清内秘书院蒙古文档案汇编》（第三册，第58页）载，顺治六年，清朝在给翁牛特布达干之子巴台的诰命中说："布达干，尔原为翁牛特之老成之人。从阿鲁地方往返为使，尔王率部来投，尔随王来归……病故后，念其功，授头等阿达哈哈番，子巴台袭之。再袭五世。"这是翁牛特部早期与爱新国频繁联络的证据。

导致黄金家族统治者间的血缘纽带关系已不能维系蒙古的和平，相互侵夺属民与牧地之事时有发生。随着新的黄金家族封建割据的形成，中央集权已不复存在，蒙古大汗的权威受到严重挑战。新的割据势力欺林丹汗年幼，不持臣节，连象征性的贡赋也懒得缴纳。他们甚至蔑称林丹汗为"察哈尔汗"（意为只是察哈尔万户的汗，而非全体蒙古大汗），不承认他的大汗地位。恰在此时，爱新国政权兴起，其统治者努尔哈赤通过联姻等手段不断拉拢蒙古各部，与他们建立反林丹汗、反察哈尔汗联盟，这对林丹汗和北元汗廷更是致命的威胁。

面对复杂的局势，年轻气盛的林丹汗显然缺少把控能力。针对内忧外患，他声称"南朝只一大明皇帝，北边只我一人，何得处处称王。我当先处理（里），后处外"①，表达了强化汗权，消除日益泛滥的汗王称号的决心。但是，"先处里，后处外"、"攘外必先安内"之类的政策必然加剧内部矛盾。据《满文老档》记载，林丹汗只用"一胄"从孙杜稜处索马千匹，孙杜稜虽知"无故起衅"，但不得不给五百匹马。②更让孙杜稜耿耿于怀的是另一件关乎其在蒙古各部中地位的事情。前文提到，孙杜稜父图兰号"杜稜汗"，而孙杜稜自己则一直称"杜稜济农"③，就是说，图兰去世后，孙杜稜未能继承其父汗号。很显然，这是林丹汗削夺属部汗号的结果。作为哈赤温家族的最高首领，孙杜稜祖先的汗号源自成吉思汗的子弟分封，即便是达延汗在分封子孙时也未曾取消其家族汗号。林丹汗所为令孙杜稜极为不满，爱新国正好利用这一点挑拨双方关系，而双方关系果然因爱新国的挑拨而恶化，最终导致林丹汗出征阿鲁诸部，孙杜稜率部归附爱新国。

---

① 《崇祯长编》卷11，元年七月己巳，台湾历史文化语言研究所影印本。

② 汉译《满文老档》（下册），第1537页。

③ 孙杜稜小名阿济格（《水晶珠》930页），名孙，"杜稜"为号，是"杜稜济农"的略称。

　　但是，归附爱新国后的孙杜稜境遇并不理想。首先，翁牛特等部南下后最初驻牧于嫩科尔沁西及西南，跨西拉木伦河中游南北。相比原来牧地肥美的今乌珠穆沁草原，被迫迁来的这片荒漠草场很难使孙杜稜满意。其次，爱新国所规定的苛刻法律条文，特别是要蒙古人出兵明朝的有关规定令所有蒙古人恐惧。① 这些导致孙杜稜对归附爱新国不满，时时有叛离的想法。如天聪五年（1631 年）七月十九日，皇太极在致土谢图额驸、孙杜稜的文书中言：

　　　　(1) Čaqar-ača (2) Boru Qorčin-i(u) nige tayiji. Kündülen čükegür-in nige kümün γurban ere qoyar em-e-tei (3) bosqaγul irebe. Čaqar Kitad-ača šang abuγad čai-yi jegelejü abči Quraqan-i (4) qay-a-ača jegün qoyiši negübe genem. olan-i(u) üge Aru-yin jinong qaγan-ača (5) qaγačaju inaγši bolba gejü tusuy-a gekü genem. jarimud-in üge Aru-du nige (6) keseg ulus bai genem tegün-i dobtuluγ-a genem gejü. jertem üge bai genem. labta (7) kečiyekü üge Sün dügüreng dörben keküged Šira mören-eče qoyiši aγulan-i öbüdüg-(8)eče abun bai genem. tegün-dü mordaqu boi. Gegen qaγan-i qota-yin jegün-de talbiju (9) gejü üker qoni-yi tariyačin-i salγaju čerig abči aduγu-ban abuγad yaγaraju moridaju (10) negübe genem. ene qabur-in qobiyaγsan jišiyan-i γajar-a mön dobtulun qaraγul γarγaju (11) yaγaraju ilege.②
译文：

　　　　从察哈尔逃来了博罗科尔沁的台吉一人，昆都伦楚呼尔③ 的一人和三男两女。听说察哈尔从明朝取了赏，借了茶，从胡喇汗之哈雅向东北迁徙。众人说：由于阿鲁济农离开

---

① 当时蒙古人非常惧怕汉地天花等疾病。
② 《旧满洲档》，第 3442—3443 页。
③ 即阿鲁科尔沁首领达赖。

汗①投向我们这里来，[林丹汗]想去截击[他们]。有人说：阿鲁地方有部分人众，想去掠夺[他们]，[这]或许是谣言。必须当心的说法是：听说孙杜棱、四子部居住在西拉木伦以北的山麓，[所以]要讨伐他们。从格根汗城②之东，将牛羊、农夫分离，带领兵马急速出发[向阿鲁地方]来了。立刻遣哨探急驰前往今春所分之牧地。③

从文书内容可知，孙杜棱等没有在爱新国划定的牧地——西拉木伦河两岸游牧，而是越界北上至大兴安岭南麓，已与南下前的旧牧地接近，也与林丹汗属部察哈尔东界相邻。因此，天聪五年（1631年）十一月发生了阿鲁科尔沁色棱阿巴海在西拉木伦河北遭林丹汗袭击之事。④于是次年十月，皇太极遣济尔哈朗、萨哈廉至席日勒济台之地，召集蒙古各部首领制定了所谓的"猴年律令"，再次划定翁牛特、巴林、敖汉、奈曼、四子、阿鲁科尔沁、扎鲁特等部的东西牧界，并明确规定若越西拉木伦河游牧则视为敌人。⑤很明显，爱新国决定将阿鲁诸部进一步南迁，将其北界限制在西拉木伦河（详见后文）。

《清内秘书院档案》顺治六年的记录中有这样一条记载："吴马海，尔原为翁牛特部杜棱郡王下大臣，尔主投朕时尔向尔主提，引其前来。来归后，尔主杜棱郡王叛投察哈尔时，尔劝止。以此

---

① 指林丹汗。

② 格根汗即俺答汗，他的城就是现在的呼和浩特旧城。

③ 汉译《满文老档》（下册，1127页）将"昆都伦楚呼尔的一人和三男两女"译成"坤都勒恩楚呼尔下一人及一男二妇"，将"察哈尔从明朝取赏，借了茶"误译成"察哈尔夺明粮仓，大掠其茶"，将"阿鲁济农离开汗"译成"阿鲁部济农已离喀尔喀"，将"孙杜棱、四子部居住在西拉木伦以北的山麓"译成"孙杜棱、四子部落已攻取自西拉木伦河以北山麓"，将"从格根汗城之东，将牛羊、农夫分离，带领兵马急速出发[向阿鲁地方]来了"译成"据闻先取放置于格根汗城东一带之牛羊农夫率兵赶牧群，急行迁移等语"。

④ 《清太宗实录》天聪五年十一月庚寅。

⑤ 《旧满洲档》，第3937—3940页。

为善，授三等精奇尼哈番，再十二次世袭。"[1] 孙杜稜"叛投察哈尔"之事当指天聪五年（1631年）七月游牧于兴安岭南麓之事。崇德元年（1636年），孙杜稜被封为多罗杜稜郡王，掌管翁牛特右翼旗，其弟栋岱青被封为多罗达尔汉岱青，掌管翁牛特左翼旗。[2]但是，高官厚禄未能彻底消除孙杜稜的不满，最终发生了崇德三年（1638年）杀死清朝使臣，试图再度叛逃之事。《清内国史院档案》载，崇德三年元月"十四日。翁牛特部落杜稜郡王杀赍书者四人，又二人被杀。于是，国舅阿希达尔汉、多尔济达尔汉诺颜、塞冷、尼堪及诸贝勒大臣等于西喇木伦会盟，议革王爵，解扎萨克任，其所杀者，各罚九九之数。国舅阿希达尔汉、尼堪悉以奏闻。上怜杜稜郡王染病，免其罪"[3]。

对孙杜稜杀死使臣试图叛逃的"重罪"，皇太极并没有严厉惩处，而是以染病为由，赦免其罪。这与1634年处死同样试图北迁故土的嫩科尔沁噶尔珠塞特尔等人的情况大不相同。皇太极格外开恩的原因，一方面是念孙杜稜率领阿鲁诸部来归的"首功"，同时也是为安抚境遇相同的蒙古各部。

喀喇车里克并入孙杜稜旗考 大约在16世纪前半叶，由于子孙分封，哈赤温后裔所属部众形成翁牛特、喀喇车里克、伊苏特部。1630年，喀喇车里克和伊苏特部遭林丹汗袭击后，与翁牛特部一同归附爱新国。1636年（崇德元年），清朝在漠南蒙古诸部编制牛录时，翁牛特被编为左右翼两扎萨克旗，喀喇车里克则没有形成独立的扎萨克旗。学界一般认为，喀喇车里克分别被编入翁牛特两旗[4]，但实际情况是喀喇车里克只被编入孙杜稜所属翁牛特右翼旗，而未入栋岱青所属左翼旗。对翁牛特、喀喇车里克

① 《清内秘书院蒙古文档案汇编》第三册，第58页。
② 《王公表传》卷三十一，《翁牛特部总传》。
③ 《清初内国史院满文档案译编》（上册），第266页。
④ 胡日查、长命：《科尔沁蒙古史略》，141页。

编制牛录情况,《满文老档》的记载为:

> 翁牛特部杜稜郡王之七百家,编为十四牛录……豁尼齐 ① 之五十家,章京姓名:萨胡。绰克图 ② 之五十家,章京姓名:吞泰。以上共八百家,十六牛录。哈喇车里克噶尔玛之一百五十家,编为三牛录……诺米岱之七十家,章京姓名:拜都。阿喇纳之一百六十七家,编为三牛录……索尼岱之五十家,章京姓名:塔里岱。阿地赛之五十家及塞赛之十五家,合编为一牛录……以上共五百家,九牛录。翁牛特部达尔汉戴青之九百三十家,编为十八牛录……班迪之二百三十家,编为四牛录……达拉海之三百三十六家,编为六牛录……沙扬之一百七十五家,编为三牛录……巴木布之一百六十家,编为三牛录……以上共一千八百三十家,三十四牛录。③

试与《清内秘书院蒙古文档案汇编》有关记载比较:

> ……Dügüreng jiyün wang-un qorin tabun otuγ jasaγ-un darqan dayičing-un γučin dörben otuγ qoyaγula-yin tabin yisün otuγ nige qošiγu.④

> 杜稜郡王的二十五个鄂托克,扎萨克之达尔汉岱青的三十四个鄂托克,两人的五十九个鄂托克为一个 [进贡] 旗。

《满文老档》中孙杜稜与长弟阿巴噶图洪台吉诸子所属部众共编十六牛录,喀喇车里克则九牛录,两者相加正好是二十五牛录,与《清内秘书院蒙古文档案汇编》所记"杜稜郡王的二十五个鄂托克"数目完全吻合。《旧满洲档》所见达尔汉岱青(栋岱青)、班迪等都是孙杜稜的弟弟,班迪岱青等依附栋岱青,形成了翁牛

---

① 孙杜稜之弟阿巴噶图洪台吉幼子(《水晶珠》,第 930 页)。

② 阿巴噶图洪台吉次子(《水晶珠》,第 930 页)。

③ 汉译《满文老档》(下册),第 1669—1670 页。

④ 《清内秘书院蒙古文档案汇编》第一册,第 209 页。

特左翼旗。看来,孙与栋分别是图兰汗大皇后的长子和幼子①,其他兄弟依附二人,形成左右翼,入清后再被编为左右翼二旗。

伊苏特部的情况则有所不同。在阿鲁诸部归附爱新国的过程中,其首领寨桑古英和硕齐立有大功。因此,天聪八年(1634年),爱新国封他为达尔汉和硕齐,部众被编入蒙古游牧八旗:"阿禄伊苏忒部落古英和硕齐,先为两国往来议和,后阿禄济农为察哈尔所侵,率族属来归。因赐号达尔汉和硕齐,令行军居前,田猎居中。及其子孙永照此行,赐以敕书。"②崇德三年(1638年),寨桑达尔汉和硕齐、博瑞、席讷布库、何尼齐授为三等梅勒章京,杜思噶尔、纳穆、阿拜泰巴图鲁、巴特玛塞冷、托克托会俱为三等甲喇章京,"以其自伊苏特部落来归故也"③。

归附爱新国之前,喀喇车里克和伊苏特一直是独立的部落,并不附属于翁牛特。南下大兴安岭后,伊苏特、喀喇车里克的牧地虽然仍与之邻近,但爱新国仍视其为独立的实体,因此,遇有大事时,都分别遣使,如天聪五年十二月,"遣使者往蒙古,遣拜里往孙杜稜、班迪卫征、达拉海寨桑、萨扬墨尔根、巴木布楚呼尔、栋岱青等处,关堆往达赖楚呼尔、达喇额克、海色巴图鲁、四子部落等处,孙达里往巴林、伊苏特、喀喇车里克、喀喇沁、土默特部诸台吉塔布囊等处,鄂斋图往敖汉、奈曼及扎鲁特部右翼、左翼等处",要"管旗诸台吉等,携所有交换之罪人,即于正月初六日,集于四子部落处",议罪断事。④这些说明,伊苏特、喀喇车里克与翁牛特没有隶属关系,同时还可知伊苏特和喀喇车里克的牧地在翁牛特东、巴林南,再往南便是喀喇沁、土默特。

与翁牛特一同归附爱新国的阿鲁科尔沁,最初爱新国曾设两

---

① 《水晶珠》,第930页。
② 《清太宗实录》天聪八年三月丁亥。
③ 《清太宗实录》崇德三年八月己未。
④ 《旧满洲档》,第3467、3468页。

扎萨克旗,分别让达赖楚呼尔、穆章父子掌管旗务。崇德元年(1636年)六月,因达赖年老嗜酒,免其职,将两旗合为一旗,并让穆章掌管。①

二、乌喇特、茂明安南迁及其归附爱新国

1630年,当阿鲁科尔沁诸部中的阿鲁科尔沁、四子部因遭林丹汗征讨而南下大兴安岭归附爱新国时,其同族、牧地远在呼伦贝尔之北的乌喇特、茂明安部还没有与爱新国正式交往。尽管这年九月,土谢图汗奥巴在致皇太极的文书中声称茂明安以外的阿鲁诸部都已归附了嫩科尔沁和爱新国,我们从一些迹象推断,乌喇特部的情况也与茂明安一样。

天聪五年(1631年)七月,皇太极致书归附爱新国不久的阿鲁科尔沁、四子部首领,要他们遣使乌喇特,说服他们南下归附爱新国。这份文书内容如下:

> Dalai cukegur duin taiji-de unggihe bithei gisun (1) qaγan-i jarliγ. Dalai čükegür Sengge mergen qošiuči-du ilegebe. ta bögödeger kelelčejü Urad-tu elči (2) ilege inaγši irekü. ülü irekü-yi labta üge abči iretügei Urad Kingγ-a šiqaju iregsen-i (3) Eljige-yin keküked Jalayid maγu üge kelejü qoyiši qariba genem yaγaraju liege.②

译文:

> 致达赖楚呼尔、四台吉书。谕达赖楚呼尔、僧格墨尔根和硕齐:尔等商议后,遣使乌喇特,得其前来与否之口实后回报。据闻,乌喇特临近兴安[岭],时有额勒济格诸子及扎

---

① 汉译《满文老档》(下册),第1490页。
② 《旧满洲档》,第3439页。

赛特以恶言唆使，使之北还。速遣使！①

天聪六年（1632 年）一月三日，皇太极再次致书茂明安和乌喇特部首领，以恐吓和离间的方法来拉拢他们。在本书第四章第三节有该文书的拉丁文转写和译文，为方便叙述，这里再录其译文：

汗之诏书：扎赛特、郭尔罗斯、额勒济格诸子以一马之价，换取你们的四五匹马，[因此] 以谎言恐吓你们，要你们不要进入山阳。不要听信他们的话。察哈尔之汗出兵阿巴噶济农② 时，我们派 [人] 前去察哈尔捉活口，[察哈尔汗] 知道这个 [消息] 后，没有紧追济农，就急忙返回家了。察哈尔知道我们出兵明朝之后，袭击了达赖③，而闻我军返回后 [因] 怕 [我们] 追击而急忙返回。若 [察哈尔] 知道 [你们] 远离达赖部众驻牧而进攻你们，谁来援助你们？难道不会从容地跟踪你们，[进行] 掠夺？人畜被夺之后，来我处有何用。若与我们会合对你们也安全，不是吗？

从这两份文书可以了解到茂明安、乌喇特两部归附爱新国的历史背景。

在爱新国的积极拉拢下，部分茂明安、乌喇特部众于天聪七年（1633 年）初南下归附爱新国。正月，"吴喇忒部落俄木布土门达尔汉台吉、杜巴、塞冷、海萨巴图鲁④ 等朝贺元旦，贡驼马"⑤。同年五月，乌喇特土门达尔汉台吉、海萨巴图鲁、古木布、益尔

---

① 汉译《满文老档》将"据闻，乌喇特临近兴安 [岭]，时有额勒济格诸子及扎赛特以恶言唆使，使之北还"一句误译成"乌喇特庆喀闻毕而来，据称寇克特扎赖特恶言语之而还等语"；核对日译《满文老档》，此句译为"乌喇特之 kinka 闻讯而来，因 Eljige keoked Jalaid 使恶言，所以他们回还了"。汉译《满文老档》（下册），第 1125 页；日译《满文老档》太宗 2，第 520 页。

② 指阿巴噶部首领都思噶尔，1630 年林丹汗出兵阿鲁诸部，都思噶尔率部与林丹汗交锋。

③ 即达赖楚呼尔。

④ 乌喇特后旗始祖图巴之子（梅日更葛根《黄金史》，第 88 页）。

⑤ 《清太宗实录》天聪七年正月丙申。

格、僧格、琐尼泰等来朝，进献马匹。① 二月，茂明安部车根汗、固木巴图鲁、达尔马代衮等人率众归附爱新国。② 固木巴图鲁和达尔马代衮为锡喇汗之子，即车根汗之叔父。③ 次年九月，又有茂明安之杨古海杜棱、巴特玛戴青及小台吉等二十余人，率众归附爱新国。④

天聪九年（1635 年）三月，发生了茂明安部众逃亡事件。⑤ "先是毛明安下吴巴海达尔汉巴图鲁、吴巴赛都喇尔、洪珪噶尔珠、俄布甘卜库倡首逃亡阿禄部落"⑥，"阿赖率外藩蒙古兵五百往追，行六月，渡鄂嫩河，追至阿古地方，斩茂明安倡首叛逃贝勒四员，悉获其部众，又获语言不相同之喀木尼干部首领哲雷及百人以还"⑦。

据崇德元年统计，归附爱新国的茂明安只有 1942 户⑧，不及嫩科尔沁十旗中一个中等旗的户数。这显然与茂明安在全体科尔沁的宗长和汗王地位不相称。原来，与车根等南下归附爱新国的只是科尔沁汗王家族所属部众的一部分，其余大多数都留在了原牧地，大部分成为阿鲁喀尔喀汗国的属民，也有一部分成为后来的沙俄属民。⑨

此外，据乌云毕力格引用明朝兵部档案，崇祯六年（1633 年）

① 《清太宗实录》天聪七年五月壬辰。
② 《清太宗实录》天聪七年二月癸亥。
③ 梅日更葛根：《黄金史》，第 74 页。
④ 《清太宗实录》天聪八年九月甲寅。杨古海杜棱为土谢图锡喇汗之子阿剌善冰图（Arašan bingtu）之子，巴特玛戴青为车根汗之弟罗布津（Lubjin）之子（梅日更葛根：《黄金史》，第 74—75 页）。
⑤ 齐木德道尔吉：《清初茂明安部叛逃事件二则史料辨析》，《中央民族大学学报》，2019 年 1 期。
⑥ 《清太宗实录》天聪十年三月乙丑。
⑦ 汉译《满文老档》（下册），第 1457 页。
⑧ 《旧满洲档》，第 5243 页。《满文老档》漏记云丹八十二户、沙里百户、公格五十户。
⑨ [英] 约·弗·巴德利著，吴持哲、吴有刚译：《俄国、蒙古、中国》下篇，第二册，第 1373 页。胡日查、长命：《科尔沁蒙古史略》，第 72—73 页。

二月，林丹汗使臣曾对明朝边吏称说，当前一年奴酋（爱新国）进攻明朝时，恰逢他们的"兵马往北去撒喇汉家"[①]。"撒喇汉"即茂明安首领锡喇汗。如果林丹汗使臣所言为实，则 1632 年林丹汗曾用兵茂明安，这或许是茂明安于次年归附爱新国的直接原因。林丹汗用兵茂明安必然波及附近的喀尔喀，加上 1630 年林丹汗曾经与喀尔喀交战，于是就盛传林丹汗要继续进攻喀尔喀。俄文档案中有关四十万蒙古之大汗即林丹汗要进攻喀尔喀扎萨克图汗部的谣传是有一定原因的。

三、阿巴噶、阿巴哈纳尔部归附清朝

由于遭喀尔喀的欺压以及与爱新国皇帝有联姻关系，一部分阿巴噶人终于归附了清朝。

在别里古台后代中乃至整个阿鲁蒙古各部贵族中，最早与爱新国建立联系的就是阿巴噶部济农都思噶尔。天聪三年（1629 年），都思噶尔遣使爱新国献驼马。[②]1632 年，都思噶尔之属奇塔特楚琥尔台吉偕众五百内附。[③] 这是阿巴噶部归附爱新国的开端。

皇太极的西麟趾宫大福晋是阿巴噶部人。[④] 她本是察哈尔林丹汗之正宫囊囊太后，林丹汗次子阿布奈生母。林丹汗败亡后，囊囊太后领着一千五百余众投靠爱新国，天聪九年（1635 年），她被爱新国天聪汗所娶[⑤]，后来与皇太极生十一子博穆博果尔。囊囊太后的父亲为阿巴噶部多尔济额齐格诺颜，是塔尔尼库同次子扬古岱卓哩克图（Yangγudai joriγtu）之子。崇德四年（1639 年），同苏尼特部腾机思一起偕众归附。此外，阿巴噶部贵族另有一位

---

① 参见乌云毕力格《明朝兵部档案中有关林丹汗与察哈尔的史料》。

② 《清太宗实录》天聪三年九月丙戌。

③ 《清太宗实录》天聪六年十一月辛亥。

④ 汉译《满文老档》（下册），第 1531、1532 页。

⑤ 《清太宗实录》天聪九年七月戊辰。

多尔济，为了与这个多尔济区别，也因囊囊太后的父亲是林丹汗和皇太极的岳父，所以称之为多尔济额齐格诺颜（多尔济岳父诺颜）。① 崇德六年（1641 年），清朝将多尔济额齐格诺颜之属编为一旗。顺治八年（1651 年），都思噶尔所属被编为另一个阿巴噶旗。此后，多尔济额齐格诺颜旗被称为阿巴噶右翼旗，额齐格诺颜受封为扎萨克多罗卓哩克图郡王，世系罔替。都思噶尔旗则被称为阿巴噶左翼旗，都思噶尔受封为扎萨克多罗郡王。最初，都思噶尔所受多罗郡王不得世袭。《清内秘书院档案》所保存顺治皇帝给都思噶尔的诰命中说：

> tngri-yin ibegel-iyer čaγ-i ejelegsen qaγan-u jarliγ ……
> Tusker či ijaγur Abaγ-a ulus-un jinong bülüge Čaqar ulus luγ-a
> dayin boluγsan-u qoyin-a nadur oruju iresügei kemegsen bülüge
> Čaqar-tur mal-iyan abtaγsan-u qoyin-a Qalq-a-dur oruluγ-a basa
> Qalq-a-ača öber-ün qariy-a-tu ulus-iyan abun oruju irebe kemen
> törü-yin jiyün wang bolγaba ülü jalγamjilaqu boi.

> ey-e ber jasaγči-yin nayimaduγar on namur-un segül sar-a-yin arban qoyar-a.②

译文：

> 奉天承运，皇帝诏曰：……都思噶尔，尔原为阿巴噶部济农。与察哈尔国争战之后，欲归附我等。牲畜被察哈尔掠夺之后，投向喀尔喀。因从喀尔喀率其部众来归，封为多罗郡王，不得世袭。

> 顺治八年秋之末月十二日。

后来清廷又让都思噶尔之扎萨克之位和多罗郡王之爵位世系罔替。其中原委，因史料缺载，不得而知。

阿巴噶与爱新国 / 清朝一直保持着高级别的联姻关系。除囊

---

① 参见宝音德力根《往流、阿巴噶、阿鲁蒙古》。
② 《清内秘书院蒙古文档案汇编》第三辑，第 294—296 页。

囊太后外，皇太极的东衍庆宫淑妃也是阿巴噶部人，其父名博第塞楚虎尔塔布囊，当是阿巴噶贵族（"塔布囊"似表明他是喀尔喀贵族之婿）。据杜家骥考证，淑妃本是林丹汗的窦土门福晋，察哈尔部被击溃后归附爱新国，被皇太极纳为妃子。①顺治四年（1647 年），摄政王多尔衮娶都思噶尔之女。②同年，皇太极与囊囊太后所生第十一女嫁阿巴噶部噶尔玛索讷木。③

　　据《旧满洲档》记载，林丹汗去世的第二年，即天聪九年（1635 年），喀尔喀车臣汗致书林丹汗皇后及子额哲孔果尔，要他们归附喀尔喀。书中有这么一句，即"太后是 [我] 哈屯之妹"，很多人都把这个太后误为孔果尔生母苏泰太后。④我们知道苏泰太后是叶赫部人。车臣汗是 1577 年生人，长林丹汗 15 岁。在车臣汗青壮年时代，阿鲁喀尔喀几乎不可能与叶赫交往。前已提到，别里古台后裔与喀尔喀统治者保持着长期稳定的联姻关系。这里所谓的"太后"，应指阿巴噶多尔济之女囊囊太后，她是林丹汗的正宫（"囊囊太后"就是正宫"娘娘太后"）。据《清实录》记载，崇德四年（1639 年），喀尔喀车臣汗之妻噶尔马、阿海两福晋献麟趾宫贵妃貂皮、马匹。⑤两福晋中有一个应是囊囊太后之姊，因有姊妹关系才特意探望囊囊太后。囊囊太后还有一姊，嫁给了乌珠穆沁首领塞冷额尔德尼。⑥可见乌珠穆沁统治者与喀尔喀车臣汗也有联姻关系。1630 年，乌珠穆沁与阿巴噶一同投靠车臣汗，两部统治者与车臣汗之间的姻亲关系起了一定作用。

---

① 杜家骥：《清朝满蒙联姻研究》，人民出版社，2003 年，第 124、125 页。
② 《清世祖实录》顺治四年八月丁丑。
③ 《清世祖实录》顺治四年十二月己卯。
④ 齐木德道尔吉：《林丹汗之后的外喀尔喀玛哈撒玛谛车臣汗》（蒙古文），内蒙古大学学报，1998 年第 2 期。
⑤ 《清太宗实录》崇德四年十二月丁酉条。
⑥ 《清太宗实录》崇德三年正月甲申条。

四、翁牛特、阿鲁科尔沁诸部牧地及其变迁

阿鲁诸部和岭南蒙古诸部原牧地　16 世纪 40 年代，合撒儿十三世孙图美只雅哈齐长子魁猛可从呼伦贝尔一带南下至嫩江流域之后，其次子巴衮诺颜（即阿鲁科尔沁和四子部之始祖）和布尔海三子（乌喇特部祖先）仍居原牧地呼伦贝尔一带。到了 16 世纪末 17 世纪初他们孙辈时，形成了阿鲁科尔沁部、四子部以及乌喇特三部。其南邻是一直驻牧于今东乌珠穆沁一带的哈赤温后裔属部翁牛特、喀喇车里克、伊苏特三部，北邻则是阿巴噶部。在阿鲁诸部以西驻牧的还有察哈尔右翼乌珠穆沁、浩齐特、苏尼特等部，以今蒙古国东戈壁省、苏赫巴托省以及东方省一带为牧地。

16 世纪 40 年代，随着察哈尔、喀尔喀、科尔沁南下，形成了岭南（山阳）游牧集团，逐渐逼近明朝边境驻牧。其大体分布情况为：岭南察哈尔敖汉、奈曼、阿剌克绰特、多罗特等部分布于老哈河中下游及大凌河上游一带；蒙古大汗直接统治下的察哈尔主体分布于今天赤峰市北部阿鲁科尔沁、巴林左旗、巴林右旗及克什克腾旗一带，林丹汗的汗斡耳朵察罕浩特位于今阿鲁科尔沁旗罕苏木；岭南喀尔喀五鄂托克牧地南至辽河河套，北至大兴安岭，西与岭南察哈尔部相接，东与女真为邻，其东北则是嫩科尔沁部。五部牧地由西向东排列依次为巴林、乌济业特、巴约特、弘吉剌特、扎鲁特部，大体包括今通辽市大部分地区、兴安盟、辽宁省北部（康平、法库、彰武、新民等县）和吉林省西部；嫩科尔沁的牧地则在整个嫩江流域，包括右岸支流绰儿河、洮儿河以及左岸支流福余儿河。上述格局，直到 17 世纪 20 年代中叶没有太大变化。此后，先有喀尔喀五鄂托克之一的巴约特部率先归附爱新国，随后乌济业特、弘吉剌特两部因遭爱新国、林丹汗先后征讨而溃散，而相对完整的扎鲁特、巴林投奔嫩科尔沁（1628

年又离开嫩科尔沁投靠爱新国）。1627年林丹汗西迁,原牧地空虚。

"羊年律令"所划定的翁牛特、阿鲁科尔沁诸部牧地　天聪四年（1630年）八月,林丹汗出征阿鲁诸部,阿鲁科尔沁、四子、翁牛特、喀喇车里克、伊苏特等部为避察哈尔兵峰而南下大兴安岭。此时,嫩科尔沁也按照爱新国天聪汗的谕旨从嫩江流域南下,迁居西拉木伦河北的高地,即今兴安盟、通辽市西拉木伦河（辽河）以北地区以及吉林省西部地区。这样,南下的嫩科尔沁与阿鲁诸部便毗邻而居,形成了在大兴安岭以南相对狭窄的区域聚集众多蒙古部众的局面。加之翁牛特、阿鲁科尔沁诸部仓皇南下、流离失所等原因,阿鲁诸部与邻近的嫩科尔沁、巴林、扎鲁特、敖汉、奈曼等部之间经常发生盗抢事件。[1]针对这一局面,爱新国为新归附的翁牛特、阿鲁科尔沁诸部指定了牧地。

天聪五年（1631年）四月,爱新国汗皇太极、济尔哈朗、萨哈廉与嫩科尔沁首领奥巴、达赖楚呼尔、孙杜稜、僧格和硕齐等盟誓天地,声称如对待嫩科尔沁那样对待阿鲁诸部,并制定了所谓"羊年律令"。"羊年律令"类似于1629年爱新国与嫩科尔沁"商定"的律令。在其末尾,大体划定了阿鲁诸部东西牧界。

牧地之界：西边至噶海、萨尔、门绰克、阿勒坦、栋果尔、谔盖勒津、乌济叶尔,东边界至洮儿河尽头。[2]

《满文老档》从《旧满洲档》满译这份蒙古文"羊年律令"时出现了一些误译,20世纪80年代,中国第一历史档案馆汉译

---

[1]　《旧满洲档》（第3378页）载,天聪五年（1631年）一月,皇太极致书四子部,指责其偷盗马群的行为,要他们改正原来的恶习。译文为："天聪汗传谕四子部。闻尔等既以政体合一而来,竟行盗骗之事,驱赶马群以去。若敖汉、奈曼、巴林、扎鲁特、科尔沁合为一体,驱赶尔等之马群,尔等之马群岂能余哉?尔等不弃旧之邪恶之习而恣意胡为,非尔等之恶耶?"

[2]　《旧满洲档》,第3417—3418,3420—3423页。

《满文老档》时错误进一步加重①，因而误导了利用汉译《满文老档》进行研究的学者。加之上述地名很多在蒙古地区较为常见，所以很难逐一考证，因此，研究者众说纷纭。有的学者认为，这里出现的"噶海"指西乌珠穆沁旗之噶海额勒素，进而推断当时的阿鲁科尔沁、四子、翁牛特等部牧地大体上从西边的噶海额勒素直至东洮儿河之源（不知何故，将"Tur-in γool-in moquγ-a—洮儿河尽头"误解为"源头"），南抵西拉木伦河北岸，北至呼伦贝尔，东面与嫩科尔沁、扎鲁特等部相连接。② 档案中出现的"噶海"不可能指西乌珠穆沁之噶海额勒素。若是指西乌珠穆沁之噶海额勒素，那就意味着阿鲁诸部根本就没有南迁。因此，只能从大兴安岭以南地区寻找这些地名。

据《蒙古游牧记》载，清代扎鲁特左翼旗西南四十里有噶海冈，翁牛特右翼旗有噶海图泉③，今翁牛特旗东北部有噶海塔拉；今天的库伦旗还有噶海山。此外据《万历武功录》载，速把亥（Subaqai）之子卜言把都儿（Buyanbaγatur）等人"逐牧哈亥额力素水草"④，又"虏骑六千驰旧辽阳，其明年粟马恰亥额力素，声欲从旧辽阳、养善木入塞"⑤。"恰亥额力素"是蒙古语"噶海额勒素"的谐音。

又《明实录》载，乌济业特部炒花等人经常"会合五路并西夷头目以儿邓等于哈亥额力素聚兵，要从广宁镇静堡等处入犯"⑥。奥登先生认为蒙古人视"旧辽阳以北，适两河之中"地为哈亥额力素。⑦ 达力扎布认为"这个哈亥额力素似在乌济业特部的南

① 胡日查、齐木德道尔吉已纠正（参见胡日查《科尔沁蒙古史略》，第136、137页；齐木德道尔吉《四子部落迁徙考》）。
② 胡日查：《科尔沁蒙古史略》，第137页。
③ 张穆：《蒙古游牧记》卷三。
④ 瞿九思：《万历武功录》卷十二，《卜言兔、卜言把都儿列传》。
⑤ 瞿九思：《万历武功录》卷十二，《炒花花大列传》。
⑥ 《明神宗实录》万历二十四年九月戊戌。
⑦ 奥登：《喀尔喀五部考述》，载《蒙古史研究》第二辑。

界"①。乌济业特部驻地在广宁东北，辽河套中②，白初一据此认为这个"噶海额力素"应在今奈曼旗东南部和库伦旗西南部交界处的沙漠地区。③因此档案中出现的"噶海"不是指明代记载中的"噶海额力素"。"噶海"是阿鲁诸部的最西界，翁牛特南迁后其牧地没有太大变化，因此我们认为，应从清代翁牛特两旗之界寻找这个"噶海"。有可能指翁牛特右翼旗的噶海图泉。

萨尔之名见于《蒙古游牧记》（卷三），作塞尔和朔岭④，位于翁牛特右翼旗境内。塞尔和朔岭，应为蒙古语 Sar qušiyu。门绰克（意为"杵、棒槌"）之名在蒙古地区也常见，据《蒙古游牧记》（卷四）载，清代阿巴噶右翼旗扎萨克驻地向西四十里有门绰克冈；辽祖陵所在的大山，今蒙古名漫其格（门绰克）山，因有杵状山峰而得名（在巴林左旗南境哈达英格乡）。此外，据《清太宗实录》记载，翁牛特孙杜稜部下拖可拖会等人在门绰克额勒孙被明军探哨所杀，绰克图、额塞得里等人追明兵至敖木林（大凌河）不及而还。⑤上述地名中孙杜稜所驻牧的门绰克额勒孙最有可能是我们要找的"门绰克"。

阿勒坦，今地在阿鲁科尔沁南部至库伦旗，全名阿勒坦莽汉⑥，今又称塔敏察罕。栋果尔，位于清代扎鲁特左翼旗扎萨克驻地向北四十里，全名栋果尔额勒苏冈。⑦谔盖勒津、乌济叶尔待考。东界"洮儿河尽头"指洮儿河与嫩江汇合处，今吉林省大安月亮

---

① 达力扎布：《明代漠南蒙古历史研究》，第 141 页。

② 参见达力扎布《明代漠南蒙古历史研究》，第 140 页。

③ 参见白初一博士学位论文《清太祖时期满蒙关系若干问题研究》，内蒙古大学，2005 年，第 70 页。

④ 张穆：《蒙古游牧记》卷三，翁牛特右翼旗"旗西百二十里……有塞尔和朔岭"。

⑤ 《清太宗实录》崇德二年十二月壬子，"翁牛特部落杜稜郡王下拖可拖会及二十五人，于门绰克额勒孙地方为明兵所杀，夺去马百有十匹。是夜，绰克图、额塞得里率二十人往追，次日敦朱克率四十人，寨桑吴巴什率三十人往追，俱不及，遂自敖木轮河还"。

⑥ 见《盟旗地图》Hs.or.60。

⑦ 张穆：《蒙古游牧记》卷三。

泡①一带。

看来，阿鲁诸部最初驻牧于嫩科尔沁西及西南，跨西拉木伦河中游（今天的西辽河）南北。因此，天聪五年七月，皇太极致书奥巴和翁牛特部孙杜棱，提醒他们：林丹汗得知翁牛特、四子两部"驻牧于西拉木伦河以北大兴安岭[南]山麓"，因此要出征他们。②

在制定"羊年律令"的同时，爱新国为防御察哈尔东侵，还布置了西到北边的哨所。③《旧满洲档》记载为：

（1）baraγun jaq-a-yin qaraγul Aoqan-i Dügüreng-in süm-i Ulaγan qada-du.tegün-eče jegün-de（2）qoyar Qaljan-du. Činun-in γuul-in Quraqu-du.Čorji-yin süme-yin Abčiqa-du.Miratu Quul-in γuul.Tuur-in（3）γuul.nige sara-yin künesü.qušiγun-i tabin kümün qaraγul γarqu. tabin kümün-eče dutaqula kümün-i nige mori abqu.（4）boljiyan-i γajar-a ese ireküle tabu qonuγ-ača doγuγši üker abqu.tabu qonuγ-ača degegši mori abqu.④

西界哨所：敖汗都棱之庙之乌兰哈达⑤，其迤东二喀儿占⑥，绰嫩河之胡喇户⑦，绰尔济庙之阿布吉哈⑧、密喇图浩林

---

① 月亮泡，史称 naran saran naγur（意为日月湖）。

② 《旧满洲档》，第3442—3443页。

③ 参见齐木德道尔吉《四子部落迁徙考》。

④ 《旧满洲档》，第3426页。

⑤ "敖汉都棱之庙"无疑指敖汉部首领索诺木都棱在自己的旧牧地，即今翁牛特、敖汉旗、赤峰市区一带建立的庙宇，附近的乌兰哈达或是今天赤峰市区北部的红山，或为翁牛特红山水库之红山。

⑥ 位于翁牛特旗的二喀儿占山，均位于今西拉木伦河南，其一为今翁牛特旗海拉苏镇南之海金山，另一个在其东，今属巴林右旗益和诺尔苏木。

⑦ 绰嫩河即狼河，今天的乌力吉木伦河。"绰嫩河之胡喇户"即今巴林右旗胡日哈苏木北境的呼喇胡山，位于乌力吉木伦河下游拐弯处的西岸。参见《盟旗地图》Hs.or.51（133）。

⑧ 位于清朝翁牛特左翼旗东南部，大约在今翁牛特旗新苏莫苏木一带。参见《盟旗地图》Hs.or.61（130），"绰尔济庙"应是奔走于林丹汗与爱新国之间的敖汉之乌木沙忒绰尔济喇嘛之庙。

河 ①、洮儿河等，由旗遣五十人，备一月干粮出哨，若不足
五十人，则罚其人马一。若不赴所约之地，五日内者，罚牛一；
逾五日者，罚马一。②

从这些哨所的位置看，当时阿鲁诸部的牧地，西及西南限定
在今西拉木伦河以南，东和东北则超出西拉木伦河中游，至于哨
所，则远至霍林河、洮儿河一带。

"猴年律令"所划定的蒙古诸部边界　天聪五年十一月，阿鲁
科尔沁色棱阿巴海在西拉木伦河北遭林丹汗袭击，损失惨重，所以爱
新国将阿鲁诸部进一步南迁，并限制在西拉木伦河（当指今西拉木伦
河，而非同样被称为西拉木伦河的今西辽河）以南。次年十月，皇太
极遣济尔哈朗、萨哈廉至席日勒济台（Širaljitai），召集蒙古各部制定所
谓"猴年律令"。其中再次划定了翁牛特、巴林、敖汉、奈曼、四子、
阿鲁科尔沁、扎鲁特等部的东西牧界，并明确规定若越西拉木伦河游
牧则视为敌人。下面是《旧满洲档》中所记"猴年律令"相关内容：

　　(1) qaγan-u jarliγ-iyar. Jirγalang noyan. Saqaliyan noyan.
mečin jil-ün ebül-ün ekin (2) sar-a-yin tabun šinede Širaljitai-
du ečijü nutuγ-un jišiyaγ-a-yi jaγaju öggüged. (3) čaγaja esgebe.
Monču γ-ača Baγ-a sar-tu kürtele Sün dügüreng. Baγ-a sar-
ača Qudači (4)-du kürtele Baγarin. Qudači-ača Quwadeng-dü
kürtele Aoqan Nayiman. Quwadeng-eče Biruγu (5) tu qangγan-
du kürtel-e dörben keküked Dalai. Biruγu-tu qangγan-ača Tarγun-
du kürtele (6) Jaraγud.jišiyan-i nutuγ-ača biši kümün-i nutuγ-
tu noyad oruqula arban aduγu. (7) qaraču kümün oruqula daruγ-
a-ača nige mori abqu. Šira mören-i γarqula dayisun-i yoso-bar
kikü......③

---

① 当读作"密喇图、浩林河"。浩林河即霍林河，密喇图待考。
② 译文参见齐木德道尔吉《四子部落迁徙考》。
③ 《旧满洲档》，第3937—3940页。

译文：

奉汗谕，济尔哈朗贝勒、萨哈廉贝勒，于申年① 孟冬初五日，前往席日勒济台，指定牧地并订立法规：从门绰克至巴噶萨尔为孙杜棱；从巴噶萨尔至浩塔齐为巴林；从浩塔齐至花灯②为敖汉、奈曼；从花灯至毕茹图杭安③为四子、达赖；从毕茹图杭安至塔尔浑④为扎鲁特；自所划订之牧界进入他人之界者，若为台吉，则罚马十，若为平民，则罚其长马一；若越西拉木伦，则视其为敌。……

从该档内容可知，这次牧地划分由西向东依次为：翁牛特、巴林、敖汉、奈曼、四子、阿鲁科尔沁及扎鲁特。翁牛特所驻牧的"巴噶萨尔"应与前文出现的"萨尔"有关，它与"门绰克"形成翁牛特的东西界。敖汉、奈曼的东界花灯在今通辽市区一带，可知二部在今奈曼旗、库伦旗一带。巴林应在敖汉、奈曼之西，翁牛特东，约今敖汉旗一带。再往东分别是四子、阿鲁科尔沁和扎鲁特。以上各部的牧地不可能只限在辽河河套，而应在通辽市区东北的清代科左中旗，科右中旗、前旗境。因此作为阿鲁科尔沁、四子牧地东界和扎鲁特牧地西界的毕茹图杭安位于今突泉县境内，而作为扎鲁特东界的塔尔浑则在洮儿河下游东岸。扎鲁特牧地约在今内蒙古突泉县以及吉林洮南（洮安）、白城、大安一带；四子、阿鲁科尔沁的牧地应在扎鲁特之西和西南，位于今科左中旗直至突泉县一带；阿鲁科尔沁、四子、扎鲁特之北和东北则是已经南下的嫩科尔沁各部。

---

① 即天聪六年（1632 年）。

② 指通辽市区正南，今科左后旗北之花灯苏木一带。

③ 全名碧柳吐·乌聂。据《盟旗地图》Hs.or.56.(125)，碧柳吐·乌聂位于清代科右前旗交流河右岸，今位于突泉县宝石乡。"碧柳吐·乌聂"意为"领着二岁牛犊的母牛"，因平原两座石山形似而得名。后来，迁到这里的汉人称此二山为"宝石"，故有宝石乡之称。原当地蒙古人至今仍知两座山的蒙古旧名。

④ 洮儿河左岸的塔尔浑河，今吉林省白城市西。

　　"硕翁科尔会盟"所划定蒙古诸部与蒙古游牧八旗边界　天聪八年（1634年），林丹汗去世，察哈尔对归附爱新国蒙古诸部的威胁已经不复存在。因此，阿鲁诸部牧地开始向北拓展，远远超出今西拉木伦河。于是这年十一月，爱新国遣国舅阿什达尔汉、塔布囊达雅齐往硕翁科尔①地方，划分蒙古各部与蒙古游牧八旗的牧界：

　　　　翁牛特与巴林以胡喇虎②、胡虎布里都③为界，巴林与镶蓝旗以克里叶哈达④、胡济尔阿达克⑤为界，两红旗与奈曼以巴噶阿尔合部、巴噶什鲁苏忒为界，敖汉与正黄旗以扎噶苏台⑥、囊家台为界，镶黄旗与四子部落以杜木大都藤格里克⑦、倭朵尔台为界，塔赖达尔汉与两白旗以塔喇布喇克⑧、

---

① 张穆之《蒙古游牧记》卷一说，"科尔沁左翼后旗……札萨克驻双和尔山"。双和尔山即硕翁科尔山，指今天的科左后旗阿古拉苏木双和尔山。

② 即位于巴林右旗的胡喇胡山。

③ 今翁牛特格日僧苏木之布日敦敖包，是清代巴林与翁牛特之界。

④ 齐木德道尔吉认为克里叶哈达位于西拉木伦河北岸、狼河下游，今天阿鲁科尔沁旗西南界。参见其《四子部落迁徙考》。

⑤ 养息牧河上游有胡济尔河，"阿达克"（末）指与养息牧河汇流处。

⑥ 今阿鲁科尔沁旗境内的扎嘎斯台诺尔，是清代狼河与哈喜儿河汇流后形成的湖泊，也称为达布苏图泊（参见齐木德道尔吉《四子部落迁徙考》）。

⑦ 张穆：《蒙古游牧记》卷一："科尔沁左翼中旗……旗西北百八十里有中天河，蒙古名都母达图腾格里。源出吉尔巴尔山，南流四十余里有阿噜坤都伦河。""旗北百六十里有东天河，蒙古名准腾格里，源出吉尔巴尔山，东南流会吉伯图泉，入佟噶喇克察罕池。"又卷三："札噜特部……左翼北百九十里有额伯尔坤都伦河，源出愁思岭，东流入科尔沁界。百八十里有天河，蒙古名都木达都腾格里河，源出吉尔巴尔山，南流五十余里会阴凉河。""右翼西北五十里有伊伦腾格里河。"张穆有关都母达图腾格里的记载很混乱，如吉伯图泉，又名吉布图河，是阿噜坤都伦河支流，与都母达图腾格里无干。其实都母达图腾格里之名一直保留至今，即扎鲁特旗中东部乌额格其河上游之都母达图腾格里河，在塔拉宝力皋苏木西。

⑧ 张穆：《蒙古游牧记》卷一："科尔沁右翼中旗……牧地当哈古勒河、阿噜坤都伦河合流之北岸。东至那哈太山，南至察罕莽哈，西至塔勒布拉克，北至巴音和硕。……扎萨克驻巴音和硕之南，曰塔克禅。""科尔沁左翼中旗……旗东北百二十里有他拉泉……扎萨克驻西辽河之北，伊克唐噶里克坡。"此地位于额伯尔坤都伦河之南，应在清代科尔沁右翼中旗西境，当是今扎鲁特旗与科尔沁右翼中旗接壤处的塔拉宝力皋苏木一带。参见《盟旗地图》Hs.or 126（116）。

孙岛为界，正蓝旗与扎鲁特以诺绰噶尔、多布图俄鲁木为界，合计地界大势西南至噶古尔苏①，西至纳喇苏台②，西北至哈尔占③，北至胡喇虎、克里叶哈达、巴噶阿尔合邵、扎噶苏台、杜木大都藤格里克、塔喇布喇克、诺绰噶尔，东北至纳噶台④，东至兀蓝达噶⑤、胡里也图，东南至哈尔巴噶尔⑥，南至多布图俄鲁木、胡得勒、乌讷格图荟喀、布木巴图⑦、胡鲁苏台、古尔班克谷尔、库痕哈喇合邵⑧、噶海⑨、茅高阿大克、门绰克⑩、什喇虎⑪、敖塔亭罗、兀喇汉哈达⑫等处⑬。

上述蒙古各部及蒙古八旗边界的地名，只有少数待考证。从已知的地名位置可以断定，这些地方是由西向东排列的。据冈洋樹考证，新划定的蒙古八旗牧地西接翁牛特部牧地，北与巴林、奈曼、敖汉、四子、阿鲁科尔沁部牧地毗邻，东及东北与扎鲁特部牧地为邻。⑭

包括阿鲁诸部在内的以上各部牧地与后来固定下来的清代各

---

① 今翁牛特旗高日苏苏木一带的高日苏河，河水已经干枯。
② 今赤峰市北松山的蒙古名，见张穆《蒙古游牧记》卷三。
③ 今翁牛特海拉苏镇海金山。
④ 据张穆《蒙古游牧记》卷一，清代科尔沁右翼中旗的牧地东至那哈太山。
⑤ 据张穆《蒙古游牧记》卷一，清代科尔沁左翼中旗东南"二百五十里有乌拉达罕岗"。
⑥ 据张穆《蒙古游牧记》卷一，清代科尔沁左翼中旗东南"三百五十里有大射山，蒙古名伊克哈尔巴尔，三百六十里有巴汉哈尔巴山"。
⑦ 据《盟旗地图》，该地位于清代翁牛特左翼旗西南部，应在今赤峰市北郊。
⑧ 今厚很河北岸的哈拉胡绍，在库伦旗东南角三家子镇。
⑨ 这个"噶海"与前文的"噶海"不同，似指与厚很河哈喇和绍较近的噶海山。
⑩ 指《羊年律令》中出现的"门绰克"。
⑪ 发源于今河北围场县，在赤峰附近流入英巾河的西尔哈河。
⑫ 今赤峰市红山区的红山和翁牛特旗红山水库的红山，蒙古名均为"兀喇汉哈达"（乌兰哈达），当指前者。
⑬ 《清太宗实录》天聪八年十一月壬戌。
⑭ ［日］冈洋樹：《关于天聪汗时期两次蒙古会盟：天聪六年沙里尔济台会盟和八年硕翁科尔会盟》，载《满蒙档案与蒙古史研究》，上海世纪出版股份有限公司，2014年。

扎萨克旗的牧地有不少差别。其中，翁牛特的牧地较为稳定，可能他们在 1630 年从旧牧地乌珠穆沁草原南下大兴安岭后跨西拉木伦驻牧，1632 年以后被限制在西拉木伦河以南，从此没有多大变化。巴林部与扎鲁特于 1628 年从嫩科尔沁投奔爱新国后应在一起游牧，但最晚到 1632 年时他们已经不在一起了。巴林大约游牧于今敖汉一带，而扎鲁特游牧于今内蒙古突泉县以及以东的吉林省白城地区。1633 年，阿鲁科尔沁诸部中的乌喇特、茂明安归附爱新国，牧地被安排在同族阿鲁科尔沁、四子部附近，邻近扎鲁特驻牧。这一情况直到崇德元年（1636 年）在以上诸部编制牛录时都没有改变。顺治初，为切断阿鲁喀尔喀右翼与明朝贸易关系，清朝将四子、乌喇特、茂明安等部陆续向西迁移，不久，牧地逐渐稳定在阴山北麓地区。可能随着他们的西迁，阿鲁科尔沁、扎鲁特等部的牧地才稳定在今天的同名各旗及其开鲁县一带。相应地，巴林逐渐北上，固定在清代巴林地区；敖汉、奈曼的牧地则略向西移动，稳定在今天的敖汉、奈曼两旗一带；阿鲁科尔沁则嵌入巴林、扎鲁特间，占据了林丹汗过去的统治中心，即今天的阿鲁科尔沁一带。

五、乌喇特、茂明安部牧地变迁

《平定罗刹方略》载，康熙三十九年（1700 年），上谕之语有："尼布楚等处，原系布拉忒、乌梁海诸部落之地，彼皆林居，以捕貂为业，人称为树中人，后鄂罗斯强盛，遂并吞之，已五六十年矣。"和田清认为这里提到的布拉忒是乌喇特。[1] 贾敬颜先生也认为布拉忒是乌喇特的笔误，并推测乌喇特曾经向西南迁到鄂尔浑河流域（即与唐努乌梁海为邻），因此名称被改译，"与四子部落、翁牛特等有间接关系的毛明安、乌喇特，最初在东北极边的尼布

---

① ［日］和田清：《东亚史研究·蒙古篇》，第 480 页。

楚一带"①。

其实，康熙皇帝所说被俄罗斯吞并的布拉忒、乌梁海是完全不同的两个地区。所谓乌梁海是唐努乌梁海，其居民被称为"林木中人"，即森林民，是附属于阿鲁喀尔喀右翼扎萨克图汗部原乌梁海鄂托克（阿鲁喀尔喀始祖格列山只幼子萨木贝玛属民）的突厥语族部落。尼布楚则位于斡难河中游地区，那里的确是茂明安领地的北缘，是合撒儿后裔势力从额尔古纳河右岸向北拓展的结果。两地相距万里，部族也不同。因此，研究者所谓布拉忒即乌喇特更是明显的错误，无论从读音还是史实上，都没有根据。"布拉忒"是"布里亚特"别译。15世纪末，布里亚特随其兄弟部族巴尔虎由瓦剌转投达延汗，后来被封给达延汗巴尔虎氏皇后所生子五八山只，与达延汗另一个儿子——阿鲁喀尔喀首领格列山只部众一同游牧。②显然，巴尔虎、布里亚特人回到了贝加尔湖以南以东地区。17世纪初，尼布楚一带正是布里亚特以及通古斯语族喀木尼干人与茂明安部的交界带，所以才有爱新国在追击叛逃的茂明安时俘获喀木尼干首领哲雷等事。③

茂明安是合撒儿家族的汗王，其牧地中心在额尔古纳河右岸，其南边是乌喇特，牧地应在呼伦贝尔北部地区。今天乌喇特人婚礼祝词中所诵颂的"原驻牧地是呼伦贝尔，出身家族是布尔海和扎萨克三公；核心牧地是呼伦贝尔，远祖是善射的合撒儿"④就是重要的佐证。1630年，乌喇特、茂明安的同族阿鲁科尔沁、四子部从呼伦贝尔地区南下，乌喇特和茂明安随之向南移牧，因此《王公表传》视茂明安为呼伦贝尔部落。⑤

---

① 贾敬颜：《阿禄蒙古考》。

② 宝音德力根：《喀尔喀·巴尔虎的起源》。

③ 《清太宗实录》崇德元年六月丁丑，二年五月癸未。

④ 参见旺济勒《三乌拉特来到阴山的准确年代》，载《内蒙古社会科学》（蒙古文），1989年第6期。

⑤ 《王公表传》卷四十，《茂明安部总传》。

天聪七年（1633年），茂明安部的一部分归附爱新国。最初，爱新国没有给他们划定明确的牧地，而是让他们附牧于扎鲁特、四子等部。对此，达力扎布已有论述。[1] 据《满文老档》记载，清朝于崇德元年在漠南蒙古诸部编制牛录时，茂明安车根汗之530家11牛录出现在桑阿尔掌管之扎鲁特右翼旗后，图拜色楞[2] 之410家8牛录、绰郭[3]29家6牛录出现在内齐掌管之扎鲁特左翼旗后，巴特玛[4] 之480家10牛录出现在达尔汉卓里克图掌管之四子部后。[5]

蒙古文史书中也有茂明安部附牧于别部，并受其管辖的信息。如梅日更葛根《黄金史》在记述茂明安部统治者世系之后，以极为不满的口气说：

> 常听传说，此部被夹在各个牧地之间，属于某某旗，此乃无奈之事，为听者之耻，不言了！[6]

《金轮千辐》在记述茂明安世系时说：

> …长子鄂尔图鼐布延图，占据塔本和茂明安，其子栋会诺颜，其子噶儿图阿剌克汗，其子土谢图锡喇汗，其子多尔济布颜图汗和固木贝勒俩……他们在内齐诺颜处。[7]

---

① 达力扎布：《明代漠南蒙古历史研究》，第343—344页。

② 此人世系不明。

③ 据梅日更葛根《黄金史》（第74—75页），噶儿图阿剌克汗（γaltu alaγ qaγan）之弟为哈布哈尔（Qabuqar），哈布哈尔次子为博雅虎卫征（Buyaqu oyijing），博雅虎卫征之子为斡恩齐台（Ončitai），绰博郭（Čoyibaγ-a）为斡恩齐台之子。

④ 据梅日更葛根《黄金史》（第74页），车根汗之弟为罗布津（Lubjin），罗布津之子为巴特玛。

⑤ 《旧满洲档》，第5232—5236页；汉译《满文老档》下册，第1664—1667页；参见达力扎布论文《清初内扎萨克旗的建立问题》；达力扎布：《明代漠南蒙古历史研究》，第343—344页。

⑥ 原文为"ene ayimaγ γajar γajar qabčiγdaju oduγad tere tere qušiyun kemebečü yambar bili.qayiši bolba. üggülegči kelen tere čikin-ece ičimui ya bayisuγai"（梅日更葛根《黄金史》，第77页）。

⑦ 《金轮千辐》，第278页。

内齐诺颜就是扎鲁特右翼旗首任扎萨克。《金轮千辐》的作者答里麻·固什是扎鲁特右翼旗人，所以他清楚地知道附牧于本旗的茂明安部的情况。茂明安部附牧于别旗之后，畜产经常被其旗主强夺。如"扎鲁特部落内齐，所辖绰博辉（绰博郭——引者）与塞楞，相斗滋乱，内齐知而不加劝止，以反令出使，取其牲畜。遂议解扎萨克任，罚马五十匹。国舅阿希达尔汉、塞棱、尼堪奏闻，上恤免其罪"[①]。这说明茂明安部因附牧于别旗，在一定程度上受制于所附牧旗。天聪十年（1636）四月，在漠南蒙古十六部四十九王公上皇太极"博格达彻辰汗"大典上，车根随扎鲁特部的内齐参加。[②] 虽然名列四十九王公，其部落则不在十六部之内。

前文我们已经考证，17 世纪 30—40 年代扎鲁特牧地约在今内蒙古突泉县以及吉林洮南、白城、大安一带，四子部牧地则在科左中旗直至突泉县一带，由此我们可以推测附牧于这两部的茂明安牧地的大体方位。

对于与茂明安同时归附爱新国的乌喇特的最初牧地，文献没有明确记载。天聪八年（1634 年），爱新国派阿什达尔汉、塔布囊达雅齐到硕翁科尔地方划分牧地时，乌喇特部也参加了，但是没有指出乌喇特部牧地范围，只是在记录各部户口之数时却说"四子部落土门达尔汉二千户，塔赖达尔汉、车根、塞冷三千户"[③]。此处的土门达尔汉和塞冷是乌喇特部的土门达尔汉和塞冷。由此我们推测，当时的乌喇特很有可能附牧于达赖达尔汉，即阿鲁科尔沁旗。又据《清太宗实录》记载，崇德元年，为征讨明朝，清朝派艾松古往科尔沁部调兵，派罗毕往敖汉、奈曼、扎鲁特、乌喇特部调兵。[④] 可见乌喇特部的牧地与扎鲁特部邻近。

①　《清初内国史院满文档案译编》上册，第 266 页。
②　《清太宗实录》天聪十年四月己卯。
③　《清太宗实录》天聪八年十一月壬戌。
④　《清太宗实录》崇德元年七月己未。

顺治初，为切断阿鲁喀尔喀右翼与明朝贸易关系，清朝将四子、乌喇特、茂明安等部陆续向西迁移，不久，其牧地逐渐稳定在阴山北麓地区，后来形成了乌兰察布盟各旗主体。

六、阿巴噶、阿巴哈纳尔牧地变迁

如本书第一章第一节所述，别里古台领地在今克鲁伦、斡难两河中游和浯勒扎河流域，东与合撒儿领地、南与按赤带领地接邻，王府在克鲁伦河岸的巴尔斯城。虽然毛里海、斡赤来统治时期别里古台后裔兀鲁思势力进入鼎盛时期，其势力范围拓展到黄河河套地区，但牧地仍在斡难、克鲁伦河流域。17世纪二三十年代，阿巴噶与爱新国交往的种种迹象表明其牧地亦没有太大的变化。

1639年、1651年，阿巴噶部多尔济额齐格诺颜、都思噶尔等率部归附清朝，清朝将其安排在浩齐特、苏尼特部牧地中间。这里原为阿苏特、哈卜慎、达剌明暗等部牧地。永谢布和阿苏特部在1628年的艾卜哈河之战中被林丹汗击溃，永谢布部的大部分逃到外喀尔喀，其余融入察哈尔、土默特等其他蒙古部落中。阿苏特部战败后欲南下投奔其在大兴安岭南的塔布囊部属，但中途被阿巴噶部袭击，只有少数台吉逃到喀喇沁，从那里投奔爱新国，后来，阿苏特部编入满洲八旗。哈卜慎、达剌明暗二部后来被融入喀喇沁部。所以，17世纪30年代起，这里成了无主牧地。

顺治年间，漠南蒙古各部牧地已基本稳定，清朝将1665年、1667年归附的阿巴哈纳尔安插在其亲族阿巴噶二旗牧地中间。阿巴哈纳尔左旗游牧在阿巴噶左旗北，如道光年间成书的《嘉庆重修一统志》所记，南与阿巴噶左旗相接，西与阿巴哈纳尔右旗相邻，东与北均同浩齐特右旗接壤，大体相当于锡林浩特市北部。阿巴哈纳尔右旗牧地，《嘉庆重修一统志》《蒙古游牧记》均说东及东南与阿巴哈纳尔左旗相接，南和正蓝旗察哈尔交界，西和西北同阿巴噶右旗毗连，北和东北同达里冈爱牧场接壤。阿巴噶左翼旗：其牧地东接浩齐特，西邻阿巴哈纳尔右旗，南起正蓝旗察哈尔及克什克腾旗，北抵阿巴哈纳尔左旗，大体相当于今锡林浩特市。阿巴噶右翼旗：旗地东接阿巴哈纳尔右旗，南接正蓝旗察哈尔，西与苏尼特左旗相邻，北和达里冈爱牧场交接，大体相当于今阿巴嘎旗西部。

参考文献

一、史料

1.《元朝秘史》，四部丛刊三编本，中华书局；亦邻真复原《元朝秘史（畏吾体蒙古文）》，内蒙古大学出版社，1987年。

2.《圣武亲征录》载《王国维遗书》，上海古籍书店，1983年。

3. 彭大雅、徐霆：《黑鞑事略》，载《王国维遗书》，上海古籍书店，1983年。

4.《元典章》，台湾影印元刻本。

5. 拉施特主编，余大钧、周建奇译：《史集》，商务印书馆，1983年。

6. 志费尼著，何高济译：《世界征服者史》，内蒙古人民出版社，1980年。

7.《元史》，中华书局点校本，1983年。

8. 王恽：《工部尚书孙公神道碑》，《秋涧集》，四部丛刊本，上海涵芬楼影印，1929年。

9. 苏天爵：《元故参知政事王忱行状》，《滋溪文稿》，[元代珍本文集汇刊本]，台北。

10. 苏天爵：《元朝名臣事略》，中华书局影印元刊本。

11. 吴晗辑：《朝鲜李朝实录中的中国史料》，中华书局，1980年。

12. 屠寄：《蒙兀儿史记》，北京市中国书店，1984年。

13.《中国明朝档案总汇》，中国第一历史档案馆和辽宁省档案馆编辑，广西师范大学出版社，2001年。

14. 台湾"中央研究院"历史语言研究所编《明清史料》，1930年，1936年，1953年，1954年，1957年，1958年，1960年，1962年，1967年，1975年。

15.《明实录》，台湾"中央研究院"校勘本，1961年。

16. [日]京都大学文学部编：《明代满蒙史料》(明实录抄蒙古篇)，京都，1954—1959。

17.《明史》，中华书局点校本，1974年。

18. [朝鲜]郑麟趾等编：《高丽史》，《四库全书存目丛书》第160册。台南：庄严文化事业有限公司，1996年。

19. 刘佶：《北巡私记》，《云窗丛刻》本，上虞罗氏日本刊本，第四册。

20. 茅元仪：《武备志》，天启刻本。

21. 郭造卿：《卢龙塞略》，台湾广文书局影印万历三十八年刻本，1975年。

22. 魏焕：《皇明九边考》，北平图书馆善本丛书第一集。

23. 郑晓：《皇明北虏考》，吾学编本。

24. 叶向高：《四夷考》，宝颜堂秘籍续集本。

25.《北虏世系》，北平图书馆古籍珍本丛刊·8，书目文献出版社。

26. 萧大亨：《夷俗记》，明万历刻本。

27. 郑文彬：《抄本筹边纂议》，中华全国图书馆文献缩微复印中心，1999年。

28. 王鸣鹤：《登坛必究》，清刻本。

29. 岷峨山人：《译语》，《纪录汇编》本。

30. 陈仁锡辑：《皇明世法录》，台湾学生书局，1986年影印明本。

31. 陈子龙等辑：《皇明经世文编》，中华书局影印本，1987年。

32. 瞿九思：《万历武功录》，中华书局影印本，1962 年。

33. 张鼐：《辽夷略》，玄览堂丛书本。

34. 冯瑗：《开原图说》，玄览堂丛书本。

35. 王圻：《续文献通考》，万历刻本。

36.《崇祯长编》，台湾历史文化语言研究所影印本。

37.《旧满洲档》，台湾"故宫博物院"影印本，1969 年。

38. 李保文整理：《十七世纪蒙古文文书档案》，内蒙古少年儿童出版社，1997 年。

39. [日] 满文老档研究会译注：《满文老档》（简称日译《满文老档》），东洋文库，1955 年。

40. [日] 东洋文库清代史研究室译注：《旧满洲档》（天聪九年档），东洋文库，1974 年。

41. 中国第一历史档案馆、中国社会科学院历史所译注：《满文老档》（汉译《满文老档》），中华书局，1990 年。

42. 中国第一历史档案馆：《清初内国史院满文档案译编》，光明日报出版社，1989 年。

43. [日]《内国史院档·天聪七年》，东洋文库，2003 年。

44. 中国第一历史档案馆、内蒙古自治区档案馆编：《清内秘书院蒙古文档案汇编》，内蒙古人民出版社，2004 年。

45. 中国第一历史档案馆、内蒙古大学蒙古学学院编：《清内阁蒙古堂档》，影印本，内蒙古人民出版社，2006 年。

46.《逃人档》，载中国第一历史档案馆编《清代档案史料丛编》第 14 辑，中华书局，1990 年。

47.《清太祖武皇帝弩儿哈奇实录》，北平故宫博物院印行，民国二十一年（1932 年）版。

48. 中国第一历史档案馆藏：《daicing gurun-i taizu horonggo enduringge hūwangdi yargiyan kooli》（大清太祖武皇帝实录）。

49.《清实录》，中华书局影印本。

50.《皇清开国方略》，文渊阁，四库全书本。

51.《钦定外藩蒙古回部王公表传》，四库全书本。

52. 包文汉整理：《蒙古回部王公表传》（第一辑），内蒙古大学出版社，1998 年。

53. 祁韵士：《皇朝藩部要略》，筠渌山房本。

54. 祁韵士著、包文汉整理：《清朝藩部要略稿本》，黑龙江教育出版社，1997 年。

55. 张穆：《蒙古游牧记》，清同治祁氏刊本。

56. Walther Heissig(Hrsg): Mongolische Ortsnamen Teil II,Verzeichnis der orientalischen Handschriften in Deutschland Supplementband 5,2 Franz Steiner Verlag, Wiesbaden,1978.

57.《清理藩部则例》，蒙藏委员会印行，1942 年。

58.《清会典》，中华书局影印出版，1991 年。

59.《八旗通志初集》，东北师范大学出版社点校本，1985 年。

60. 珠荣嘎译注：《阿勒坦汗传》，内蒙古人民出版社，1990 年。

61. 宝力高校注、佚名：《黄金史纲》，内蒙古教育出版社,1989 年。

62. 朱风、贾敬颜：《汉译蒙古黄金史纲》（附蒙古文原文），内蒙古人民出版社，1985 年。

63. 罗桑丹津著：《黄金史》，蒙古国乌兰巴托影印本，1990 年。

64. 乌力吉图校注：《黄史》，民族出版社，1983 年。

65. 萨冈彻辰著：《蒙古源流》，内蒙古人民出版社，1980 年。

66. 善巴著：《阿萨剌齐史》，蒙古国乌兰巴托影印本，2002 年；巴·巴根校注本，民族出版社，1984 年。

67. Walther Heissig, Mongɣol Borjigid oboɣ -un Teüke , Wisbaden, 1957 ；罗密：《蒙古世系谱》（Mongɣul un Borjigin obuɣtan u Teüke），内蒙古人民出版社，1989 年。

68. 答里麻著、乔吉校注：《金轮千辐》，内蒙古人民出版社，

1987 年。

69. 拉喜彭斯克著、胡和温都尔校注:《水晶珠》,内蒙古人民出版社,1985 年。

70 衮布扎布著、乔吉校注:《恒河之流》,内蒙古人民出版社,1980 年。

71. 金巴道尔吉著、留金锁校注:《水晶鉴》,民族出版社,1984 年。

72. 梅日更葛根著:《黄金史》,内蒙古文化出版社,1998 年。

73. 谭其骧主编:《中国历史地图集》第八册,地图出版社,1982 年。

74. 鲍洪举:《翁牛特右旗王爵统系暨历代袭爵年月功绩表传》,载《赤峰市郊区文史资料选集》第一辑。

二、著作

1. 韩儒林主编:《元朝史》(上、下册),人民出版社,1986 年。

2. 蔡美彪主编:《中国通史》第 5 册、第 7 册,人民出版社,1983 年。

3. 李治安:《元代分封制度研究》,天津古籍出版社,1992 年。

4. 余大钧:《一代天骄成吉思汗》,内蒙古人民出版社,2002 年。

5. 刘迎胜:《西北民族史与察合台汗国史研究》,南京大学出版社,1994 年。

6. 叶新民、薄音湖、宝日吉根:《简明古代蒙古史》,内蒙古大学出版社,1990 年。

7. [日] 箭内亘著:《蒙古史研究》,刀江书院,1930 年。

8. [苏联] 符拉基米尔佐夫著、刘荣焌译:《蒙古社会制度史》,中国社会科学出版社,1980 年。

9. 周清澍等著:《内蒙古历史地理》,内蒙古大学出版社,

1993 年。

10. [日] 萩原淳平：《明代蒙古史研究》，同朋社，1980 年。

11. [日] 和田清：《东亚史研究·蒙古篇》，东洋文库，1959 年；潘世宪汉译本名为《明代蒙古史论集》（上、下册），商务印书馆，1984 年。

12. 宝音德力根博士学位论文《十五世纪前后蒙古政局、部落诸问题研究》，内蒙古大学，1997 年。

13. [日] 宫胁淳子：《最后的游牧帝国》，东京，1995 年。

14. 曹永年：《蒙古民族通史》（第三卷），内蒙古大学出版社，1991 年。

15. 达力扎布：《明代漠南蒙古历史研究》，内蒙古文化出版社，1997 年。

16. 达力扎布：《明清蒙古史论稿》，民族出版社，2003 年。

17. 乌兰：《〈蒙古源流〉研究》，辽宁民族出版社，2000 年。

18. [日] 田山茂：《清代蒙古社会制度》，文京书院，1954 年；潘世宪汉译本《清代蒙古社会制度》，商务印书馆，1987 年。

19. 乌云毕力格等编：《蒙古民族通史》（第四卷），内蒙古大学出版社，1993 年。

20. 乌云毕力格：《喀喇沁万户研究》，内蒙古人民出版社，2005 年。

21. 胡日查、长命著：《科尔沁蒙古史略》（蒙古文），民族出版社，2001 年。

22. 杜家冀：《清朝满蒙联姻研究》，人民出版社，2003 年。

23. 郝维民、齐木德道尔吉主编：《内蒙古通史纲要》，人民出版社，2006 年。

24. [蒙古国] 共果尔：《喀尔喀史纲》（ Qalq-a tubčiyan ），民族出版社，1991 年。

25. [蒙古国] 那楚克道尔吉：《 喀尔喀史 》（ Qalq-a-yin

teüke），内蒙古教育出版社，1997 年。

26. 特木勒博士学位论文《朵颜卫研究——以十六世纪为中心》，南京大学，2001 年。

27. 敖拉：《〈旧档〉史料在〈实录〉〈老档〉中的流传——1626 年前满蒙关系史料比较研究》，花木兰文化出版社，2013 年。

28. 白初一博士学位论文《清太祖时期满蒙关系若干问题研究》，内蒙古大学，2005 年。

29.《蒙古人民共和国部族学》（一），内蒙古人民出版社，1990 年。

30. 内蒙古自治区地名委员会编：《内蒙古自治区地名志》，1987 年。

31. [英]约·弗·巴德利著，吴持哲、吴有刚译：《俄国、蒙古、中国》，商务印书馆，1981 年。

32. [日]二木博史著、呼斯勒译：《历史与文化》，内蒙古人民出版社，2003 年。

33. [日]冈洋树著：《清代盟旗制度研究》，株式会社东方书店，2007 年。

34. 宝音初古拉博士学位论文《察哈尔蒙古历史研究——以十七世纪察哈尔本部历史为中心》，内蒙古大学，2006 年。

35. 吴元丰、赵志强著：《锡伯族历史探究》，辽宁民族出版社，2008 年。

36. 张岱玉博士学位论文《〈元史·诸王表〉补证及部分诸王研究》，内蒙古大学，2008 年。

三、论文

1. 周良宵：《元代投下分封制度初探》，载《元史论丛》第 2 辑。

2. 陈得芝：《元岭北行省建置考》（上、中），载《元史及北方民族史研究集刊》第 9 辑、11 辑。

3. [日] 村上正二：《元朝时期的投下的意义》，载《蒙古学报》，1940 年 1 号。

4. [日] 村上正二：《蒙古国统治时期的分封制的起源》，载《东洋学报》44 卷 3 号，1961 年。

5. [日] 佐口透：《成吉思汗和他的时代（上）》，载《东洋学报》第 29 卷第 1 号，1942 年。

6. [日] 海老泽哲雄：《蒙古帝国东方三王家诸问题》，载《埼玉大学纪要·教育学部〈人文社会科学〉》21，1972；译文见《蒙古学资料与情报》，1987 年第 2 期。

7. [日] 杉山正明：《忽必烈政权和东方三王家——再论鄂州之役前后》，载《东方学报》第 54 册，1982 年 3 月。

8. [日] 杉山正明：《蒙古帝国的原始形象——关于成吉思汗分封家族的研究》，《东洋史研究》第 37 卷第 1 号，1980 年。

9. [日] 堀江雅明：《蒙元时代东方三兀鲁思研究序说》，《小野胜年博士颂寿纪念东方学论集》，京都龙谷大学，1982 年。

10. [日] 堀江雅明：《铁木哥·斡赤斤》，《东洋史苑》第 24、25 号，1985 年；译文见《蒙古学资料与情报》，1987 年第 3 期。

11. [苏]C、B、吉谢列夫：《位于外贝加尔地区黑尔黑尔河畔的蒙古移相哥城堡》；译文载内蒙古大学《蒙古史研究参考资料》第 19 辑，1965 年。

12. 亦邻真：《莫那察山与金册》，载《丰碑——献给海希西教授 80 寿辰》，内蒙古文化出版社，1993 年。

13. 姚大力：《乃颜之乱杂考》，南京大学学报专辑《元史及北方民族史研究集刊》第 7 辑，1983 年。

14. 李治安：《马可波罗所记乃颜之乱考释》，载《元史论丛》第 8 辑，2001 年。

15. 叶新民：《斡赤斤家族与蒙元朝廷的关系》，载《内蒙古大学学报》，1988 年 2 期。

16. 叶新民：《弘吉剌部的封建领地制度》，载《内蒙古大学纪念校庆 25 周年学术论文集》。

17. 白拉都格其硕士学位论文《从成吉思汗到忽必烈的蒙古汗位继承》，内蒙古大学，1981 年。

18. 白拉都格其：《成吉思汗时期斡赤斤受封领地的时间和范围》，载《内蒙古大学学报》，1984 年 3 期。

19. 白拉都格其：《元代东道诸王勋臣封地概述》，载《东北地方史研究》，1989 年 2 期。

20. 留金锁、纪民：《斡赤斤的领地及其后裔——关于翁牛特部的异议》，载《黑龙江民族丛刊》，1990 年 2 期。

21. 梁丽霞、王希隆：《哈撒儿生平述略》，载《西北民族学院学报》，2001 年第 4 期。

22. 韩儒林：《元代的吉利吉思及其邻近诸部》，载《穹庐集》，河北教育出版社，2000 年。

23. 杨德华：《元代叛王哈丹下落考》，载《云南师范大学学报》，1995 年第 6 期。

24. 程尼娜：《元代对蒙古东道诸王统辖研究》，载《辽宁师范大学学报》，2004 年第 5 期。

25. [日] 森川哲雄：《喀尔喀万户及其形成》，载《东洋学报》55-2，1972 年。

26. 希都日古：《17 世纪蒙古史家笔下的成吉思汗诸弟及其后裔》，载《内蒙古大学学报》（蒙古文），2005 年第 2 期。

27. 贾敬颜：《阿禄蒙古考》，载《蒙古史研究》第 3 辑，内蒙古大学出版社，1989 年。

28. [日] 宫胁淳子：《蒙古瓦剌关系史》，载《亚非语言文化研究》第 25 辑，1983 年。

29. 宝音德力根：《往流和往流四万户》，载《蒙古史研究》

第 5 辑，内蒙古大学出版社，1997 年。

30. 宝音德力根：《好陈察罕儿·察罕儿五大营·八鄂托克察罕儿》，载《内蒙古大学学报》（蒙古文），1998 年第 3 期。

31. 宝音德力根：《往流、阿巴噶、阿鲁蒙古》，载《内蒙古大学学报》，1998 年第 4 期。

32. 宝音德力根：《从阿巴岱汗与俺答汗的关系看早期喀尔喀历史的几个问题》，载《内蒙古大学学报》（蒙古文），1999 年第 1 期。

33. 宝音德力根：《15 世纪中叶前的北元可汗系及政局》，载《蒙古史研究》第 6 辑，内蒙古大学出版社，2000 年。

34. 宝音德力根：《"喀尔喀·巴儿虎"的起源》，载《明清档案与蒙古史研究》第 2 辑，内蒙古人民出版社，2002 年。

35. 宝音德力根：《满官嗔——土默特部的变迁》，载《蒙古史研究》第 5 辑，内蒙古大学出版社，1997 年。

36. 宝音德力根：《成吉思汗葬地"大斡秃克"及相关的几个问题》，载《内蒙古社会科学》（蒙古文），1997 年第 2 期。

37. 宝音德力根：《一份 1628 年满蒙贵族婚约文书》，载《蒙古学问题与争论》（《QMD》）第 2 辑，国际蒙古文化研究协会,2006 年。

38. 宝音德力根：《应绍不万户的变迁》，载《中国人文社会科学博士硕士文库》续编，历史学卷（上），浙江教育出版社，2004 年。

39. 宝音德力根：《15—17 世纪的克什克腾》，载《蒙古学问题与争论》（QMD）第 10 辑，国际蒙古文化研究协会，2014 年。

40. 乌云毕力格：《从十七世纪初蒙古文和满文"遗留性"史料看内蒙古历史的若干问题(一)"昭之战"》,载《内蒙古大学学报》（蒙古文），1999 年第 3 期。

41. 乌云毕力格：《从十七世纪初蒙古文和满文"遗留性"史料看内蒙古历史的若干问题（二）敖木林之战与后金——喀喇沁

联盟》，载《内蒙古大学学报》(蒙古文)，1999年第4期。

42. 乌云毕力格：《17世纪20—30年代喀喇沁部的台吉和塔布囊》，载《蒙古史研究》第6辑。

43. 乌云毕力格：《史料的二分法及其意义——以所谓的赵城之战为例》，载《清史研究》，2002年第1期。

44. 乌云毕力格：《明朝兵部档案中有关林丹汗与察哈尔的史料》，载《Researching Archival Documents on Mongolian History:Observations on the Present and Plans for the Future》，东京外国语大学，2004年。

45. 乌云毕力格：《关于朵颜兀良哈人的若干问题》，载《蒙古史研究》第7辑，内蒙古大学出版社，2003年。

46. 乌云毕力格：《康熙初年清朝对归降喀尔喀人的设旗编佐》，载《清史研究》，2016年4期。

47. 特木勒：《"庚戌之变"与朵颜卫的变迁》，载《蒙古史研究》第7辑。

48. 张永江：《从顺治五年蒙古文档案看明末清初翁牛特、喀喇车里克部的若干问题》，载《蒙古学问题与争论》(QMD)第1辑，国际蒙古文化研究协会，东京，2005年。

49. 宝日吉根：《清初科尔沁部与满洲的关系》，载《民族研究》，1981年第4期。

50. 宝日吉根、宝音图：《〈皇朝藩部要略〉张穆改定稿本评价》，载《蒙古史研究》第4辑，内蒙古大学出版社，1993年。

51. 包文汉：《蒙古回部王公表传的编纂与研究》，《蒙古回部王公表传》第1辑，1998年。

52. 胡日查：《哈萨尔及其家族》，载《内蒙古社会科学》(蒙古文)，1994年第2期。

53. 胡日查：《论与阿巴嘎部历史有关的若干问题》，载《内蒙古社会科学》(蒙古文)，2001年第1期。

54. 胡日查：《关于"阿鲁蒙古"的几个部落》，载《内蒙古师范大学学报》（蒙古文），1994 年第 4 期。

55. 胡日查：《试谈科尔沁和硕特部起源》，载《新疆师范大学学报》，1998 年第 2 期。

56. 胡日查：《关于科尔沁部的来源和它在北元历史上的地位》，载《内蒙古社会科学》，1989 年第 4 期。

57. 胡日查：《科尔沁所属鄂托克及部族考》，载《内蒙古师范大学学报》，1989 年第 2 期。

58. 金峰、胡日查、孟和德力格尔：《哈撒儿及其后裔所属部落变迁考》，载《内蒙古师范大学学报》，1989 年第 4 期。

59. 胡日查：《科尔沁牧地考》，载《新疆师范大学学报》，1990 年第 2 期。

60 胡日查：《16 世纪末 17 世纪初嫩科尔沁部牧地变迁考》，载《中国边疆史研究》，2001 年第 4 期。

61. 胡日查：《蒙文文献所载成吉思汗诸弟所属鄂托克兀鲁思名称来历》，载《内蒙古社会科学》（蒙古文），2002 年第 4 期。

62. 胡日查：《论蒙古〈内四藩国〉的历史地位》，载《内蒙古社会科学》（蒙古文），2000 年第 1 期。

63. 胡日查：《关于科尔沁部封建主统治锡伯部的某些历史问题》，载《内蒙古社会科学》（蒙古文），1996 年第 3 期。

64. 胡日查：《论噶拉珠色特尔反抗爱新国兵役的斗争》，载《内蒙古师范大学学报》（蒙古文），2003 年第 4 期。

65. 留金锁：《科尔沁部及其东迁小议》，载《黑龙江民族丛刊》，1988 年第 2 期。

66. 王雄：《察哈尔西迁的有关问题》，载《内蒙古大学学报》，1989 年第 1 期。

67. 齐木德道尔吉：《腾机思事件》，载《明清档案与蒙古史研究》第 2 辑，内蒙古人民出版社，2002 年。

68. 齐木德道尔吉：《1640 年以后的清朝与喀尔喀的关系》，载《内蒙古大学学报》，1998 年第 4 期。

69. 齐木德道尔吉：《四子部落迁徙考》，载《蒙古史研究》第 7 辑。

70. 齐木德道尔吉：《林丹汗之后的外喀尔喀玛哈撒玛谛车臣汗》，载《内蒙古大学学报》（蒙古文），1998 年第 2 期。

71. 齐木德道尔吉：《清初茂明安部叛逃事件二则史料辨析》，载《中央民族大学学报》，2019 年 1 期。

72. 达力扎布：《北元初期的疆域和汗斡耳朵考》，载《蒙古史研究》第 3 辑。

73. 达力扎布：《有关明代兀良哈三卫的几个问题》，载《庆祝王锺翰先生八十寿辰学术论集》，辽宁大学出版社，1993 年 6 月。

74. 达力扎布：《北元汗斡耳朵游牧地考》，载南京大学元史研究室编《内陆亚洲历史文化研究——韩儒林先生纪念文集》，南京大学出版社，1996 年。

75. 达力扎布：《清代内扎萨克六盟和蒙古衙门设立时间蠡测》，载《黑龙江民族丛刊》，1996 年第 2 期。

76. 达力扎布：《明代蒙古社会组织新探》，载《内蒙古社会科学》，1997 年第 2 期。

77. 达力扎布：《蒙古文档案研究——有关喀喇沁部档案译释》，载《民族史研究》，第 2 辑，民族出版社，2001 年。

78. 达力扎布：《蒙古文档案研究——有关科尔沁部档案译释》，载《明清蒙古史论稿》，民族出版社，2003 年。

79. 达力扎布：《清初内扎萨克旗的建立问题》，载《历史研究》，1998 年第 1 期。

80. 郑玉英：《试论清初八旗蒙古问题》，载《辽宁大学学报》，1983 年第 1 期。

81. 傅克东：《后金设立蒙古二旗及漠南牧区旗新探》，载《民族研究》，1988 年第 2 期。

82. 姜相顺：《清太宗的崇德五宫后妃及其他》，载满学研究会编《清代帝王后妃传》（上册），1989 年。

83.［日］冈田英弘：《乌巴森札洪台吉传》，载《从蒙古帝国到大清帝国》，藤原书店，东京，2010 年。

84.［日］若松宽：《噶勒丹锡埒图呼图克图考——清代驻京呼图克图研究》，载若松宽著、马大正等编译《清代蒙古的历史与宗教》，黑龙江教育出版社，1994 年。

85. 李保文、南快：《写于 17 世纪初叶的 43 份蒙文书信》，载《内蒙古社会科学》（蒙古文），1996 年第 1 期、第 2 期。

86. 晓丹：《翁牛特部源流浅说》，载《内蒙古社会科学》，1988 年第 1 期。

87. 魏昌友：《对翁牛特部几个历史问题的探讨》，载《内蒙古社会科学》，1997 年第 6 期。

88.［日］楠木贤道：《清初，入关前的汗、皇帝和科尔沁部上层之间的婚姻关系》，译文载《明清档案与蒙古史研究》第 1 辑，内蒙古人民出版社，2000 年。

89.［日］楠木贤道：《清太宗皇太极的册封蒙古王公》，载《满学研究》第 7 辑。

90.［日］楠木贤道：《天聪年间爱新国对蒙古诸部的法律支配进程》，载《蒙古史研究》第 7 辑，内蒙古大学出版社。

91. 高·阿日华：《对满都里可汗陵墓的探究》，载《内蒙古社会科学》（蒙古文），1995 年第 2 期。

92 高·阿日华：《博迪阿喇克罕斡耳朵方位考证》，载《内蒙古社会科学》（蒙古文），1998 年第 1 期。

93. 巴根那硕士学位论文《科尔沁部与爱新国联盟的原始记载及其在〈清实录〉中的流传》，内蒙古大学，2000 年。

94. 巴根那：《天命十年八月至天聪三年二月科尔沁部与爱新

国联盟》,载《明清档案与蒙古史研究》第 1 辑,内蒙古人民出版社,2000 年。

95. 孟根娜布其硕士学位论文《有关奥巴洪台吉的十份蒙古文文书》,内蒙古大学,2003 年。

96. 哈斯达赖:《清代内扎萨克十三旗首封扎萨克》,载《内蒙古大学学报》,1994 年 4 期。

97. 旺济勒:《三乌喇特来到阴山的准确年代》,载《内蒙古社会科学》(蒙古文),1989 年第 6 期。

98. 奥登:《喀尔喀五部考述》,载《蒙古史研究》第 2 辑,内蒙古大学出版社,1986 年。

99. [日] 井上治、永井匠、柳泽明:《书评——〈十七世纪蒙古文文书档案〉》,载《满族史研究通信》第八号,1999 年;译文见《蒙古学信息》,2002 年第 3 期。

100. 阎崇年:《论满洲老档》,载《满学研究》第 4 辑,民族出版社,1998 年。

101. 玉海:《清初阿鲁蒙古伊苏特部贵族祖源考述》,载《清史研究》,2018 年第 3 期。

102. 玉芝硕士学位论文《别里古台兀鲁思暨阿巴噶、阿巴哈纳尔部的变迁》,内蒙古大学,2003 年。

103. 玉芝、宝音德力根:《关于嫩科尔沁首领奥巴的"巴图鲁汗"号问题》,载《内蒙古大学学报》(蒙古文),2006 年第 5 期。

104. 宝音德力根、玉芝:《关于 1630 年林丹汗出征阿鲁诸部及阿鲁喀尔喀》,载《内蒙古大学学报》(蒙古文),2007 年第 4 期。

105. 玉芝:《关于 1630 年嫩科尔沁移牧西拉木伦河流域》,载《内蒙古大学学报》(蒙古文),2008 年第 6 期。

106. 玉芝:《关于 1634 年七台吉、扎赍特部事件》,载《内蒙古大学学报》(蒙古文),2010 年第 6 期。

107. 包金同:《科尔沁部与后金第一次盟誓地考》,载《内蒙古民族大学学报》，2006 年第 4 期。

　　108. 玉芝：《17 世纪初扎赉特部历史的几个问题》，载《扎赉特历史文化研究》，内蒙古人民出版社，2011 年。

　　109. 特古斯巴雅尔：《再议古代蒙古十部之一札剌亦尔部》，载《扎赉特历史文化研究》，内蒙古人民出版社，2011 年。

　　110. 齐木德道尔吉：《乌喇忒部迁徙考》，载《中央民族大学》，2006 年第 5 期。

　　111. [日] 冈洋樹：《关于天聪汗时期两次蒙古会盟：天聪六年沙里尔济台会盟和八年硕翁科尔会盟》，载《满蒙档案与蒙古史研究》，上海世纪出版股份有限公司，2014 年。